"十二五"大学生素质教育丛书

未进党的门 先做党的人

——新编大学生入党培训教程

主　　编：叶国通

执行主编：李永松

副 主 编：（以姓氏笔画为序）

王文彬　何本伟　施水成　黄　扬

蔡添寿

编　　委：（以姓氏笔画为序）

王海峰　余　薇　陈熙贞　苏耕水

俞穗珍　黄水菊　曾庆栋

厦门大学出版社 XIAMEN UNIVERSITY PRESS
国家一级出版社
全国百佳图书出版单位

图书在版编目(CIP)数据

未进党的门，先做党的人/叶国通主编. —厦门：厦门大学出版社，2014.8
("十二五"大学生素质教育丛书)
ISBN 978-7-5615-5144-8

Ⅰ. ①未…　Ⅱ. ①叶…　Ⅲ. ①中国共产党-基本知识-高等职业教育-教材　Ⅳ. ①D219

中国版本图书馆 CIP 数据核字(2014)第 188611 号

厦门大学出版社出版发行
(地址：厦门市软件园二期望海路 39 号　邮编：361008)
http://www.xmupress.com
xmup @ xmupress.com
厦门集大印刷厂印刷
2014 年 8 月第 1 版　2014 年 8 月第 1 次印刷
开本：787×1092　1/16　印张：11.25
字数：273 千字　印数：1～3 000 册
定价：28.00 元

“十二五”大学生素质教育丛书编委会

总　　序

教材是教学目的和教学内容的基本载体，是实施教学的基本手段和依据。教材建设是高校内涵建设的重要组成部分，是教学基本建设之一，是教学改革的突破点。教材质量的好坏，直接影响教学效果和人才培养质量。随着高职教育的迅速发展，社会对高职人才的需求越来越大，要求也越来越高。高职教材建设必须与高职教育的发展相适应，必须满足高端技能型、应用型人才的培养要求，体现高职教育的特点和优势。

高等职业院校的学生有其特殊性，他们思想敏锐，头脑聪明，个性张扬，更希望得到尊重与鼓励；他们对关爱、赞扬有更强的渴求和反应；他们活泼好动，有强烈的"动手"参与兴趣。他们具有比普通本科高校的大学生更明显的多方面能力，却存在着理论学习兴趣不高、心理素质欠佳等弱点。因此，组织编写一套切合他们实际的素质教育教材非常必要，也非常迫切。

"'十二五'大学生素质教育丛书"由厦门南洋职业学院、厦门华天涉外职业技术学院、厦门软件职业技术学院、厦门东海职业技术学院、厦门安防科技职业学院等高职院校联合组织编写。目前已编辑出版《未进党的门　先做党的人——大学生党课教程》、《我的未来我做主——大学生就业与创业指导》、《成长心灵　给力人生——大学生心理健康》、《梦想启航——大学生入学教育》、《大学里不可或缺的安全 Style——大学生安全教育读本》等教材。

本系列教材以高等职业院校学生为对象，结合厦门实际，突出高职特点，编写形式力求灵活多样；内容力求实用，避免理论说教；语言风格力求生动活泼、通俗易懂；案例选取力争真人真事。适合大学生自学，也适合作为高校辅导员和有关教师的教育教学参考用书。

本系列教材将科学性、实用性、通俗性、趣味性融为一体，既为高职院校培养具有基本理论素养，又具备一定实践操作能力的通识型人才提供有益的帮助，也为大学生的全面发展和健康成长提供有益的指导。

由于编者水平所限，本系列教材可能存在某些不足，诚望专家和同行不吝赐教，以便我们把大学生的教育教学工作做得更好。

何卫华
2013 年 12 月

前　言

相对于普通高等教育培养学术型人才而言，高等职业教育以培养技术型人才为主要目标，在完成中等教育的基础上培养出一批具有大学知识而又有一定专业技术和技能的人才。目前我国普通高等职业教育主要是大专层次。大专层次的学历教育意味着大部分学生在校时间为三年，而高等职业教育的人才培养目标决定了实习实训环节在教育教学过程中的重要比重，也就是说，高职学生实际在校时间大多仅有两年，甚至更短。在学生有限的在校时间内如何做好发展党员工作，是始终摆在高职院校党务工作者面前的重要问题。

渴望加入党组织的高职院校大学生，学习党的历史、党的理论知识，是向党组织靠拢的首要前提。2014 年 5 月 4 日，中共中央总书记、国家主席习近平在北京大学与师生座谈时提出，广大青年要勤学、修德、明辨、笃实。他强调，勤学要下得苦功夫，求得真学问。我国古人说："非学无以广才，非志无以成学。"大学的青春时光，人生只有一次，应该好好珍惜。为学之要贵在勤奋、贵在钻研、贵在有恒。要勤于学习、敏于求知，注重把所学知识内化于心，形成自己的见解，既要专攻博览，又要关心国家、关心人民、关心世界，学会担当社会责任。

我们结合高职院校实际和学生特点，坚持以马克思列宁主义、毛泽东思想和中国特色社会主义理论体系为指导，以《中国共产党章程》为主要内容，以习近平总书记一系列重要讲话精神和党的十八大、十八届一至三中全会精神为主要依据，以中国特色社会主义现代化建设和实现中华民族伟大复兴"中国梦"为时代背景，从当代大学生与中国共产党，中国共产党的光辉历程，党的指导思想和纲领，党的性质和宗旨，党的组织制度、纪律和作风，党员的条件、义务和权利，发展党员的程序和手续，端正入党动机，常用入党文书写法等九个方面作了专题论述。书后还附录了《中国共产党章程》和《中国共产党发展党员工作细则》，便于查阅。

本教材由厦门华天学院党委书记叶国通同志担任主编，李永松任执行主编，编写组由具有多年实践经验的高职院校党务干部组成。编写组在深入调研和广泛征求意见的基础上，力求与时俱进，既紧密结合高职院校特点和党校教学实际，又紧跟时代发展步伐。我们旨在为高职院校入党积极分子更好地学习党章、了解党史、认识党情、树立理想、坚定信念提供参考和借鉴。参加编写人员有陈熙贞（第一章）、曾庆栋（第二、三章）、王海峰（第四章）、苏耕水（第五章）、黄水菊（第六章）、俞穗珍（第七章）、余薇（第八、九章）。初稿完成后，李永松负责对全书进行统改和定稿，何本伟、施水成、王文彬、黄扬、蔡添寿老师为本教材编写提供了重要思路和建议，最后经叶国通审定。

在教材编写过程中，我们在注意学术规范和尊重知识产权的前提下，参考和借鉴了有关研究资料，限于篇幅，未能一一标注，深表歉意。由于时间紧和编写者自身水平有限等原因，理论深度难免受限，瑕疵在所难免，恳请同人与读者斧正。

最后，衷心感谢厦门大学出版社领导的大力支持，感谢本教材责任编辑付出的辛勤工作。

编　者

2014 年 6 月 12 日

目 录

第一章 当代大学生与中国共产党

第二章 中国共产党的光辉历程

第三章 中国共产党的指导思想和纲领

第四章 中国共产党的性质和宗旨

第五章 中国共产党的组织制度、纪律和作风

第六章 党员的条件、义务和权利

第七章 发展党员的程序和手续

第八章　以实际行动争取早日入党

第九章　常用入党文书写作与范文

第一章 当代大学生与中国共产党

本章导读

通过本章学习，青年大学生树立正确的世界观、人生观和价值观，坚定共产主义理想信念，明确大学生的历史使命和人生追求。把爱祖国、爱人民、爱中国共产党的精神融入日常学习、工作和生活中来，端正入党动机，从思想上和行动上入党，主动投入建设中国特色社会主义事业中，以实际行动接受党和国家的教育、培养和考察。

第一节 当代大学生的历史使命和人生追求

信仰是什么？托尔斯泰认为：信仰，是人生的动力。诗人惠特曼说：没有信仰，则没有名副其实的品行和生命；没有信仰，则没有名副其实的国土。信仰是对人生观、价值观和世界观等的选择和持有，人们追求信仰的过程，也是人们追求生存意义的过程。大学生树立正确的共产主义信仰，关系到社会的发展、民族的前途，任重道远。

一、做坚定的共产主义信仰者

大学生是一个特殊的群体，既渴望成长，又面临纷繁复杂的社会，受着形形色色的人生观、价值观和世界观的影响。对于风华正茂的大学生而言，信仰是人生的坐标、精神的动力。有了信仰，同学们就有了应对社会风云巨变的思想武器。随着社会的不断进步和新媒体的迅猛发展，各种思想文化也在加速融合，人们的意识形态、思想活动和生活方式正经历着激烈动荡。在社会变迁背景下，虽然当代中国大学生信仰的主流是积极、健康、向上的，但也有一部分大学生的信仰出现了危机，主要表现在信仰的缺失、迷失、不坚定，对社会主义的前途、命运产生困惑，甚至对共产党的领导以及对马克思主义和共产主义的信念也不同程度地产生了动摇。当代大学生在现实环境中都会面临着一些诱惑，处理不好就会迷失方向、走入歧途，对于今后的人生产生重大影响。

当代青年大学生只有树立共产主义的远大理想和志向，才能眼界开阔、胸怀坦荡、生活充实，才能胜不骄、败不馁，才能坚持正确的政治方向并经受住各种严峻的考验。当代青年大学生只有自觉地把自己的思想行动与实现共产主义的远大目标联结起来，才能使自己的人生追求上升到更高的境界。

习近平总书记在2013年同各界优秀青年代表座谈时指出，广大青年一定要坚定理想信念。“功崇惟志，业广惟勤。”理想指引人生方向，信念决定事业成败。广大青年要肩负起时代赋予的神圣使命，坚持用邓小平理论、“三个代表”重要思想、科学发展观武装头脑，把理想信念建立在对科学理论的理性认同上，建立在对历史规律的正确认识上，建立在对基本国情的准确把握上，不断增强道路自信、理论自信、制度自信，增强对坚持党的领导的信念，永远紧跟党高举起中国特色社会主义伟大旗帜。

二、做忠贞不渝的爱国主义者

爱国主义是中华民族的优良传统，是各族人民共同的精神支柱，是推动我国社会发展的巨大力量。古往今来，一直激励着中国人民为祖国的统一、发展和强大而努力奋斗，成为团结凝聚国家和民族、推动历史前进发展的强大的精神力量和宝贵的精神财富。爱国主义是以忠诚、热爱和报效祖国为主要内容的意识形态。它包含着爱国的情感、爱国的思想和爱国的行为三个层面的内涵，表现为强烈的民族自豪感、坚强的民族自尊心和坚定的民族自信心。

当代大学生是建设中国特色社会主义的后备力量，是中国现代化建设的生力军，应当继承中华民族爱国主义的光荣传统，努力弘扬伟大的民族精神，以振兴中华为己任，做坚定的爱国主义者。2008年，胡锦涛同志在北大师生代表座谈会上对青年提出了新时期大力弘扬爱国主义精神的新要求，明确指出了当代青年的责任与使命：“坚持爱国主义与社会主义的高度统一，时刻心系民族命运、心系国家发展、心系人民福祉，使爱国主义精神在新的时代条件下发扬光大。”在十八大报告结尾时，胡锦涛同志也对广大青年提出希望，希望大家“永远热爱我们伟大的祖国，永远热爱我们伟大的人民，永远热爱我们伟大的中华民族，在投身中国特色社会主义伟大事业中，让青春焕发出绚丽的光彩”。

习近平主席在十二届全国人大一次会议闭幕会上发表重要讲话表示，实现中国梦必须弘扬中国精神。这就是以爱国主义为核心的民族精神，以改革创新为核心的时代精神。这种精神是凝心聚力的兴国之魂、强国之魂。他说，爱国主义始终是把中华民族坚强团结在一起的精神力量，改革创新始终是鞭策我们在改革开放中与时俱进的精神力量。全国各族人民一定要弘扬伟大的民族精神和时代精神，不断增强团结一心的精神纽带、自强不息的精神动力，永远朝气蓬勃迈向未来。我国青年不懈追求的美好梦想，始终与振兴中华的历史进程紧密相连。青年大学生要永远热爱祖国、热爱人民、热爱中华民族，在投身中国特色社会主义的伟大事业中，在实现中华民族复兴的伟大事业中焕发出绚丽光彩。

做忠贞不渝的爱国者，要求大学生要做到以下几点：第一，要了解历史，了解国情，知国才能爱国。要清醒地认识到我国正处于并将长期处于社会主义发展的初级阶段，面临着诸多国际国内问题的挑战，当代大学生要自觉树立起强烈的历史使命感和社会责任感。第二，要切实维护国家和人民的利益，努力培养和不断升华爱国主义的责任感。要深刻地意识到个人与祖国血肉相连、休戚与共的关系，从而牢固树立起对国家的责任感。第三，要努力学习科学文化知识，时刻听从祖国的召唤。处在社会主义发展初级阶段的中国要在新世纪的激烈竞争中抢占经济社会发展的制高点，迫切需要一大批掌握科学文化知识、勇攀现代科学高峰的各类人才。这是新时期爱国主义对青年学子的时代要求，也是青年学子对祖国应尽的责任。

三、做中国特色社会主义合格建设者和接班人

党的最终奋斗目标是实现共产主义的社会制度，建设有中国特色社会主义现代化事业，是共产主义理想在现阶段的具体体现。建设有中国特色社会主义是由中国改革开放的总设计师邓小平提出的。中国特色社会主义，就是在中国共产党领导下，立足基本国情，以经济建设为中心，坚持四项基本原则，坚持改革开放，解放和发展社会生产力，建设社会主义市场经济、社会主义民主政治、社会主义先进文化、社会主义和谐社会、社会主义生态文明，促进人的全面发展，逐步实现全体人民共同富裕，建设富强民主文明和谐的社会主义现代化国家。

按照邓小平同志设计的“三步走”的战略目标，到 21 世纪中叶，我国将实现社会主义现代化。青年大学生应当为时逢这一大好的时代而庆幸，而自豪，在伟大的历史舞台上大显身手。历史实践已经显示，高校毕业的学生党员已成为我国党政管理干部的重要来源，是推动经济社会发展的主要力量，是巩固党的执政地位、确保党的先进性的中坚力量。当代大学生应当努力认识和掌握人类社会发展的基本规律，正确认识国家的前途命运，始终牢记党和人民的嘱托，勇敢地肩负起历史和时代赋予的光荣使命，不断提高自身思想素质和科学文化素质，脚踏实地，锐意进取，紧紧地围绕党的十八大确定的目标和任务，成为一名中国特色社会主义建设事业的合格建设者和可靠接班人。

青年大学生要树立坚定的社会主义信念，坚定不移地走中国特色社会主义道路。要认真学习马克思列宁主义、毛泽东思想、邓小平理论和“三个代表”重要思想，努力学习实践科学发展观，提高自己的政治素质和社会主义觉悟，自觉地遵守社会主义思想道德规范，抵制西方落后的思想和文化的腐化与侵蚀，提高明辨是非的能力。胡锦涛同志指出，当代青年是无比幸运的一代，又是责任重大的一代。祖国发展的巨大成就为青年成长进步创造了良好条件，祖国建设的艰巨任务为青年大展身手提供了广阔舞台。广大青年要牢记光荣使命，珍惜宝贵机遇，以坚定的信念、宽广的胸怀、创造的激情、务实的态度，踊跃投身改革开放和社会主义现代化建设伟大实践，努力做科学发展的奋力推动者、和谐社会的积极构建者，用自己的双手为全面建设小康社会、建成富强民主文明和谐的社会主义现代化国家奉献力量，谱写中国青年运动浓墨重彩的新篇章。

青年是祖国的未来和民族的希望，是突击队，是生力军。青年学生历来是推动社会变革的重要力量，要大力弘扬以改革创新为核心的时代精神，要做勇敢的改革创新者，做解放思想、与时俱进、开拓创新的改革创新者和实践者。习近平总书记指出，中国梦的实现在于青年。他在与年轻人谈到中国梦时指出：“中国梦是我们的，更是你们青年一代的。中华民族伟大复兴终将在广大青年的接力奋斗中变为现实。”中国特色社会主义事业需要一代又一代有志青年接续奋斗，中国梦将在青年一代的未来发展中成为现实。习近平总书记指出，当代中国大学生有热爱党、热爱祖国、热爱人民的真挚感情，有为中华民族伟大

复兴而奋斗的理想信念，是大有希望的一代。青年们要增强知识更新的紧迫感，如饥似渴学习，勇于到条件艰苦的基层、国家建设的一线、项目攻关的前沿去经受锻炼、增长才干，不断提高与时代发展和事业要求相适应的素质和能力；勇于解放思想、与时俱进，敢于上下求索、开拓进取，在立足本职的创新创造中不断积累经验、取得成果；自觉树立和践行社会主义核心价值观，带头倡导良好社会风气，始终保持积极的人生态度、良好的道德品质、健康的生活情趣，要勇敢担负起时代赋予的重任，志存高远、脚踏实地、勤于学习、增强本领，在服务人民、服务社会的实践中砥砺品质、陶冶情操，努力在实现中华民族伟大复兴的中国梦的深入实践中放飞青春梦想，努力把自己锻炼成为德智体美劳全面发展的祖国建设的有用之才、栋梁之材。

延伸阅读

在同各界优秀青年代表座谈时的讲话

（2013 年 5 月 4 日，上午）

习近平

青年最富有朝气、最富有梦想。近代以来，我国青年不懈追求的美好梦想，始终与振兴中华的历史进程紧密相连。在革命战争年代，广大青年满怀革命理想，为争取民族独立、人民解放冲锋陷阵、抛洒热血。在社会主义革命和建设时期，广大青年响应党的号召，向困难进军，向荒原进军，保卫祖国，建设祖国，在新中国的广阔天地忘我劳动、艰苦创业。在改革开放历史新时期，广大青年发出团结起来、振兴中华的时代强音，为祖国繁荣富强开拓奋进、锐意创新。在最近的芦山抗震救灾中，大批青年临危不惧、顽强拼搏，广大青年心系灾区、无私奉献，为抗震救灾作出了重要贡献。

历史和现实都告诉我们，青年一代有理想、有担当，国家就有前途，民族就有希望，实现我们的发展目标就有源源不断的强大力量。

党的十八大描绘了全面建成小康社会、加快推进社会主义现代化的宏伟蓝图，发出了向实现“两个一百年”奋斗目标进军的时代号召。根据党的十八大精神，我们明确提出要实现中华民族伟大复兴的中国梦。现在，大家都在谈论中国梦，都在思考中国梦与自己的关系、自己为实现中国梦应尽的责任。

——中国梦是历史的、现实的，也是未来的。中国梦凝结着无数仁人志士的不懈努力，承载着全体中华儿女的共同向往，昭示着国家富强、民族振兴、人民幸福的美好前景。

——中国梦是国家的、民族的，也是每一个中国人的。国家好、民族好，大家才会好。只有每个人都为美好梦想而奋斗，才能汇聚起实现中国梦的磅礴力量。

——中国梦是我们的，更是你们青年一代的。中华民族伟大复兴终将在广大青年的接力奋斗中变为现实。

第一，广大青年一定要坚定理想信念。“功崇惟志，业广惟勤。”理想指引人生方向，信念决定事业成败。没有理想信念，就会导致精神上“缺钙”。中国梦是全国各族人民的共同理想，也是青年一代应该牢固树立的远大理想。中国特色社会主义是我们党带领人民历经千辛万苦找到的实现中国梦的正确道路，也是广大青年应该牢固确立的人生信念。

广大青年要坚持用邓小平理论、“三个代表”重要思想、科学发展观武装头脑，把理想信念建立在对科学理论的理性认同上，建立在对历史规律的正确认识上，建立在对基本国情的准确把握上，不断增强道路自信、理论自信、制度自信，增强对坚持党的领导的信念，永远紧跟党高高举起中国特色社会主义伟大旗帜。

第二，广大青年一定要练就过硬本领。学习是成长进步的阶梯，实践是提高本领的途径。青年的素质和本领直接影响着实现中国梦的进程。古人说：“学如弓弩，才如箭镞。”说的是学问的根基好比弓弩，才能好比箭头，只要依靠厚实的见识来引导，就可以让才能很好发挥作用。青年人正处于学习的黄金时期，应该把学习作为首要任务，作为一种责任、一种精神追求、一种生活方式，树立梦想从学习开始、事业靠本领成就的观念，让勤奋学习成为青春远航的动力，让增长本领成为青春搏击的能量。广大青年要坚持面向现代化、面向世界、面向未来，增强知识更新的紧迫感，如饥似渴学习，既扎实打牢基础知识又及时更新知识，既刻苦钻研理论又积极掌握技能，不断提高与时代发展和事业要求相适应的素质和能力。要坚持学以致用，深入基层、深入群众，在改革开放和社会主义现代化建设的大熔炉中，在社会的大学校里，掌握真才实学，增益其所不能，努力成为可堪大用、能担重任的栋梁之材。

第三，广大青年一定要勇于创新创造。创新是民族进步的灵魂，是一个国家兴旺发达的不竭源泉，也是中华民族最深沉的民族禀赋，正所谓“苟日新，日日新，又日新”。生活从不眷顾因循守旧、满足现状者，从不等待不思进取、坐享其成者，而是将更多机遇留给善于和勇于创新的人们。青年是社会上最富活力、最具创造性的群体，理应走在创新创造前列。广大青年要有敢为人先的锐气，勇于解放思想、与时俱进，敢于上下求索、开拓进取，树立在继承前人的基础上超越前人的雄心壮志，“以青春之我……创建青春之国家，青春之民族”。要有逢山开路、遇河架桥的意志，为了创新创造而百折不挠、勇往直前。要有探索真知、求真务实的态度，在立足本职的创新创造中不断积累经验、取得成果。

第四，广大青年一定要矢志艰苦奋斗。“宝剑锋从磨砺出，梅花香自苦寒来。”人类的美好理想，都不可能唾手可得，都离不开筚路蓝缕、手胼足胝的艰苦奋斗。我们的国家，我们的民族，从积贫积弱一步一步走到今天的发展繁荣，靠的就是一代又一代人的顽强拼搏，靠的就是中华民族自强不息的奋斗精神。当前，我们既面临着重要发展机遇，也面临着前所未有的困难和挑战。梦在前方，路在脚下。自胜者强，自强者胜。实现我们的发展目标，需要广大青年锲而不舍、驰而不息的奋斗。广大青年要牢记“空谈误国、实干兴邦”，立足本职、埋头苦干，从自身做起，从点滴做起，用勤劳的双手、一流的业绩成就属于自己的人生精彩。要不怕困难、攻坚克难，勇于到条件艰苦的基层、国家建设的一线、项目攻关的前沿，经受锻炼，增长才干。要勇于创业、敢闯敢干，努力在改革开放中闯新路、创新业，不断开辟事业发展新天地。

第五，广大青年一定要锤炼高尚品格。中国特色社会主义是物质文明和精神文明全面发展的社会主义。一个没有精神力量的民族难以自立自强，一项没有文化支撑的事业难以持续长久。青年是引风气之先的社会力量。一个民族的文明素养很大程度上体现在青年一代的道德水准和精神风貌上。广大青年要把正确的道德认知、自觉的道德养成、积极的道德实践紧密结合起来，自觉树立和践行社会主义核心价值观，带头倡导良好社会风气。要加强思想道德修养，自觉弘扬爱国主义、集体主义、社会主义思想，积极倡导社会公德、职业道德、家庭美德。要牢记"从善如登，从恶如崩"的道理，始终保持积极的人生态度、良好的道德品质、健康的生活情趣。要倡导社会文明新风，带头学雷锋，积极参加志愿服务，主动承担社会责任，热诚关爱他人，多做扶贫济困、扶弱助残的实事好事，以实际行动促进社会进步。

青年兴则国家兴，青年强则国家强。我们党自成立之日起，就始终代表广大青年、赢得广大青年、依靠广大青年。各级党委和政府要充分信任青年、热情关心青年、严格要求青年，为青年驰骋思想打开更浩瀚的天空，为青年实践创新搭建更广阔的舞台，为青年塑造人生提供更丰富的机会，为青年建功立业创造更有利的条件。各级领导干部要关注青年愿望、帮助青年发展、支持青年创业，做青年朋友的知心人，做青年工作的热心人。

青年朋友们，人的一生只有一次青春。现在，青春是用来奋斗的；将来，青春是用来回忆的。人生之路，有坦途也有陡坡，有平川也有险滩，有直道也有弯路。青年面临的选择很多，关键是要以正确的世界观、人生观、价值观来指导自己的选择。无数人生成功的事实表明，青年时代，选择吃苦也就选择了收获，选择奉献也就选择了高尚。青年时期多经历一点摔打、挫折、考验，有利于走好一生的路。要历练宠辱不惊的心理素质，坚定百折不挠的进取意志，保持乐观向上的精神状态，变挫折为动力，用从挫折中吸取的教训启迪人生，使人生获得升华和超越。总之，只有进行了激情奋斗的青春，只有进行了顽强拼搏的青春，只有为人民作出了奉献的青春，才会留下充实、温暖、持久、无悔的青春回忆。

（资料来源：习近平：《在同各界优秀青年代表座谈时的讲话》，http://news.xinhuanet.com/politics/2013-05/04/c_115639203.htm，访问日期：2014 年 3 月 22 日。）

第二节　中国共产党历来重视大学生入党工作

党的十八大报告中指出，中国特色社会主义事业是面向未来的事业，需要一代又一代有志青年接续奋斗。全党都要关注青年、关心青年、关爱青年，倾听青年心声，鼓励青年成长，支持青年创业。广大青年要积极响应党的号召，树立正确的世界观、人生观、价值观，在投身中国特色社会主义伟大事业中，让青春焕发出绚丽的光彩。高校青年大学生党员是党员队伍中最有生机和活力的群体，是未来中国特色社会主义事业的建设者和接班人，积极做好高校大学生党员的教育工作，是事关我国社会主义事业前途命运的一项重要战略任务。

一、历代党和国家领导人高度重视青年培养工作

马克思主义政党坚持认为，青年是未来和希望，只有赢得青年，才能赢得未来。中国共产党历来高度重视青年，始终把青年看作祖国的未来和民族的希望，始终坚持认为党的事业离不开青年。党的几代领导人始终关怀大学生的成长和教育。毛泽东同志一向对青年寄予厚望，高度评价青年在革命和建设中的地位和作用，他说："青年是突击队，是生力

军。”进入20世纪90年代以后，邓小平同志反复强调“关心青年即是关心未来，要帮助培养，让更多的年轻人成长起来”。1998年5月4日，江泽民同志在北京大学百年校庆大会上提出：“青年兴则国家兴，青年强则国家强；青年有希望，未来发展就有希望。”

党的十六大以来，以胡锦涛同志为核心的中央领导集体，也高度重视和关注青年大学生的成长。胡锦涛同志在《致中国青年群英会的信》中说：“全面建设小康社会、加快推进社会主义现代化的历史任务需要青年们奋勇承担，中华民族伟大复兴的光明前景需要青年们奋力开创。”这说明了中国共产党高度重视青年大学生的成长，并努力把青年大学生培养成为中国特色社会主义伟大事业的建设者和接班人，这对青年大学生的发展有着重要的意义。

习近平总书记同样重视青年工作，他指出，青年最富有朝气、最富有梦想，青年兴则国家兴，青年强则国家强。历史和现实都告诉我们，青年一代有理想、有担当，国家就有前途，民族就有希望，实现我们的发展目标就有源源不断的强大力量。习总书记强调，高校是高层次人才培养基地和“蓄水池”，按照党章规定的党员标准做好高校党员特别是学生党员的发展工作，对确保中国特色社会主义事业后继有人具有重大而深远的意义。

二、中国共产党历来重视大学生入党工作

2004年，中共中央、国务院发出《关于进一步加强和改进大学生思想政治教育的意见》(中发〔2004〕16号)，文件指出大学生是十分宝贵的人才资源，是民族的希望，是祖国的未来。加强和改进大学生思想政治教育，提高他们的思想政治素质，把他们培养成中国特色社会主义事业的建设者和接班人，对于全面实施科教兴国和人才强国战略，确保我国在激烈的国际竞争中始终立于不败之地，确保实现全面建设小康社会、加快推进社会主义现代化的宏伟目标，确保中国特色社会主义事业兴旺发达、后继有人，具有重大而深远的战略意义。

文件要求要充分发挥党的政治优势和组织优势，做好大学生思想政治教育工作。高等学校党组织要高度重视学生党员发展工作，坚持标准，保证质量，把优秀大学生吸纳到党的队伍中来。对入党积极分子要注重早期培养，加强制度建设，严格发展程序，进行系统的党的知识教育和实践锻炼。对大学生党员要加强党员先进性教育，使他们严格要求自己，提高党性修养，充分发挥在大学生思想政治教育中的骨干带头作用和先锋模范作用。

2013年，中共中央组织部、中共中央宣传部、中共教育部党组联合印发《关于进一步加强高校学生党员发展和教育管理服务工作的若干意见》(教党〔2013〕22号)，要求深入贯彻落实党的十八大精神，进一步加强高校学生党员发展和教育管理服务工作。各地各高校要从全局和战略的高度，充分认识做好高校学生党员发展和教育管理服务工作的重要性、紧迫性，以邓小平理论、“三个代表”重要思想、科学发展观为指导，以加强党的执政能力建设、党的先进性和纯洁性建设为主线，以提高发展学生党员质量为核心，以加强教育培养为重点，以完善管理服务为基础，努力建设一支信念坚定、素质优良、规模适度、结构合理、纪律严明、作用突出的高校学生党员队伍。文件要求要严格坚持标准，提高发展

学生党员质量。始终把政治标准放在首位；严格发展程序和纪律，坚持成熟一个发展一个，认真履行入党手续；加强发展党员工作宏观指导，按照慎重发展、均衡发展的要求，积极稳妥地对发展学生党员数量和结构进行调控，保持高校学生党员队伍适度规模。要加强教育培养，提高学生党员思想政治素质。加强入党积极分子培养教育。坚持早教育、早发现、早培养，在高校新生中开展党的基本知识教育，提高学生对党的认识，引导学生积极向党组织靠拢。以增强党性、提高素质为重点，强化党员教育培训。坚持理论学习与实践锻炼相结合，组织学生党员广泛开展社会实践活动，拓宽党员教育培养途径。

第三节　当代大学生应该积极争取加入中国共产党

一、加入中国共产党是当代大学生的正确选择

中国共产党是伟大的党，是与时俱进的党。中国共产党是中国工人阶级的先锋队，同时是中国人民和中华民族的先锋队，是中国特色社会主义事业的领导核心，代表中国先进生产力的发展要求，代表中国先进文化的前进方向，代表中国最广大人民的根本利益。90多年来，中国共产党从小到大，从弱到强，不断发展壮大，从建党之初的50余名党员，逐步发展成为拥有8668.6万名党员的世界第一大党。历史实践证明，“没有共产党，就没有新中国”。在中国共产党的领导下，中国革命、建设和改革不断取得胜利，人民生活水平明显提高，综合国力大幅度提升，取得了举世瞩目的伟大成就。中国共产党的领导是中国特色社会主义事业胜利的根本保证，只有坚持中国共产党的领导才能始终保证中国特色社会主义事业的方向。

中国共产党的大门始终向着优秀大学生敞开着，国家的宏伟事业在召唤着一批又一批优秀青年加入。加入中国共产党有利于学生的全面发展，一切有理想有抱负的中国青年大学生，只有在中国共产党领导下，积极投身到实现中国现代化的伟大事业中来，同人民紧密结合，把自己的青春年华和聪明智慧奉献给伟大的党和国家，才能大有作为。青年大学生应当坚定崇高的理想和信念，从大处着眼、从小处着手，练就过硬本领，勇于创新创造，矢志艰苦奋斗，锤炼高尚品格，在实现中国梦的生动实践中放飞青春梦想，在为人民利益的不懈奋斗中书写人生华章。

二、大学生要积极争取加入中国共产党

(一)端正入党动机，从思想上入党

端正入党动机，是争取入党者首要解决的问题。入党动机是一个人要求入党的内在缘由和真实目的。它从根本上体现出每个党员的素质和行为，是共产党员世界观、人生观、价值观的集中反映。动机对行为具有激发、强化作用。从思想上入党，就要求大学生

要端正入党动机，从思想上真正确立共产主义世界观、人生观和价值观，确立共产主义理想信念，把最终实现共产主义社会制度作为自己的最高理想和毕生的追求。愿意为工人阶级和全人类的解放而艰苦奋斗，不怕牺牲个人利益，为实现共产主义奋斗终生。要树立全心全意为人民服务的思想，自觉地以个人利益服从党和人民的利益，吃苦在前，享受在后，开拓进取，无私奉献，并在困难和危险时刻主动挺身而出。大学生只有树立了正确的入党动机，才能在行动中更加严格地要求自己，努力摆正党和人民利益同个人利益的关系。

(二)从行动上入党，自觉接受党组织的培养、教育和考察

大学生要积极主动地向党组织靠拢，主动向党组织递交入党申请书和思想汇报，自觉接受党组织的培养、教育和考察。

第一，积极分子应主动定期地向党组织书面汇报自己的思想、工作、学习和生活情况，汇报对党的路线方针政策的认识和理解，实事求是地开展批评与自我批评，正视自身存在的问题，使党组织加深了解并开展针对性的帮助教育，以利于个人得到更快的成长。

第二，要认真参加党组织举办的培训。坚持理论学习，努力提高自身的思想政治素养，坚定共产主义信念和坚持走中国特色社会主义道路，树立远大的共产主义理想，进一步学习党的性质、宗旨、纲领、任务和党员的权利义务，用邓小平理论、“三个代表”重要思想和科学发展观武装头脑，通过学习不断克服和纠正思想中存在的各种模糊认识，坚定共产主义的理想信念，提高理论水平，不断增强自身分析问题和解决问题的能力，在思想觉悟、政治素质、党性修养和现实表现上真正符合一名党员的要求。

第三，要积极投身社会实践。实践是检验真理的唯一标准。只有融入实践当中，才能够对我们所学习的理论进行验证和进一步的执行。大学生入党积极分子应积极参加学校组织的各类活动，完成学校分配的工作任务，主动参与到服务学生、服务班集体、服务学校的工作中来。社会实践是人们获得正确认识的必经之路，因此，大学生仅有迫切的入党愿望还远远不够，还必须把这种愿望付诸实际行动，并在社会实践中加深对党的认识，践行全心全意为人民服务的宗旨，不断提升和完善自我。以吃苦在前、享受在后的实际行动，来体会为共产主义不惜牺牲一切的高尚情操。在实践中用党员标准严格要求自己，勤奋学习、努力工作，用实际行动争取早日入党。

第四，要自觉接受党组织的教育和考察。当代大学生党员需要加强党性修养，经常反省自己，进行自我批评，以便在学习生活中，逐渐掌握客观世界的规律。并且应该自觉地接受党组织的考察，通过党组织的教育意识到自己的优点和不足，切实做到扬长避短，以取得更大的进步。总之，青年学生要通过校内外的学习、活动和实际锻炼，不断加深对党和共产主义事业的认识，强化正确的入党动机，积极主动地向党组织靠拢。

延伸阅读

在纪念中国共产主义青年团成立90周年大会上的讲话(节选)

(2012年5月4日)

胡锦涛

第一,希望广大青年坚持远大理想。理想是指引人生的灯塔。青年时期牢固树立远大理想,人生道路就会越走越宽广,无论遇到怎样的艰难险阻,都能义无反顾、勇往直前。中国特色社会主义是当代中国发展进步的根本方向,是全国各族人民的共同理想。广大青年一定要高举中国特色社会主义伟大旗帜,坚定不移走中国特色社会主义道路,努力掌握和运用中国特色社会主义理论体系,坚信中国特色社会主义制度具有巨大优越性和强大生命力,把个人奋斗同人民为实现中国特色社会主义共同理想的奋斗紧密结合起来,不为任何风险所惧、不为任何干扰所惑,矢志不渝朝着崇高理想奋进,在为党和人民事业的奋斗中创造人生辉煌。

第二,希望广大青年坚持刻苦学习。青年是学习的黄金时期,学习是青年的首要任务。面对日趋激烈的国际竞争,面对艰巨繁重的改革发展任务,我们能不能始终把握未来发展的主动权,很重要的一条就是看青年一代整体素质强不强、拔尖人才多不多。广大青年一定要面向现代化、面向世界、面向未来,以只争朝夕的紧迫感,如饥似渴地学习,既认真学好基础知识又及时进行知识更新,既刻苦钻研专业知识又广泛涉猎其他知识,既重视学习文化知识又努力掌握实用技能,不断充实自己、提高自己、丰富自己。同时,要深入了解国情,自觉到基层一线去,到艰苦环境中去,到祖国和人民最需要的地方去,在实践的熔炉中增长见识、砥砺品质、强化本领,努力成为可堪大用、能负重任的栋梁之材。

第三,希望广大青年坚持艰苦奋斗。没有艰苦奋斗精神的民族难以自立自强,没有艰苦奋斗精神的国家难以发展进步,没有艰苦奋斗精神的青年难以担当重任。青年要干成一番事业,就必须不畏艰难、矢志奋斗。广大青年一定要牢记"忧劳兴国、逸豫亡身"的道理,敢于吃苦、勇挑重担,不怨天尤人、不贪图安逸,依靠自己的辛勤努力开辟人生和事业的前进道路;一定要牢记"天下大事、必作于细"的道理,从小事做起、从基础做起,不沉湎幻想、不好高骛远,用埋头苦干的行动创造实实在在的业绩;一定要牢记"艰难困苦、玉汝于成"的道理,迎难而上、百折不挠,不畏惧挫折、不彷徨退缩,在千磨万击中历练人生、收获成功。

第四,希望广大青年坚持开拓创新。创新是时代的主旋律。我们面对的是日新月异的世界,我们从事的是前无古人的事业,创新是掌握民族发展命运的关键之举,是战胜各种风险挑战的制胜之道。青年最具创新热情和创造潜力。广大青年一定要大力发扬以改革创新为核心的时代精神,有那么一种勇立潮头的浩气,有那么一种超越前人的勇气,有那么一种与时俱进的朝气,立足岗位、立足实际,讲求科学、讲求方法,把创新潜能充分发挥出来,为推动理论创新、制度创新、科技创新、文化创新以及其他各方面创新贡献聪明才智。只要青年一代的创造热情极大增强、创造能力极大提高、创造活力极大迸发,我国改革开放和社会主义现代化事业一定能够不断开辟新的发展空间、取得新的突破性进展。

第五，希望广大青年坚持高尚品行。我们要建设的现代化，是物质文明和精神文明全面发展的社会主义现代化。青年从来都是开风气之先的力量，应该主动走在建设社会主义核心价值体系的前列，为开创社会新风发挥积极作用。广大青年一定要把正确的道德认知、自觉的道德养成、积极的道德实践紧密结合起来，提高品德修养，弘扬传统美德，倡导新风正气，用高尚的道德行为推动全社会文明程度的提高。要争当诚实守信的模范，带头履行社会责任，努力营造守信光荣、失信可耻的社会氛围；争当奉献社会的模范，带头学雷锋，积极参加志愿服务活动，多做扶贫济困、扶弱助残的实事好事，大力传播我为人人、人人为我的社会公德；争当促进和谐的模范，带头弘扬社会主义法治精神，推动形成依法办事的行为规范、理性平和的社会心态、礼让宽容的人际关系，自觉维护安定团结的社会大局。广大青年要通过自己的实际行动，让爱国主义、集体主义、社会主义思想更加深入人心，让社会主义荣辱观更好引领社会风尚。

（资料来源：胡锦涛：《在纪念中国共产主义青年团成立 90 周年大会上的讲话》，http://news.xinhuanet.com/politics/2012-05/04/c_111891744_2.htm，访问日期：2014 年 3 月 22 日。）

思考练习

1. 为什么说加入中国共产党是当代大学生的正确选择？
2. 如何理解青年大学生的历史使命？

第二章 中国共产党的光辉历程

本章导读

1921年，中国共产党光荣诞生了！中国共产党成立后，给人民指出了中国的出路在于彻底推翻帝国主义、封建主义的反动统治，并进而转入社会主义，成为中国人民前所未有的领导力量。中国共产党在领导各族人民为新民主主义而斗争的过程中，经历了国共合作的北伐战争、土地革命战争、抗日战争和全国解放战争四个阶段，其间经受了1927年和1934年两次严重挫折的痛苦考验。经过长期的武装斗争和各个方面、各种形式斗争的密切配合，终于在1949年取得了革命的胜利。在新民主主义革命胜利后，中国共产党领导和团结全国各族人民建立了社会主义制度，实现了中国历史上最广泛、最深刻的社会变革；开创了建设有中国特色社会主义事业，为实现中华民族的伟大复兴开创了正确道路。

第一节 中国共产党的诞生和早期发展

一、中国共产党的创立

中国共产党是中国工人运动和马克思主义相结合的产物，是中国工人阶级的先锋队，是马克思主义的革命政党。中国共产党的产生，是中国历史上开天辟地的大事件，是中国革命运动发展的必然结果。自从有了中国共产党，中国革命的面目就焕然一新。

(一)中国共产党创立的历史背景

辛亥革命后的中国呈现出人们完全没有想到的一番景象：袁世凯称帝、张勋复辟的倒行；从西方学来的多党制、议会制，成为各派军阀、官僚、政客借以争权夺利的工具；1915年日本提出的灭亡中国的“二十一条”，再次记录下中国的奇耻大辱；1916年袁世凯死后，北洋军阀分成直系、皖系、奉系三大派系，各自割据一方，并以帝国主义列强在中国的争夺为背景，相互之间展开愈演愈烈的军阀混战，使国家陷于长期的分裂和动乱之中。

要救国必须寻找新的出路。中国的先进分子从消沉、苦闷和彷徨中走出来，再次在心中燃起热切的期待，一场巨大的革命风暴在孕育之中。1915年9月，陈独秀在上海创办的《青年杂志》(后改为《新青年》),犹如黑夜中的一道闪电,掀起一场空前的新文化运动的狂飙。这场运动,正是新的革命风暴到来的前奏。

新文化运动的基本口号是“德先生”(Democracy)和“赛先生”(Science),也就是民主和科学。当封建主义在社会生活中占据支配地位的时候,提倡民主、反对独裁专制,提倡科学、反对迷信盲从,有着巨大的进步意义。

初期的新文化运动,是资产阶级新文化反对封建阶级旧文化的斗争。但在此时的欧美,资本主义文明的缺陷已经在实际生活中明显暴露出来。1914—1918年的第一次世界大战,便是资本主义制度固有矛盾尖锐化的表现。这就逐渐引起新文化运动左翼人士对西方文明价值的怀疑和批判。正是这种怀疑和批判,为他们日后接受马克思主义奠定了思想基础。

1917年,列宁领导的俄国十月革命开辟了人类历史的新纪元。十月革命第一次把社会主义从书本上的学说变成活生生的现实。它所取得的历史性胜利不仅唤醒西方的无产阶级,而且也唤醒了东方的被压迫民族。这场在社会主义旗帜下所进行的革命,对中国革命产生了划时代的影响,使中国出现了一批赞成俄国十月革命、具有初步共产主义思想的知识分子。李大钊是中国颂扬俄国十月革命的第一人。他在1918年著文指出:十月革命是“立于社会主义上之革命”,是“世界人类全体的新曙光”。他预言:“试看将来的环球,必是赤旗的世界!”

到这时,中国人接受马克思列宁主义的条件逐渐成熟。第一次世界大战期间,中国民族资本主义经济在短时间内得到迅速发展,中国工人阶级的力量随之发展壮大起来。到1919年五四运动前夕,产业工人已达200万人左右。这个阶级的人数虽然不多,但它同先进的经济形式相联系,是中国先进生产力的代表,而且,由于它深受帝国主义、资产阶级和封建势力的三重压迫,更具有强烈的改变现状的要求,在革命斗争中比任何别的阶级都要坚决和彻底。中国工人阶级的成长壮大,以及此时形成的比辛亥革命时期更为庞大的先进知识分子群,为接受马克思主义提供了客观的社会基础。

1919年上半年,第一次世界大战中取胜的协约国一方在巴黎举行“和平会议”。会议不顾属于战胜国一方的中国的权益,规定战败的德国将在中国山东获得的一切特权转交给日本。消息传到国内,激起各阶层人民的强烈愤怒,以学生斗争为先导的五四运动如火山爆发般地开始了。

5月4日,北京学生3000余人在天安门前集会,游行示威,掀起爱国风暴。在北洋军阀政府的严厉镇压下,这场风暴一度转入低潮。从6月3日起,学生重新走上街头,又有大批学生被捕。在此重要关头,工人阶级开始以独立的姿态登上政治舞台。从6月5日起,上海工人举行声援学生的罢工,参加人数达六七万。随后,工人罢工、商人罢市如燎原烈火蔓延全国,扩展到20多个省、市的100多座城市。五四运动突破青年知识分子的狭小范围,发展成为有工人阶级、小资产阶级和民族资产阶级参加的全国规模的群众性革命运动。运动的中心由北京转移到上海,斗争的主力由学生逐渐蔓延向工人。

五四运动是中国革命史上具有重大意义的事件,它标志着中国新民主主义革命的开端。五四运动的伟大历史意义在于,它带着辛亥革命还不曾有的姿态,彻底地不妥协地反对帝国主义和封建主义。

五四运动促进了马克思主义的传播。中国的先进分子从巴黎和会的实际教训中，进一步认识到帝国主义列强联合压迫中国人民的实质。1920年四五月间，《东方杂志》《新青年》等刊物刊登苏俄政府发表的第一次对华宣言。这个宣言宣布"废弃(沙俄在中国境内享有的)一切特权"。中国人民从苏俄政府对待中国的态度中，对社会主义有了进一步的了解和感触。这对社会主义思想在中国的进一步传播，给予了有力的推动。因此，五四运动以后新文化运动的突出特点是，研究和宣传社会主义逐渐成为进步思想界的主流。

中国的先进分子接受马克思主义，从一开始就不是把它当作单纯的学理来探讨，而是把它作为观察国家命运的工具。他们以马克思主义基本原理为指导，积极投身到现实斗争中去，注意同工人群众结合，同中国实际结合。这是中国马克思主义思想运动一开始就具有的一个特点和优点。

(二)中国共产党的创立过程

中国共产党的最早组织是在上海首先建立的。1920年8月，上海共产党早期组织正式成立。参加者有陈独秀、李汉俊、李达、陈望道、俞秀松等，陈独秀任书记。上海共产党早期组织成立后，实际上成为各地建党活动的联络中心。

1920年10月，由李大钊、张申府、张国焘三人发起成立北京共产党早期组织，李大钊为负责人。罗章龙、刘仁静、邓中夏、高君宇、何孟雄、缪伯英、范鸿劼、张太雷等先后加入，成员大多为北京大学马克思学说研究会的骨干。

1920年秋，董必武、陈潭秋、包惠僧等在武昌秘密召开会议，正式成立武汉共产党早期组织，推选包惠僧为书记。

1920年秋，施存统、周佛海等在日本东京建立旅日共产党早期组织，施存统为负责人。

1920年秋冬之际，毛泽东、何叔衡等在长沙，以新民学会骨干为核心秘密组建共产党早期组织。

1920年底至1921年初，王尽美、邓恩铭等在济南建立共产党早期组织。

1921年春，在与无政府主义者组织的"共产党"分道扬镳后，陈独秀等重新组建广州共产党早期组织，成员有谭平山、陈公博、谭植棠等，陈独秀、谭平山先后任书记。

1921年，张申府、周恩来、赵世炎、刘清扬等在法国巴黎建立了由留学生中先进分子组成的共产党早期组织，张申府为负责人。

这些共产党早期组织的名称不一，有的叫"共产党"，有的叫"共产党支部"或"共产党小组"，它们的性质相同，都是组成统一的中国共产党的地方组织，后来被通称为"共产主义小组"。

各地共产主义小组成立后，有组织、有计划地扩大马克思主义的研究和宣传，批判各种反马克思主义思潮，发起建立社会主义青年团，创办工人刊物，开办工人学校，领导工人成立工会，开展工人运动，进一步促进了马克思主义同工人运动的结合。这样，正式成立中国共产党的条件就基本具备了。

1921年3月，在俄共远东局和共产国际的建议和支持下，召开了各共产主义小组的代表会议，发表了关于党的宗旨和原则的宣言，并制定了临时性的纲领，确立了党的工作机构和工作计划，表明了党组织对社会主义青年团、工会、行会、文化教育团体和军队的态度。这次会议为党的成立做了必要的准备。1921 年 6 月，共产国际派马林等到上海。他们建议召开党的全国代表大会，正式成立中国共产党。上海党在李达的主持下进行了全国代表大会的筹备工作，并向各地党的组织写信发出通知，要求各地选派两名代表出席大会。来自北京、汉口、广州、长沙、济南和日本的各地代表 7 月 23 日全部到达上海。

中国共产党一大会址

7 月 23 日晚，中国共产党第一次全国代表大会在上海法租界望志路 106 号(今兴业路 76 号)正式开幕。会址设在李书城、李汉俊兄弟住宅，大家围坐在客厅长餐桌四周，室内没有特别布置，陈设简单，气氛庄重。出席者有上海的李汉俊、李达；北京的张国焘、刘仁静；长沙的毛泽东、何叔衡；武汉的董必武、陈潭秋；济南的王尽美、邓恩铭；广州的陈公博；留日学生周佛海以及陈独秀委派的包惠僧。陈独秀和李大钊因公务在身未出席会议，而在代表们心目中他们仍是党的主要创始人和领袖。

会议讨论并通过了党的第一个正式文献《中国共产党的第一个纲领》，确定了党的名称、奋斗目标、基本政策、提出了发展党员、建立地方和中央机构等组织制度等。还通过了《中国共产党的第一个决议》，决定以主要精力建立工会组织，指导工人运动和做好宣传工作，并要求与其他政党关系上保持独立政策，强调与第三国际建立紧密关系。

会议决定建立三人组成的中央局，并选举陈独秀任书记，张国焘为组织主任，李达为宣传主任。党的第一个中央机关由此产生。会议在齐呼“第三国际万岁”“中国共产党万岁”声中闭幕。

一大召开标志着中国共产党的正式成立，犹如一轮红日在东方冉冉升起，照亮了中国革命的前程。这是近代中国社会进步和革命发展的客观要求，是开天辟地的大事变。自从有了中国共产党，中国革命的面目就焕然一新了。

二、中国共产党的早期发展

中国共产党成立以后，集中力量领导工人运动，掀起了中国工人运动的第一次高潮。从1922年1月至1923年2月，全国罢工达180多次，其中主要的有香港海员大罢工和京汉铁路大罢工。香港海员大罢工取得了胜利，但京汉铁路大罢工却遭到直系军阀吴佩孚的血腥镇压，造成了震惊中外的“二七惨案”。中国共产党从“二七”血案中进一步认识到，中国革命仅仅依靠工人阶级的力量是远远不够的，必须团结一切可以团结的力量，组成最广泛的统一战线，才能把革命引向胜利。

(一)国共合作与北伐战争

1923年6月，中国共产党第三次全国代表大会确定了全体共产党员以个人名义加入国民党，与国民党建立革命统一战线的方针。1924年1月20—30日，在中国共产党人的参加与帮助下，孙中山在广州召开了国民党第一次全国代表大会，重新解释了三民主义。大会通过了共产党人起草的以反帝反封建为主要内容的宣言，确定了联俄、联共、扶助农工的三大政策，从而把旧三民主义发展为新三民主义。大会选举出中国国民党中央执行委员会，共产党员李大钊、谭平山、毛泽东、林祖涵、瞿秋白等10人当选为国民党中央执行委员或候补执行委员，约占委员总数的1/4。国民党的“一大”标志着第一次国共合作的正式建立。

1926年2月，中国共产党向全国人民明确提出了出兵北伐推翻军阀统治的政治主张。1926年5月，国民革命军第七军一部和第四军叶挺独立团等作为先头部队，先行出兵湖南，援助正被吴佩孚部击败而退守湘南衡阳的第八军唐生智部。7月1日，广东国民政府发出《北伐宣言》，7月9日国民革命军的8个军约10万人，兵分三路，从广东正式出师北伐。共产党员李富春、朱克靖、廖乾吾、林伯渠分别担任二、三、四、六军的党代表。参加北伐军各级负责工作的共产党员还有陈毅、陈赓、蒋先云、张际春、包惠僧、叶挺、周士第等。

7月12—18日，共产党为了讨论党在北伐战争中的方针政策问题，在上海召开了四届中央第三次执行委员会扩大会议。会议通过了《中共中央第五次对于时局的主张》，号召全国民众积极推动和响应北伐，迅速扩大民众运动，巩固革命的联合战线，推翻国内军阀与打倒帝国主义。北伐战争打击的对象是占据中国广大地区、受帝国主义支持的北洋军阀吴佩孚、张作霖和孙传芳。在西路主攻方向上，国民革命军第四军、第七军主力同第八军会合后，在7月11日胜利进入长沙；8月22日，占领岳州；随后又攻克汀泗桥、贺胜桥，击溃吴佩孚的主力，直指武汉；9月6日、7日第八军主力占领了汉阳、汉口；10月10日第四军主力和第八军一部攻克已被围困月余的武昌。第四军、第七军先后转入江西，于11月初在南浔铁路一带发动猛烈进攻，终于歼灭孙传芳部主力，占领九江、南昌。在东路福建战场，原来留驻粤闽边境的第一军两个师也乘势向福建发动进攻，于12月中旬进占福州。冯玉祥领导的国民军也在苏联顾问团和共产党员刘伯坚、邓小平等的帮助下，于1926年9月17日在五原誓师，绕道甘肃东进，参加北伐。北伐军在不到半年的时间里，打垮了吴佩孚，消灭了孙传芳主力，进占到长江流域和黄河流域部分地区，沉重地打击了帝国主义和封建军阀的反动统治。由中国共产党人领导的以两湖为中心的全国工农运动亦迅猛发展，有力地支援了北伐战争。北伐战争还得到苏联政府的援助，1927 年 4 月 12 日和 7 月 15 日，蒋介石和汪精卫先后公开发动了反革命政变，公开宣布与共产党决裂，并随即对共产党员和革命群众实行大屠杀，还提出了"宁可枉杀千人，不可使一人漏网"的血腥口号。至此，蒋汪反革命合流，第一次国内革命战争遭到失败。

(二)八一南昌起义和八七会议

为了反抗国民党反动派的屠杀政策，挽救中国革命，中共中央于 7 月 12 日进行改组，停止了中央委员会总书记陈独秀右倾投降主义的领导。下旬，决定集合自己掌握和影响的部分国民革命军南下广东，会合当地革命力量，实行土地革命，恢复革命根据地，然后举行新的北伐。

8 月 1 日 2 时，在周恩来、贺龙、叶挺、朱德、刘伯承的领导下，南昌起义开始。起义成功后，中共前委按照中共中央关于这次起义仍用国民党左派名义号召革命的指示精神，发表了国民党左派《中央委员宣言》，揭露蒋介石、汪精卫背叛革命的种种罪行，表达了拥护孙中山"三大政策"和继续反对帝国主义、封建军阀的斗争决心。南昌起义后，汪精卫急令张发奎、朱培德等部向南昌进攻。8 月 3 日起，中共前委按照中共中央原定计划，指挥起义军分批撤出南昌，沿抚河南下，计划经瑞金、寻邬(现为寻乌)进入广东省，7 日到达临川时，总兵力约 1.3 万人。

为了总结大革命失败的经验教训，纠正陈独秀的右倾投降主义错误，确定党在新时期的斗争方针和任务，在共产国际的帮助下，1927 年 8 月 7 日，中共中央在汉口原俄租界三教街 41 号(现为鄱阳街 139 号)召开了中央紧急会议(由于出席的中央委员不到半数，既不是中央全会，也不是中央政治局会议，故称为中央紧急会议)，即"八七会议"。由于白色恐怖，形势紧迫，会议仅开了一天。会议共有三项议程:共产国际代表作报告，中央常委代表瞿秋白作报告，改选临时中央政治局。

会议总结了大革命失败的经验教训，坚决纠正和结束了陈独秀的右倾投降主义错误，撤销了他的总书记职务。会议确定以土地革命和以武装反抗国民党反动派的屠杀政策为党在新时期的总方针，就国共两党关系、土地革命、武装斗争等问题进行了讨论，并把发动农民举行秋收起义作为党在当时的最主要任务。八七会议是中国共产党历史上的一次重要会议，它在中国革命遭受严重挫折后，总结了失败的经验教训，结束了陈独秀右倾投降主义在党中央的统治，确定了党在农村领导武装暴动、开展土地革命的斗争方针。这次会议对于挽救大革命失败所造成的危局、实现党的战略转变起了重要作用。但是，八七会议在反对右倾错误的时候，没有注意防止"左"的思想的出现，使"左"倾情绪在党内滋长起来，给后来的中国革命造成很大的危害。

(三)走"农村包围城市，武装夺取政权"的道路

大革命失败后，以毛泽东为代表的中国共产党人，高举起土地革命和武装反抗国民党反动统治的旗帜，肩负起独立领导中国民主革命的重任，实行武装斗争，经过创建、发展红

军和农村革命根据地的实践，提出了农村包围城市、武装夺取政权的思想，逐步找到了一条适合中国特点的民主革命的正确道路。

1927年10月，毛泽东率领湘赣边界秋收起义的工农革命军，进军井冈山，开始创建以宁冈为中心的井冈山农村革命根据地。在此期间，广州、海陆丰、湘东、湘南、黄安等地的工农群众在武装起义中建立起来的红色政权，先后被优势的反动势力摧残了。1928年4月，朱德等率领南昌起义、湘南起义的余部到达井冈山，与毛泽东所部会师，井冈山红色政权和革命力量得到加强。但是，这小块地区的红色政权仍处在强大的白色政权的包围之中，仍不断地遭到优势敌军的"围剿"。在这样的形势下，"红旗到底打得多久？"革命能不能在农村根据地坚持下去，并发展起来，成了党必须回答的一个基本问题。

1928年10月，湘赣边界党的第二次代表大会通过了毛泽东起草的决议案。这个决议案的第一部分"政治问题和边界党的任务"，即毛泽东《中国的红色政权为什么能够存在？》一文，毛泽东在文中指明了中国革命的性质、任务以及中国红色政权的实质，总结了井冈山根据地及其他地区建立小块红色政权的经验教训，首次提出"工农武装割据"的重要思想，分析了中国红色政权能够发生、存在的原因和条件，回答了"红旗到底打得多久"的问题。同年11月，毛泽东代表中共红四军前委给中央写报告，即毛泽东《井冈山的斗争》一文，进一步总结井冈山工农武装割据的经验，阐明"工农武装割据"的思想，得出中国红色政权能够继续存在和发展的结论。

1929年1月，毛泽东、朱德率领红四军的主力从井冈山出发，向赣南、闽西进军。经一年多的艰苦转战，红四军同其他红军合编为红军第一军团，并且在赣南、闽西地区建立了中央革命根据地的基础。同一时期，赣东北、洪湖、湘赣边、鄂豫皖以及其他农村革命根据地也都在不断粉碎敌军进攻中站住了脚，获得了初步发展。这样，"红旗到底打得多久"的问题，也就是毛泽东论证的"中国的红色政权为什么能够存在"的问题，已经由实践作了肯定的回答。

毛泽东提出的实行"工农武装割据"的思想，就是在中国共产党领导之下，把武装斗争、土地革命、建立革命政权三者结合起来，它为党在大革命失败后成功地把工作重点由城市转入农村，在农村建立革命根据地、走农村包围城市、武装夺取政权的道路奠定了基础。

然而，当时党内仍有相当一些人继续坚持中国革命要以城市武装起义为中心的观点，即"城市中心论"。为此，1930年1月，毛泽东在给红四军第一纵队司令员林彪的信，即著名的《星星之火，可以燎原》一文中，总结了各地红军、红色政权和农村革命根据地建设的经验，系统阐述了中国革命只能走与资本主义国家不同的道路的思想。他明确指出：中国的红色政权是半殖民地半封建社会各种矛盾尖锐化的产物。红军、游击队和红色区域的建立和发展，是半殖民地中国在无产阶级领导下的农民斗争的最高形式，是半殖民地农民斗争发展的必然结果。革命力量在城市被强大的敌人击败，短期内无法在城市取得胜利的条件下，中国革命的发展规律：将党的工作重点从城市转入农村，在农村开展游击战争，深入进行土地革命，推翻当地的白色政权，建立红色政权，把落后的农村变为先进的革命根据地；依托这样的农村革命根据地去反对依靠城市进攻农村的凶恶的敌人，并进而以农村包围城市，以便在长期战斗中逐步锻炼、积累、发展革命力量，逐步削弱敌人的力量；直到敌大我小、敌强我弱变成我大敌小、我强敌弱时,再攻占中心城市,夺取全国革命的胜利。

在农村建立根据地,以农村包围城市、武装夺取政权道路的思想,是以毛泽东为主要代表的中国共产党人对马克思列宁主义的运用和发展,它反映了中国特殊的历史条件及由此决定的中国革命发展的特殊规律,指明了中国革命走向胜利的唯一正确道路,中国革命正是循着这样一条正确道路走向胜利的。

(四)李立三的"左"倾冒险主义和王明的"左"倾教条主义

中国革命的发展并不是一帆风顺的。随着局势的好转,加上共产国际的错误指导,中国共产党内的"左"倾急性病又逐渐发展起来。

在 1930 年 6 月 11 日召开的中央政治局会议上,通过李立三拟定的以武汉为中心的全国中心城市起义和集中全国红军攻打中心城市的冒险计划,从而使"左"倾冒险主义在党中央占据了统治地位。随后,成立了实施这个计划的从中央到地方的各级行动委员会。这次"左"倾错误在党内统治的时间虽然不长,但党却为此付出了沉重代价。9 月下旬,由刚从莫斯科回国的周恩来、瞿秋白主持,党在上海召开扩大的六届三中全会,纠正了李立三等对革命形势的"左"倾估计。全会前后,"左"倾冒险主义错误开始得到纠正,全党工作开始转到正常的轨道上来。

可是,由于共产国际的干预,事情陡然间发生了变化。1930 年 10 月,共产国际给中共中央来信,提出李立三的路线是反共产国际的政治路线。从莫斯科回国不久,受到共产国际东方部副部长米夫器重的留苏学生王明、博古等,通过不正常的途径比中央先获知这封信的内容,立刻打起"反对调和主义"的旗号,猛烈攻击六届三中全会后的中央,在党内造成严重的思想混乱,使中央难以正常工作。

1931 年 1 月 7 日,党的六届四中全会在上海召开。全会以批判三中全会的所谓对于"立三路线"的"调和主义"为宗旨,强调反对"党内目前主要危险"的"右倾",决定"改造充实各级领导机关"。瞿秋白、周恩来等受到严厉指责。王明在米夫的支持下,不仅被补选为中央委员,而且成为中央政治局委员。这次全会实际上批准了王明"左"倾冒险主义的纲领。从这时起,以教条主义为特征的王明"左"倾错误在党中央开始长达四年的统治。

1933 年下半年,蒋介石发动对革命根据地的第五次"围剿"。他先后调集 100 万军队向各地红军进攻,而以 50 万军队从 9 月下旬开始向中央根据地进攻。这时,临时中央领导人博古,依靠共产国际派来的军事顾问、德国人李德负责军事指挥。他们放弃过去几次反"围剿"中行之有效的积极防御方针,主张"御敌于国门之外",使红军陷于被动地位;在进攻遭受挫折后,又采取消极防御方针,实行分兵防御、"短促突击",企图用阵地战代替游击战和运动战,同装备优良的国民党军队拼消耗。这样,战局的发展对红军日渐不利。

"左"倾错误进一步发展的恶果,是第五次反"围剿"的失败。1934 年 4 月中旬,国民党军队集中优势兵力进攻中央根据地的北大门广昌。经过十八天血战,广昌失守。10 月初,国民党军队推进到根据地腹地,中央红军主力被迫实行战略转移。10 月中旬,中共中央机关和中央红军 8.6 万多人撤离根据地,踏上向西突围的征途。党的六大后,革命运动出现复兴局面。由于中共中央的领导权落到一些根本不懂得中国国情却得到共产国际信任的"左"倾教条主义者手中，结果导致除陕北以外各根据地的丢失和党在国民党统治区组织的严重破坏，给党和红军造成巨大损失。这个教训是惨痛的。

（五）从遵义会议到瓦窑堡会议

1934年1月中共六届五中全会以后，在中国共产党和根据地的各项工作中，王明"左"倾冒险主义得到变本加厉的推行。在这种错误领导下，第五次反"围剿"失败了，迫使红军放弃革命根据地，开始长征。

1935年1月15—17日，中共中央在遵义召开了政治局扩大会议。会议的主要议题是总结第五次反"围剿"的经验教训。首先，由博古作关于第五次反"围剿"的总结报告，他在报告中极力为"左"倾冒险主义错误辩护。接着，周恩来就军事问题作了副报告，主要分析了第五次反"围剿"和长征中战略战术及军事指挥上的错误，并作了自我批评，主动承担了责任。毛泽东在会上作了重要发言，着重批判了第五次反"围剿"和长征以来博古、李德在军事指挥上的错误，以及博古在总结报告中为第五次反"围剿"失败辩护的错误观点。张闻天、王稼祥、朱德、刘少奇等多数同志在会上发言，支持毛泽东的正确意见。会议经过激烈的争论，在统一思想的基础上，委托张闻天起草了《中央关于反对敌人五次"围剿"的总结的决议》，并由常委审查通过。决议肯定了毛泽东关于红军作战的基本原则，否定了博古关于第五次反"围剿"的总结报告，提出了中国共产党的中心任务是战胜川、滇、黔的敌军，在那里建立新的革命根据地。会议决定改组中央领导机构，增选毛泽东为政治局常委，取消博古、李德的最高军事指挥权，仍由中央军委主要负责人周恩来、朱德指挥军事。

遵义会议地址

遵义会议是中国共产党历史上的一次重要会议。它结束了王明"左"倾冒险主义在党中央的统治，确立了以毛泽东为核心的新的党中央的正确领导和毛泽东在红军和党中央的领导地位。在党生死攸关的危急关头挽救了党，挽救了红军，挽救了中国革命，使红军在极端危险的境地得以保存下来，胜利地完成长征，开创了抗日战争的新局面。它证明中国共产党完全具有独立自主解决自己内部复杂问题的能力，是中国共产党从幼年走向成熟的标志。

1935年夏秋之间，日本帝国主义制造华北事变，妄图吞并华北进而灭亡整个中国。12月9日，北平爆发了一二·九运动，推动了全国的抗日救亡运动的发展。此时，中国共产党面临着从土地革命战争向民族革命战争转变的新形势。为了对整个形势作出分析，制定出适合新情况的完整的政治路线和战略方针，1935年12月17—25日，中共中央在陕北安定县(今子长)瓦窑堡召开政治局扩大会议。出席会议的有毛泽东、周恩来、张闻天、博古、李维汉、王稼祥、刘少奇、邓发、凯丰、张浩、邓颖超、吴亮平、郭洪涛等十多人。

会议通过了《中央关于目前政治形势与党的任务决议》，分析了当时政治形势的基本特点，规定了党在新形势下的策略路线。指出：当前时局的基本特点是日本帝国主义正准备并吞全中国，把全中国从各帝国主义的半殖民地变为日本的殖民地。民族矛盾已上升为主要矛盾。一切不愿当亡国奴，不愿充当汉奸的中国人的唯一出路，就是“向着日本帝国主义及其走狗汉奸卖国贼展开神圣的民族战争”。决议指出，在地主买办阶级营垒中间，也不是完全统一的，共产党也应利用他们之间的矛盾与冲突，以利于抗日民族解放斗争。对于日本帝国主义与其他帝国主义之间的矛盾，也应采取这样的策略。决议指出：党的策略路线是发动、团结与组织全中国全民族一切革命力量去反对当前主要的敌人——日本帝国主义与蒋介石。

为了结成广泛的抗日民族统一战线，决议批评了党内长期存在的“左”倾关门主义，分析了它的来源与危害，指出这是目前党内的主要危险，必须坚决加以纠正。

决议提出了中国共产党在抗日民族统一战线中的领导权问题，强调共产党必须以自己彻底的反日、反汉奸卖国贼的言论和行动去取得统一战线的领导权，“只有在共产党领导之下，反日运动才能得到彻底的胜利”。此外，为了适应抗日民族统一战线的需要，决议提出将工农共和国改为人民共和国等问题，并相应地改变了党的若干政策。

瓦窑堡会议是从土地革命战争时期到抗日战争时期中国共产党召开的一次极为重要的会议，是遵义会议的继续和发展。它总结了两次国内革命战争的基本经验，批判了“左”倾关门主义，解决了遵义会议没有来得及解决的党的政治策略问题，制定了抗日民族统一战线的策略路线，有力地推动了全国抗日民主运动的发展。这有力地表明，中国共产党在总结革命中的成功和失败的经验和教训的基础上，已经成熟起来，能够从中国的实际情况出发，创造性地进行工作。

三、中国共产党领导中国民主主义革命所取得的伟大胜利

(一)抗日民族统一战线

1931年九一八事变后，日本侵占中国东北，中国共产党为建立以国共合作为基础的抗日民族统一战线进行了长期不懈的努力。1933年1月，中国共产党发表宣言，首次提出红军准备在三个条件下与任何武装部队订立共同对日作战的协定。

1. 立即停止进攻苏区；
2. 立即保证民众的民主权利；
3. 立即武装民众，创立武装的义勇军。

1935年8月1日，中国共产党又发表了《为抗日救国告全体同胞书》（即《八一宣言》），再次明确表示只要国民党军队停止进攻苏区，实行对日作战，红军愿立刻与之携手，共同救国。宣言建议一切愿意参加抗日救国事业的党派、团体、名流学者、政治家和地方军政机关进行谈判，共同筹组国防政府和抗日联军，并呼吁各党派和军队首先停止内战，以便集中一切国力去为抗日救国的神圣事业而奋斗。

瓦窑堡会议后，共产党一方面积极促进一二·九学生运动后全国人民中日益高涨的抗日救亡运动的浪潮，另一方面尽可能地向国民党上层领导人和军队将领宣传共产党的抗日主张。1936年5月5日，中国共产党向国民党政府发出《停战议和一致抗日》的通电，将"抗日反蒋"政策转变为"逼蒋抗日"的政策。8月25日，中共中央公开发表《中国共产党致中国国民党书》，信中再次呼吁停止内战，建立抗日民族统一战线。1936年12月12日，西安事变爆发，中国共产党迅速确定了和平解决的方针，并应张学良、杨虎城的邀请，派周恩来、叶剑英等人赴西安谈判，迫使蒋介石接受停止内战、联共抗日等6项条件。1937年7月7日，日本侵略军向北平西南的卢沟桥发动进攻，制造了震惊中外的七七事变。七七事变的第二天，中共中央发布通电号召全中国军民团结起来，抵抗日本的侵略。

7月15日，中共中央将《为公布国共合作宣言》送交蒋介石。《宣言》提出发动全民族抗战、实行民主政治和改善人民生活等三项基本要求，重申中共为实现国共合作的四项保证。8月14日国民政府发表《自卫抗战声明书》。8月中旬，中共代表周恩来、朱德、叶剑英同蒋介石等就发表中共宣言和改编红军问题，在南京举行第五次谈判，蒋介石被迫同意将在陕北的中央红军改编为国民革命军第八路军（简称八路军）。

1937年8月，中共中央在陕北洛川召开政治局扩大会议，通过了《抗日救国十大纲领》，提出了争取抗战胜利的全面抗战路线。8月25日，中共中央军委发布命令，中央红军改编为八路军，任命朱德、彭德怀为正、副总指挥，开赴华北抗日前线。10月间，又将在南方十三个地区的红军游击队改编为国民革命军新编第四军（简称新四军），任命叶挺为军长，项英为副军长，张云逸为参谋长，开赴华中抗日前线。在共产党的催促下，9月22日，国民党中央通讯社发表了《中共中央为公布国共合作宣言》。23日，蒋介石发表谈话，实际上承认了共产党的合法地位。至此，抗日民族统一战线正式形成，第二次国共合作开始。

（二）党的六届六中全会

1938年9月14—27日，中共中央召开政治局会议，实际上是六届六中全会的预备会议。在14日会议上，毛泽东作了长篇发言。他指出，共产国际的指示是这次政治局会议成功的保证，同时又是中共六届六中全会和第七次全国代表大会的指导原则，指示的最主要点是强调党内团结。毛泽东分析了武汉即将失陷后的形势，指出抗日战争将开始进入一个新的阶段——相持阶段，抗日民族统一战线也将进入一个新的发展阶段。他论证了统一战线中统一同斗争的辩证关系。由于国共合作是对立阶级的政党的合作，所以斗争是严重的、不可避免的，具体表现是国民党顽固分子的摩擦和共产党的反摩擦。统一战线中统一是基本的原则，要贯彻到一切地方、一切工作中，任何时候任何地方不能忘记统一；同时不能不辅助之以斗争的原则，因为斗争正是为了统一，没有斗争不能巩固与发展统一战线。在27日，也即最后一天会议上，毛泽东再次发言，指出这次政治局会议取得了伟大的成功，从而可以保证六届六中全会的成功，并建议在六中全会通过一个中央工作规则。这次政治局会议通过了扩大的六届六中全会的议程，决定由毛泽东代表中央向全会作政治报告。

9月29日至11月6日，中共扩大的六届六中全会在延安桥儿沟召开。11月6日，全会根据毛泽东的报告通过了《中共扩大的六中全会政治决议案》《关于各级党委暂行组织机构的决定》《关于中央委员会工作规则与纪律的决定》《关于各级党部工作规则与纪律的决定》等重要文件。同日，全会闭幕。

六届六中全会批准了以毛泽东为代表的中央政治局的路线，基本上克服了抗战初期王明右倾错误；统一了全党的思想、推动了党的各项工作迅速发展。

(三)新民主主义的革命理论

从中国社会性质和中国革命的历史特点出发，毛泽东科学地论述了中国革命的历史进程和新民主主义革命的时代特点。他指出，中国现实社会的半殖民地半封建社会性质决定了中国革命必须分为两个步骤：其第一步是民主主义革命，其第二步是社会主义革命。

毛泽东指出，“而所谓民主主义，现在已不是旧范畴的民主主义，已不是旧民主主义，而是新范畴的民主主义，而是新民主主义。”具体来说，从革命的阵线看，新民主主义革命是从十月革命开始的世界无产阶级革命的一部分，而不是旧的，以建立资产阶级共和国为目的的世界资产阶级革命的一部分；从革命的领导看，新民主主义革命的领导者已经是中国的无产阶级而不再是资产阶级，中国革命中领导权的这种历史变化，是旧民主主义革命转变为新民主主义革命的主要标志，从1919年五四运动开始，中国的民主主义革命转变成为新民主主义革命，即无产阶级领导的人民大众的反帝反封建的革命；从革命的前途看，“新民主主义革命是社会主义革命的必要准备，社会主义革命是新民主主义革命的必然趋势”。毛泽东指出，只有完成前一个革命才能去完成后一个革命，想要“毕其功于一役”是不可能的。但是，想要在这两个革命中间横插一个资产阶级专政的阶段也是“走不通的”。

(四)延安整风运动

遵义会议后，中国共产党在毛泽东的领导下，纠正了“左”倾、右倾投降主义的错误，使党的思想路线开始转到把马克思列宁主义普遍真理同中国革命实际相结合的轨道上来。但由于政治形势的迅速变化，对于“左”倾、右倾错误思想根源还没有彻底地清算。抗战爆发后，党内又增加了大批农民和小资产阶级出身的新党员，因此，党内存在着思想不纯、作风不纯的现象。针对这种情况，党中央决定在全党范围内开展一次大规模的整风运动。

延安整风运动是我党历史上第一次大规模的整风运动。1941年5月，毛泽东同志在延安高级干部会议上作《改造我们的学习》的报告，标志着整风开始；1945年4月20日六届七中全会通过《关于若干历史问题的决议》为止。

延安整风运动分为三个阶段进行，整风运动的主要内容是，反对主观主义以整顿学风，反对宗派主义以整顿党风，反对党八股以整顿文风。解决的中心问题是反对教条主义，树立一切从实际出发、理论与实践统一、实事求是的马克思主义的作风。整风采取“惩前毖后，治病救人”和“团结—批评—团结”的方针，认真严肃地开展批评与自我批评，对犯错误的同志不着重追究个人责任，而着重分析其犯错误的环境和原因，以达到“既要弄清思想，又要团结同志”两个目的。整风的方法是学习理论，联系实际，总结经验教训，提高思想认识。

延安整风在我党历史上具有深远的历史意义，它是党的建设史上的一个伟大创举。通过延安整风，全党确立了一条实事求是的辩证唯物主义的思想路线，使干部在思想上大大地提高一步，使党达到了空前的团结。

（五）党的第七次全国代表大会

在抗日战争即将取得胜利的前夜，1945 年 4 月 23 日至 6 月 11 日，中国共产党第七次全国代表大会在延安召开。大会通过了新的党章，确定以马克思列宁主义与中国革命实践相统一的毛泽东思想作为全党一切工作的指针。毛泽东向大会提交了《论联合政府》的书面政治报告，并就报告中的一些问题以及其他问题作了长篇口头报告。朱德作《论解放区战场》的军事报告和关于讨论军事问题的结论，刘少奇作《关于修改党章的报告》和关于讨论组织问题的结论，周恩来作《论统一战线》的重要讲话。大会充分发扬民主，对重要报告进行了认真深入的讨论，尤其对毛泽东的政治报告，先后讨论修改达 9 次之多。大会经过深入讨论，一致通过了关于政治、军事、组织方面的报告，通过了政治决议案、军事决议案和新的党章。

中共七大会会址

七大的一个重大历史功绩是确定了党的政治路线，即“放手发动群众，壮大人民力量，在我党的领导下，打败日本侵略者，解放全国人民，建立一个新民主主义的中国。”这条政治路线阐明了全党全国人民的奋斗目标是打败日本侵略者，建立一个新民主主义的中国；阐明了为实现这一奋斗目标，就要放手发动群众，壮大人民力量；阐明了加强党的领导是革命取得胜利的关键。

七大是中国共产党在新民主主义革命时期极其重要的一次也是最后一次代表大会。

它总结中国新民主主义革命20多年曲折发展的历史经验，制定了正确的路线、纲领和策略，克服了党内的错误思想，使全党特别是党的高级干部对于中国民主革命的发展规律有了比较明确的认识，从而使全党在马克思列宁主义、毛泽东思想的基础上达到了空前的团结。这次大会作为"团结的大会、胜利的大会"而载入史册，它为党领导人民去争取抗日战争的胜利和新民主主义革命在全国的胜利，奠定了政治上、思想上和组织上的深厚基础。

党的七大另一个重大历史性贡献是将毛泽东思想写在了党的旗帜上，确立毛泽东思想为党的指导思想并写入党章。

毛泽东思想这一科学概念的形成，经历了一个过程。1941年3月，党的理论工作者张如心用了"毛泽东同志的思想"的提法。同年6月，中共中央北方局、八路军野战政治部指示：要宣传"我党领袖毛泽东同志发展了马列主义的关于中国革命的各项学说和主张"。9月，中央政治局扩大会议进一步肯定了毛泽东关于中国革命的理论。1943年7月5日，王稼祥在《中国共产党与中国民族解放的道路》一文中，首先使用了"毛泽东思想"这个概念，明确提出："毛泽东思想就是中国的马克思列宁主义"。毛泽东思想这一科学概念提出后，很快被全党同志所接受。在此前后，朱德、刘少奇、周恩来、陈毅、邓小平等同志纷纷发表文章或演说，论述毛泽东同志的思想。1945年4月，党的扩大的六届七中全会通过了《关于若干历史问题的决议》，充分肯定和高度评价了毛泽东的理论贡献，指出："中国共产党自1921年产生以来，就以马克思列宁主义的普遍真理和中国革命的具体实践相结合为自己一切工作的指针，毛泽东同志关于中国革命的理论和实践便是此种结合的代表。"

毛泽东思想是马克思列宁主义在中国的运用和发展，是被实践证明了的关于中国革命的正确的理论原则和经验总结，是中国共产党集体智慧的结晶。毛泽东同志是毛泽东思想的主要创立者，党的许多卓越领导人对它的形成和发展作出了重要贡献，毛泽东的科学著作是它的集中概括。

(六)重庆谈判与争取和平民主的努力

中华民族经过浴血奋战赢得抗日战争胜利后，又面临着建什么国的斗争。

中国共产党代表全国广大人民的根本利益，力图通过和平的途径来建设一个独立、民主、富强的新民主主义中国。代表大地主大资产阶级利益的国民党统治集团，企图用内战的方式来剥夺人民已经取得的权利，使中国社会退回到抗战前一党专制独裁的反动统治。一场关系中国走向光明还是黑暗的大决战不可避免。

1945年8月28日，毛泽东偕周恩来、王若飞前往重庆同国民党当局进行谈判。毛泽东亲赴重庆，充分显示中国共产党谋求和平的真诚愿望，受到全国人民的热烈欢迎和社会舆论的高度赞誉。

经过四十三天复杂而艰苦的谈判，国共双方于10月10日正式签署会谈纪要，即《双十协定》。重庆谈判期间，国民党通过战争来削弱和消灭人民革命力量的企图就已经暴露出来。国民党重新秘密印发反共的《剿匪手本》，阎锡山出兵攻打山西上党地区的人民军队。《双十协定》刚签订，蒋介石便调集110万军队，分三路向华北解放区进攻，图谋打开进入东北的通道，进而占领整个东北。

国民党的内战政策，激起要求和平民主的广大人民的强烈愤慨。1945年11月19

日，郭沫若等在重庆举行反内战大会，成立各界反内战联合会。下旬，昆明学生举行反内战集会，三万余人总罢课。12 月 1 日，国民党派武装暴徒镇压学生。重庆、上海等地陆续爆发声援昆明学生的活动，形成“反对内战，争取民主”的大规模的爱国民主运动。中国民主同盟和抗战后相继成立的中国民主建国会、中国民主促进会、九三学社等民主党派和许多民主人士，也积极参加反对内战的斗争。国民党当局在政治上处于被动地位。国民党在美国的大力支持下，加紧部署全面内战。美国用飞机和军舰将 54 万国民党军运送到内战前线，并派海军陆战队帮助接收沪、平、津等地。

1946 年 5 月初，国民党政府宣布还都南京，国共谈判的中心也从重庆移到南京。周恩来率中共代表团力争实现和平、挽救和平，但蒋介石发动内战的决心已定，谈判无法取得进展。面对日益严重的危机，国民党统治区各阶层人民也积极行动，试图制止内战。6 月 23 日，上海人民团体联合会组织请愿团赴南京向国民党当局呼吁和平，但请愿团成员在南京下关车站遭到国民党暴徒的围攻毒打，马叙伦等多人受伤。

国民党在完成内战准备后，悍然向解放区发动全面进攻，扬言要在三五个月内消灭共产党领导的人民军队。6 月 26 日，国民党军队 22 万人进攻中原解放区，全面内战爆发。中原军区主力 2 万多人由司令员李先念等率领，分路突围。其后，国民党军在晋南、苏北、鲁西南、胶东、冀东、绥东、察南、热河、辽南等地，向解放区展开大规模进攻，气焰嚣张，不可一世。这时，国民党军总兵力为 430 万人，拥有美国援助的大量新式武器，在军队数量、装备和战争资源等方面，明显地占有优势。

面对国民党军队气势汹汹的全面进攻，党领导解放区军民沉着应战。华中野战军主力在苏中地区七战七捷，歼敌 5 万余人。淮北、晋冀鲁豫、晋察冀、东北等战场捷报频传。山东莱芜战役歼敌 5.6 万人。人民军队在全面内战爆发后的头 8 个月内歼敌 71 万余人，挫败了国民党的全面进攻，使其“速战速决”的反革命计划破产。

从 1947 年 3 月起，国民党军对解放区的全面进攻受挫后，改为重点进攻山东、陕北两个解放区，而在其他战场转取守势。人民军队继续执行积极防御的作战方针，以歼灭国民党军有生力量为主要作战目标。在此期间，东北、热河、冀东、豫北、晋南的解放军开始对国民党军实施局部反攻，歼敌 40 余万人，收复和解放 153 座城市。

1947 年 5 月，反饥饿反内战运动在全国兴起。5 月 20 日，京沪苏杭地区 16 所专科以上学校 5000 余名爱国学生，冲破宪警阻拦，在南京举行“抢救教育危机”联合大游行。学生们高呼“反饥饿”、“反内战”的口号向国民参政会请愿。同一天，北平学生举行反饥饿反内战大游行。上海、天津、重庆、福州、桂林、济南、长沙、昆明等地的爱国学生也通过罢课、游行等方式参加斗争。

同“五二〇”学生运动相呼应，国民党统治区其他方面的人民运动风起云涌。1947 年，有 20 多个大中城市的约 320 万工人罢工。在农村，广大农民反抗抓丁、征粮和征税。2 月 28 日，台湾人民为反抗国民党暴政，举行了武装起义。蒋介石政府内外交困，已处在全民的包围之中。

（七）人民解放军转入战略进攻和土地制度的改革

经过一年多的作战，人民军队先后挫败国民党军的全面进攻和重点进攻，使战争形势发生了有利于人民的变化。到1947年6月，人民军队歼敌112万人，国民党军队的总兵力由战争开始时的430万人减少到373万人，其中正规军由200万人减少到150万人。人民军队发展到195万人，武器装备也得到很大改善。

1947年6月30日夜，刘邓大军12万人强渡黄河，发起鲁西南战役，揭开人民解放战争战略进攻的序幕。1947年10月10日，中国人民解放军总部发表宣言，提出了"打倒蒋介石，解放全中国"的口号。接着，中共中央召开十二月会议，毛泽东作《目前形势和我们的任务》报告，制定了彻底打败蒋介石、夺取全国胜利的政治、军事、经济纲领及一系列方针政策。据此，1948年4月，毛泽东把新民主主义革命总路线进一步概括为："无产阶级领导的，人民大众的，反对帝国主义、封建主义和官僚资本主义的革命。"

人民解放军由战略防御转入战略进攻的新形势，要求在解放区更加普遍深入地开展土地制度改革，以进一步调动广大农民的革命和生产积极性，支援解放战争。1947年7月至9月，在刘少奇主持下，中共中央工作委员会在河北平山县西柏坡召开全国土地会议，制定了《中国土地法大纲》。这个彻底的反封建的土地革命纲领，明确规定废除封建性及半封建性剥削的土地制度。解放区各级领导机关派出大批土改工作队深入农村，发动群众，组织贫农团和农会，控诉地主，惩办恶霸，彻底平分地主土地，迅速形成土改热潮。

到1948年秋，在一亿人口的地区消灭了封建的生产关系，长期遭受地主阶级残酷压迫和剥削的广大农民在政治上经济上翻了身，生产积极性大为高涨，大批青壮年加入人民军队或担负战争勤务，从而保证了人民解放战争的胜利进行。

党领导的第二条战线斗争有了新的发展。1947年10月，杭州、南京、上海等城市的十余万学生掀起"反对非法逮捕、反对特务、反对屠杀青年"的斗争浪潮。1948年初，上海、北平等地学生的反迫害斗争再次出现高潮。4月，华北学生开展"反对迫害、保卫学联"的斗争，形成声势浩大的四月风暴。

1948年4月30日，中共中央号召召开没有反动分子参加的新的政治协商会议，筹备建立民主联合政府。各民主党派、各阶层代表人士热烈响应，并陆续摆脱国民党的阻挠，通过各种渠道进入解放区，参与筹备召开新政协、建立新中国的工作。人民民主统一战线的发展，奠定了中国共产党领导的多党合作和政治协商制度的基础。

(八)伟大的战略决策和国民党反动统治的覆灭

1948年上半年，人民解放军在各个战场上向国民党军继续展开进攻，歼灭大量敌人，打破了敌人的分区防御。同年秋，敌我力量对比已发生根本变化，人民解放战争进入夺取全国胜利的战略决战阶段。

以毛泽东为核心的党中央科学地分析战争形势，以宏大的革命气魄和高超的指挥艺术，正确把握战略决战的时机，选定决战方向，并针对不同战场的特点制定作战方针，连续组织了辽沈、淮海、平津三大战役。

辽沈、淮海、平津三大战役，共歼敌154万余人，使国民党赖以维持其反动统治的主要军事力量基本上被摧毁，大大加快了解放战争在全国胜利的进程，以三大战役为标志的战略决战的胜利，是中国人民解放战争史上一座光辉的里程碑，人民群众在战略决战中发挥了巨大的作用，支前民工达886万人，出动担架36万余副，大小车100万余辆。

三大战役后,国民党政权在长江以北的力量全线崩溃,1949 年 4 月 13 日,国共代表开始在北平举行正式谈判。4 月 15 日,周恩来将《国内和平协定最后修正案》送交以张治中为首的国民党政府代表团,并限国民党政府在 20 日前表明态度,国民党政府代表团一致同意接受这个和平协定,并派代表将协定送回南京,4 月 20 日,国民党政府拒绝在和平协定上签字,和谈破裂。

4 月 21 日,毛泽东、朱德发布向全国进军命令,人民解放军迅即向尚未解放的广大地区举行规模空前的全面大进军。4 月 23 日,解放军占领南京,延续二十二年的国民党反动统治宣告覆灭。气势磅礴的人民解放战争,摧毁了国民党的反动政权,基本上完成中国民主革命反帝反封建最主要的历史任务。为赢得这场战争,人民解放军指战员牺牲 26 万人,负伤 104 万人。广大解放军指战员和人民群众创造了无数可歌可泣的光辉业绩,涌现出以董存瑞、刘胡兰为代表的一大批英雄人物。中国共产党领导的人民解放战争,是中国战争史和世界战争史上少有的威武雄壮的话剧。

(九)党的七届二中全会

三大战役结束后,解放战争的胜利已成定局。在这胜利的前夕,中国共产党为了解决新形势下所面临的一系列重大问题,于 1949 年 3 月 5—13 日,在西柏坡召开了七届二中全会。会上提出了促进革命迅速取得全国胜利和组织这个胜利的各项方针;说明了在全国胜利的局面下,党的工作重心由乡村转移到城市;规定了革命在全国胜利后,党在政治、经济、外交方面应采取的基本政策,以及使中国由农业国转变为工业国,由新民主主义转变为社会主义社会的总任务和主要途径。此外,会上还指出,夺取全国胜利,只是万里长征走完了第一步,今后的路更长,工作更艰巨,因此,全党务必保持谦虚、谨慎、不骄不躁和艰苦奋斗的优良作风,警惕居功自傲、贪图享乐思想的滋长,警惕资产阶级用糖衣炮弹的攻击,加强党的思想建设。这一指导思想至今仍是我党思想工作的重心,并且应加大奖惩力度,维护我党在广大群众心中的形象。

毛泽东在向全会作的报告中,提出了促进革命迅速取得全国胜利和组织这个胜利的各项方针;说明了在全国胜利的局面下,党的工作重心必须由乡村转移到城市,城市工作必须以生产建设为中心;规定了党在全国胜利以后在政治、经济、外交方面应当采取的基本政策,特别是着重分析了当时中国经济各种成分的状况和党所必须采取的政策,指出了中国由农业国转变为工业国,由新民主主义社会转变为社会主义社会的发展方向等。这个报告,是以毛泽东为首的中国共产党人为筹建中华人民共和国和指导建设新中国的各方面纲领和政策的集大成,主要包括六个方面:

1. 实现工作重心转变的方针

关于党的工作重心的转变,毛泽东在报告中指出:“从 1927 年到现在,我们工作重点是在乡村,在乡村聚集力量,用乡村包围城市,然后取得城市。采取这样一种工作方式的时期现在已经完结。从现在起,开始了由城市到乡村并由城市领导乡村的时期。党的工作重心由乡村转到了城市。”

2. 新民主主义的经济形态和政策

关于新中国成立后党的经济政策,毛泽东首先深刻论述了它的基本出发点。他指出:

中国的工业和农业在国民经济中的比重，就全国范围来说，在抗日战争以前，大约是现代性的工业占10%左右，农业和手工业占90%左右。这是一个最基本的国情。毛泽东认为："这是帝国主义制度压迫中国的结果，这是旧中国半殖民地和半封建社会性质在经济上的表现，这也是中国革命时期内和在革命胜利以后一个相当长的时期一切问题的基本出发点。从这一点出发，产生了我党一系列的战略上、策略上和政策上的问题。"这个极其深刻的论断，是毛泽东在长期以来深入观察、分析中国国情，坚持从中国社会及经济现状出发制定党的战略、策略和政策的丰富实践基础上得出来的。把对中国社会经济实际状况的科学分析，作为党在相当长历史时期内一切问题的出发点，生动地体现了毛泽东思想中"实事求是，一切从实际出发"的活的灵魂。

3. 人民民主专攻的任务

毛泽东在这次会议的报告中明确了人民民主专政的任务，即团结全体工人阶级、农民阶级和广大的革命知识分子，同时团结尽可能多的能够同我们合作的城市小资产阶级和民族资产阶级的代表人物，它们的知识分子和政治派别，在革命时期，彻底地打倒国内的反革命势力和帝国主义势力；在革命胜利以后，迅速地恢复和发展生产，对付国外的帝国主义，使中国稳步地由农业国转变为工业国，把中国建设成为一个伟大的社会主义国家。毛泽东强调：为此，我党同党外民主人士长期合作的政策，必须在全党思想上和工作上确定下来。

4. 解决国民党残余力量的三种方式

在军事上，毛泽东提出了今后解决国民党残余力量的三种方式，即天津方式、北平方式和绥远方式。

5. 独立自主的外交政策

建国前夕，我们在外交方面采取的一项主要政策是，不承认外国政府现在派驻中国的代表为正式的外交人员，不承认国民党政府与各国建立的旧的外交关系，也不急于取得帝国主义国家对我们的外交承认。我们在外交方面坚定不移的立场是，在原则上，帝国主义在华特权必须取消，中华民族的独立解放必须实现，采取不承认政策的目的是使我们在外交上立于主动地位，不受过去任何屈辱的外交传统所束缚，有利于肃清帝国主义在中国的势力和影响。这一方针和立场，毛主席用简练而生动的语言作了概括，就是"另起炉灶"和"打扫干净屋子再请客"。

6. 党的建设的新课题

在1月政治局会议上，毛泽东就提出"不要使胜利冲昏自己的头脑"，他说，胜利冲昏头脑，今天更有可能，胜利越大，包袱越大，紧张困难时易团结。这必须警惕，要教育干部，首先是要使高级干部懂得，战争打完了，真正要做的事情才开始，届时很可能感觉打仗还容易些。会议还根据毛泽东的提议，做出了不做寿，不送礼，少敬酒，少拍掌，不以人名作地名，不把中国同志同马恩列斯平列等六条规定。

党的七届二中全会，是在中国新民主主义革命即将取得全国性胜利的历史转折关头的一次重要会议，为党的工作重心从农村转向城市，从战争转向生产建设，将中国由农业国转变为工业国，由新民主主义社会逐渐转变为社会主义社会，做了政治、思想、理论和方针政策等多方面的充分准备，描绘了建设新中国的宏伟蓝图，使全党在新的形势下，达到高度的团结统一，具有划时代的重大意义。

第二节　中国共产党对社会主义革命和建设道路的探索

一、从新民主主义向社会主义过渡

(一)中国人民政治协商会议的召开

1949 年 9 月，中国人民政治协商会议第一届全体会议代行全国人民代表大会的职权，代表全国人民的意志，宣告中华人民共和国的成立，发挥了重要的历史作用。

中华人民共和国开国大典

中国人民政治协商会议第一届全体会议于 1949 年 9 月 21—30 日在北京举行。中国共产党及各民主党派、人民团体和无党派民主人士等单位的代表(含候补代表)共 662 人参加了会议。

这次会议代行了中国的立法机构——全国人民代表大会的职权。通过了具有临时宪法性质的《中国人民政治协商会议共同纲领》。其中规定："中华人民共和国为新民主主义即人民民主主义的国家，实行工人阶级领导的、以工农联盟为基础的、团结各民主阶级和国内各民族的人民民主专政。""人民行使国家政权的机关为各级人民代表大会和各级人民政府"；"各级政权机关一律实行民主集中制"。经济建设的根本方针是，"以公私兼顾、劳资两利、城乡互助、内外交流的政策，达到发展生产、繁荣经济之目的"；国家调剂国营经济、个体经济和私人资本主义经济等，"使各种社会经济成分在国营经济领导之下，分工合作，各得其所，以促进整个社会经济的发展"。《共同纲领》展示了新中国的宏伟建设蓝图，是新中国的建国纲领。在全国人民代表大会制定宪法前，它具有临时宪法的作用，成为全国各族人民共同遵守的大宪章。

(二)社会主义改造

在中国实现社会主义,是中国共产党自创立时起就确定的奋斗目标。1952 年 9 月,毛泽东在中共中央书记处会议上讲道:我们现在就要开始用十年到十五年的时间基本上完成到社会主义的过渡,而不是十年或者更长时间以后才开始过渡。1953 年 6 月,中共中央政治局正式讨论和制定了中国共产党在过渡时期的总路线:"从中华人民共和国成立,到社会主义改造基本完成,这是一个过渡时期。党在这个过渡时期的总路线和总任务,是要在一个相当长的时期内,逐步实现国家的社会主义工业化,并逐步实现国家对农业、对手工业和对资本主义工商业的社会主义改造。"这是一条社会主义建设与改造同时并举的路线。1954 年 9 月 15—28 日,第一届全国人民代表大会第一次会议在北京隆重召开。大会通过了《中华人民共和国宪法》,以根本大法的形式,把中国共产党在过渡时期的总路线作为国家在过渡时期的总任务确定下来。

实现国家的社会主义工业化,是国家独立富强的客观要求和必要条件。到 1957 年底,第一个五年建设计划的各项指标大都大幅度地超额完成,工业、交通运输业和基本建设各条战线喜报频传。随着过渡时期总路线的提出和第一个五年建设计划的实施,对农业、手工业和资本主义工商业的有系统的社会主义改造,也在大力向前推进。

1953 年,党中央先后作出关于农业生产互助合作的决议和关于发展农业生产合作社的决议。1953 年 10 月,中央作出关于实行粮食的计划收购和计划供应(简称统购统销)的决议。粮食统购统销的实行,初步缓解粮食供应的紧张,保持了市场物价的稳定,在不高的水准上满足了工业化对粮食的需要。

农业互助合作运动的发展和粮食统购统销政策的实行,直接推动资本主义工商业社会主义改造的进程。1953 年 6 月,中央两次召开政治局扩大会议进行讨论,确定经过国家资本主义改造资本主义工业的方针。对资本主义工商业利用、限制、改造政策的确定大大地促进了对资本主义工商业的改造。

1955 年夏季起到 1956 年底,我国加快了对农业、手工业和资本主义工商业社会主义改造的步伐,在较短的时间里,实现了生产资料所有制的深刻变革,社会主义改造取得决定性的胜利。全民所有制和劳动群众集体所有制这两种社会主义公有制形式,已在整个国民经济中占据绝对优势地位。伴随着社会主义经济基础的建立,我国人民民主专政的国家制度也逐步健全起来。马克思主义在国家政治生活中指导地位的确立,促使社会主义的思想意识和社会道德规范在人民中间逐渐树立起来。有了新的社会主义经济基础,又有依据社会主义的原则进行政治、文化、思想、社会生活等各方面建设的成果,这就初步建立了社会主义基本制度。

二、社会主义建设在探索中曲折发展

(一)党的第八次全国代表大会

中国共产党第八次全国代表大会于 1956 年 9 月 15—27 日在北京政协礼堂召开。出席大会的正式代表1026人，候补代表107人，代表全国1073万名党员。59个国家的共产党、工人党、劳动党和人民革命党的代表团以及国内各民主党派和无党派民主人士的代表应邀列席大会。

大会完全肯定了党中央从“七大”以来的路线是正确的，同时正确地分析了社会主义改造基本完成以后，中国阶级关系和国内主要矛盾的变化，确定把党的工作重点转向社会主义建设。大会提出，生产资料私有制的社会主义改造基本完成以后，国内的主要矛盾不再是工人阶级和资产阶级之间的矛盾，而是人民对于建立先进的工业国的要求同落后的农业国的现实之间的矛盾，是人民对于经济文化迅速发展的需要同当前经济文化不能满足人民需要的状况之间的矛盾。这一矛盾的实质，在中国社会主义制度已经建立的情况下，也就是先进的社会主义制度同落后的社会生产之间的矛盾，解决这个矛盾的办法是发展社会生产力，实行大规模的经济建设。为此，大会作出了党和国家的工作重点必须转移到社会主义建设上来的重大战略决策。大会在总结中国第一个五年计划实施经验的基础上，继续坚持既反保守又反冒进，即在综合平衡中稳步前进的经济建设方针。

八大制定的党的路线是正确的，提出的许多新的方针和设想是富于创造精神的。当然，由于实践的时间还很短，理论上和思想上还不可能很成熟，许多新的观念和方针还不可能牢固地确立并取得深刻的共识。许多新的设想还没有付诸实施，或者没有充分付诸实施，很快又发生反复。但是，八大对中国自己的建设社会主义道路的探索，毕竟取得了初步成果，历史证明这些成果对于党的事业的发展有长远的重要意义。

(二)《论十大关系》和《正确处理人民内部矛盾》

1956年4月25日，毛泽东在政治局扩大会议上作了《论十大关系》的报告。报告总结了我国社会主义建设的经验，提出了调动一切积极因素为社会主义建设事业服务的基本方针，对适合中国情况的社会主义建设道路进行了初步的探索。十大关系是：在重工业和轻工业、农业的关系问题上，要用多发展一些农业、轻工业的办法来发展重工业；在沿海工业和内地工业的关系问题上，要充分利用和发展沿海的工业基地，以便更有力量来发展和支持内地工业；在经济建设和国防建设的关系问题上，在强调加强国防建设的重要性时，提出把军政费用降到一个适当的比例，增加经济建设费用。只有把经济建设发展得更快了，国防建设才能够有更大的进步；在国家、生产单位和生产者个人的关系问题上，三者的利益必须兼顾，不能只顾一头，既要提倡艰苦奋斗，又要关心群众生活；在中央和地方的关系问题上，要在巩固中央统一领导的前提下，扩大地方的权力，让地方办更多的事情，发挥中央和地方两个积极性；在汉族与少数民族的关系问题上，要着重反对大汉族主义，也要反对地方民族主义，要诚心诚意地积极帮助少数民族发展经济建设和文化建设；在党和非党的关系问题上，共产党和民主党派要长期共存，互相监督；在革命和反革命的关系问题上，必须分清敌我，化消极因素为积极因素；在是非关系问题上，对犯错误的同志要实行“惩前毖后，治病救人”的方针，要允许人家犯错误，允许并帮助他们改正错误；在中国和外国的关系问题上，要学习一切民族、一切国家的长处，包括资本主义国家先进的科学技术和科学管理方法，要反对不加分析地一概排斥或一概照搬。

毛泽东《论十大关系》的讲话，初步总结了我国社会主义建设的经验，提出了探索适合我国国情的社会主义建设道路的任务。

1957年2月,毛泽东在最高国务会议上发表《关于正确处理人民内部矛盾的问题》讲话。讲话指出,社会主义社会的基本矛盾仍然是生产关系和生产力之间的矛盾,上层建筑和经济基础之间的矛盾。但是同阶级对抗社会的矛盾根本不同,它是一种又相适应又相矛盾的情况,不具有对抗性,可以经过社会主义制度本身,不断地得到解决。毛泽东把社会主义社会的矛盾分为敌我矛盾和人民内部矛盾两类,以赞成、拥护社会主义建设,或反对社会主义革命和敌视、破坏社会主义建设,作为区分两类不同性质矛盾的界限。他指出,这两类矛盾在一定条件下可以相互转化,要求尽可能地促成敌我矛盾转化为人民内部矛盾,以利于调动一切积极因素,为建设社会主义社会服务。毛泽东对社会主义社会基本矛盾的论述,特别是关于两类不同性质矛盾的观点,以及处理人民内部矛盾的原则、方针和方法,为马克思主义政治学说史增添了新的内容,对探索社会主义社会的规律,具有重大的理论价值。

(三)"大跃进"和人民公社化运动

"大跃进"运动是指1958年至1960年间,中国共产党在全国范围内开展的极"左"路线的运动,是在中共八届三中全会及其以后不断地错误批判1956年反冒进的基础上发动起来的,"左"倾冒进的产物。1958年5月,中共八大二次会议,正式通过了"鼓足干劲、力争上游、多快好省地建设社会主义"的总路线。尽管这条总路线的出发点是要尽快地改变我国经济文化落后的状况,但由于忽视了客观经济规律,根本不可能迅速地改变我国经济文化落后的状况。总路线提出后,党发动了"大跃进"运动。

运动中,以高指标、瞎指挥、浮夸风和共产风为主要标志的"左"倾错误严重泛滥。中共中央从1958年11月第一次郑州会议到1959年7月庐山会议前期,曾努力领导全党纠正已经察觉到的错误。但庐山会议后期,由于对彭德怀等人的错误批判,在全党开展了"反右倾"的斗争,使错误延续了更长时间,造成了国民经济的重大损失。

农村人民公社化运动是我们党在20世纪50年代后期全面开展社会主义建设中,为探索中国社会主义建设道路所作的一项重大决策。它违背了生产关系要与生产力相适应的关系。

1958年8月上旬毛泽东视察冀豫鲁农村,听了各地办公社情况的汇报。8月9日在山东历城说:"还是办人民公社好,它的好处是可以把工、农、商、学、兵合在一起,便于领导。"这个消息一公布,各地纷纷仿效。人民公社好成了吹遍全国的号召。北戴河会议正式做出《关于在农村建立人民公社问题的决议》,认为"人民公社是形势发展的必然趋势",几十户、几百户的单一的农业生产合作社已不能适应形势发展的要求。

这一决议公布后,全国在几个月内就由74万多个合作社合并为2.6万多个人民公社,入公社的农民1.2亿万户,占全国各民族总农户的99%以上。在公社范围内,穷队富队拉平,平均分配。公社对生产队的财产无代价地上调,对生产队乃至社员的财产无偿地收归公有,完全破坏了等价交换原则。在公社内部实行平均主义的供给制,再加上当时大炼钢铁办公共食堂,许多农民的锅被收去炼钢,极大地损害了农民的利益,挫伤了社员的积极性。起初的口号是"共产主义是天堂,人民公社是桥梁",后来纠正了急于由集体所有制向全民所有制过渡问题，确定了“三级所有，队为基础”，但由于没有从根本上纠正“急于过渡”的思想，公社内部的经营管理始终没有搞好，农民的生产积极性始终没有调动起来。

第三节　中国共产党领导和开创建设中国特色社会主义

一、中国特色社会主义道路的摸索与开创

1978年12月18—22日，中国共产党第十一届中央委员会第三次全体会议在北京举行。参加会议的中央委员169人，候补中央委员112人。中共中央主席华国锋，副主席叶剑英、邓小平、李先念、陈云、汪东兴出席了会议。各地方和中央有关部门负责人列席了会议。这次会议突破了华国锋原计划只讨论经济问题的议题，开成了全局性拨乱反正和开创新局面的重要会议。会议的主要内容有以下几个方面：

第一，全会实现了思想路线的拨乱反正。思想路线的拨乱反正是各方面拨乱反正的前提和先导。全会冲破了党的指导思想上存在的教条主义和个人崇拜的严重束缚，坚决批判和否定了“两个凡是”的错误方针，高度评价了关于真理标准问题的讨论，指出实践是检验真理的唯一标准是党的思想路线的根本原则，从而重新确立了马克思主义的实事求是的思想路线。会议在充分肯定毛泽东同志在我国长期革命斗争中的巨大作用的同时，着重强调要从科学体系上掌握和运用毛泽东思想，不能一切照搬照抄，不能搞“两个凡是”。否则，党和国家就会失去生机，就要亡党亡国。全会指出：“党中央在理论战线上的崇高任务，就是领导、教育全党和全国人民历史地科学地认识毛泽东同志的伟大功绩，完整地、准确地掌握毛泽东思想的科学体系，把马列主义、毛泽东思想的普遍原理同社会主义现代化建设的具体实践结合起来，并在新的历史条件下加以发展。”

第二，全会实现了政治路线的拨乱反正。这是最根本的拨乱反正。建国之初，党就要求各项工作必须以发展生产力为中心。党的八大确定要以在新的生产关系下保护和发展生产力为主要任务。这以后我们的失误，归根到底，就是背离了八大路线，搞了“以阶级斗争为纲”，没有集中力量进行经济建设。三中全会果断地作出把全党工作着重点和全国人民的注意力转移到社会主义现代化建设上来的战略决策。这是八大正确路线的恢复和发展，是在新的历史条件下对建设有中国自己特色社会主义道路的探索。

第三，全会实现了组织路线的拨乱反正。组织路线的拨乱反正包括多方面的内容，是一个从中央贯彻到各级的较长的过程。一大批老一辈革命家重新回到党中央的领导岗位，以邓小平为核心的中央领导集体经过三中全会在实际上建立起来，这是最重要的成果。正是从这个意义上，可以说三中全会实现了组织路线的拨乱反正，使重新确立的正确的思想路线和政治路线有了组织上的保证。

第四，全会开始了系统地清理重大历史是非的拨乱反正。全会认真地讨论了“文化大革命”中发生的一些重大政治事件，也讨论了“文化大革命”前遗留下来的某些历史问题。会议肯定了1975年邓小平受毛泽东委托主持中央工作期间各方面工作取得的很大成绩，

肯定了他和中央其他领导同志对“四人帮”干扰破坏进行的斗争，肯定了1976年4月5日天安门事件的革命性质，决定撤销中央发出的有关“反击右倾翻案风运动和天安门事件的错误文件”。会议审查和纠正了过去对彭德怀、陶铸、薄一波、杨尚昆等同志所作的错误结论，肯定了他们对党和人民的贡献。

第五，全会恢复了党的民主集中制的传统。全会讨论并着重提出了健全社会主义民主和加强社会主义法制的任务。全会决定根据党的历史经验，健全党的民主集中制，健全党规，严肃党纪；全体党员和党的干部，人人遵守纪律，是恢复党和国家正常政治生活的起码要求；强调党中央和各级党委要加强集体领导。全会针对“文化大革命”及其以前党和国家政治生活遭到破坏的情况，指出：必须有充分的民主，才能做到正确的集中。在人民内部的思想政治生活中，只能实行民主方法，不能采取压制、打击手段。宪法规定的公民权利，必须坚决保障，任何人不得侵犯。为了保障人民民主，必须加强社会主义法制，使民主制度化、法律化，使这种制度和法律具有稳定性、连续性和极大的权威，做到有法可依，有法必依，执法必严，违法必究。

第六，全会作出了实行改革开放的新决策，启动了农村改革的新进程。全会在讨论1979、1980两年的国民经济计划安排时，提出了要注意解决国民经济重大比例失调，搞好综合平衡的要求。全会还讨论了农业问题，认为农业这个国民经济的基础就整体来说还十分薄弱，只有大力恢复和加快发展农业生产，才能提高全国人民的生活水平。全会提出了当前发展农业的一系列政策措施，并同意将《中共中央关于加快农业发展若干问题的决定(草案)》等文件发到各省、市、自治区讨论和试行。这个文件在经过修改和充实之后正式发布，接着一些重要的农业方面的文件相继制定和发布施行，有力地推动了农村改革的进程。

十一届三中全会所作出的这些在领导工作中具有重大意义的转变，标志着中国共产党从根本上冲破了长期“左”倾错误的严重束缚，端正了党的指导思想，使广大党员、干部和群众从过去盛行的个人崇拜和教条主义束缚中解放出来，在思想上、政治上、组织上全面恢复和确立了马克思主义的正确路线，结束了1976年10月以来党的工作在徘徊中前进的局面，将党领导的社会主义事业引向健康发展的道路。党的十一届三中全会揭开了党和国家历史的新篇章，是新中国成立以来我党历史上具有深远意义的伟大转折。

在粉碎“四人帮”后，社会上和党内出现一些思想动向。一方面，在一部分人中，仍然存在着思想僵化或半僵化状态，阻碍着十一届三中全会路线的贯彻；另一方面，极少数“四人帮”的党羽，利用中国共产党发扬民主的机会和“文化大革命”给党和国家造成的困难，宣扬无政府主义和资产阶级自由化的主张，反对社会主义制度，反对共产党的领导，反对无产阶级专政的政权，反对毛泽东思想的指导地位，从右的方面歪曲和反对十一届三中全会的路线。在这样两种思想倾向的影响下，造成了一部分青年思想混乱。针对这种情况，1979年3月30日，邓小平代表中共中央在北京召开的理论工作务虚会上作了题为《坚持四项基本原则》的讲话。

邓小平在讲话中将我们党一贯所强调的思想政治方面的原则，科学地概括为“四项基本原则”：第一，必须坚持社会主义道路；第二，坚持无产阶级专政；第三，坚持共产党的领导；第四，坚持马列主义、毛泽东思想。坚持四项基本原则的核心，是坚持共产党的领导。

并强调指出，每个共产党员不允许在这个根本立场上有丝毫的动摇。

1987 年 10 月，中国共产党第十三次全国代表大会把“四项基本原则”作为重要内容写进了党在社会主义初级阶段的基本路线中，即领导和团结全国各族人民，以经济建设为中心，坚持四项基本原则，坚持改革开放，自力更生，艰苦创业，为把中国建设成为富强、民主、文明的社会主义现代化国家而奋斗（即一个中心、两个基本点）。

1992 年 10 月 18 日，中国共产党第十四次全国代表大会通过的新党章，把建设有中国特色社会主义理论和党的“一个中心、两个基本点”的基本路线正式载入党章。

“三步走”发展战略是指我国社会主义初级阶段经济社会发展的战略目标和战略步骤。“三步走”发展战略，是我们党在总结国内外现代化发展历史经验的基础上，深刻把握我国社会主义初级阶段国情和时代特征，为实现中国的现代化规划的宏伟蓝图。

1987 年 4 月，邓小平在会见西班牙客人时，第一次使用“第一步”、“第二步”、“第三步”的提法，全面阐述了“三步走”战略目标。他指出：我们制定的目标更重要的还是第三步，在下世纪用 30 年到 50 年再翻两番，达到中等发达的水平。这是我们的雄心壮志。

在此基础上同年 10 月党的十三大确定了我国现代化建设“三步走”发展战略：第一步，实现国民生产总值比 1980 年翻一番，解决人民的温饱问题；第二步，从 1991 年到 2000 年使国民生产总值再增长一倍，人民生活达到小康水平；第三步，到 21 世纪中叶，人均国民生产总值达到中等发达国家水平，人民生活比较富裕，基本实现现代化。

20 世纪末，在第二步战略目标即将实现的时候，党的十五大对实现第三步战略目标作了进一步规划，提出了新的“三步走”发展目标，即到 2010 年实现国民生产总值比 2000 年翻一番，使人民的小康生活更加宽裕，形成比较完善的社会主义市场经济体制；再经过 10 年的努力，到 2020 年，使国民经济更加发展，各项制度更加完善；到 21 世纪中叶，新中国成立 100 年时，基本实现现代化，建成富强民主文明的社会主义国家。

2007 年 10 月，党的十七大在十六大确立的全面建设小康社会目标的基础上，对我国发展和继续推进全面建设小康社会，提出了新的更高要求：增强发展协调性，努力实现经济又好又快发展，转变发展方式取得重大进展，在优化结构、提高效益、降低消耗、保护环境的基础上，实现人均国内生产总值到 2020 年比 2000 年翻两番，以及扩大社会主义民主、加强文化建设、加快发展社会事业和建设生态文明等，把我国建设成为富强民主文明和谐的社会主义现代化国家。

在经历了十年浩劫后，中国共产党领导的社会主义建设步入正轨，改革开放推行，社会主义市场经济体制建立，中国共产党领导全国人民开创并沿着中国特色社会主义道路奋勇前进。

粉碎“四人帮”后，党的路线中“左”倾问题未被纠正。华国锋推行“两个凡是”的错误方针。1978 年 5 月 11 日，《光明日报》发表《实践是检验真理的唯一标准》一文。文章重申了实践是检验真理的唯一标准这个马克思主义认识论的基本原理。邓小平、叶剑英、陈云等一批老同志都支持这场关于真理标准问题的讨论。

1978 年 12 月，中共十一届三中全会在北京召开，会议明确指出必须完整、准确地掌握毛泽东思想的科学体系。全会高度评价关于真理标准问题的讨论，作出把党和国家工作重点转移到社会主义现代化建设上来和实行改革开放的战略决策。全会形成以邓小平同志为核心的党中央领导集体。十一届三中全会是新中国成立以来党的历史上具有深远意义的伟大转折。中共中央于 1981 年 6 月召开十一届六中全会，会议通过了《关于建国以来党的若干历史问题的决议》，它标志着党在指导思想上的拨乱反正胜利完成。

1982 年 9 月 1—11 日，中国共产党第十二次全国代表大会在北京召开。邓小平在开幕词中提出了改革开放和现代化建设的指导思想，即把马克思主义的普遍真理同我国的具体实际结合起来，走自己的道路，建设有中国特色的社会主义。党的十二大以后，经济体制改革逐渐全面展开。农村的家庭联产承包责任制迅速推向全国，农业生产迅速发展，城市的经济体制改革试点逐步扩大。在深圳、珠海、汕头、厦门四个经济特区的创建取得成功经验后，1984 年党中央和国务院决定，再开放大连、青岛等 14 个沿海港口城市，逐步兴办经济技术开发区，加快利用外资、引进先进技术的步伐，对外开放格局初步形成。

1987 年 10 月 25 日至 11 月 1 日，中国共产党第十三次全国代表大会在北京召开。党的十三大比较系统地阐述了关于社会主义初级阶段的理论。在社会主义初级阶段中，主要矛盾是人民日益增长的物质文化需要同落后的社会生产之间的矛盾。党和国家的主要任务是发展生产力，推进社会主义现代化建设。党在社会主义初级阶段的基本路线："领导和团结全国各族人民，以经济建设为中心，坚持四项基本原则，坚持改革开放，自力更生，艰苦创业，为把我国建设成为富强、民主、文明的社会主义现代化国家而奋斗。"党的十三大还制定了"三步走"的经济发展战略。

党的十三大后，我国经济经历了一个快速发展阶段，也出现了一些问题，主要是物价波动较大，通货膨胀加剧，党内少数领导同志忽视党的自身建设和社会主义精神文明建设，少数干部中滋生了相当严重的腐败现象，意识形态领域激进思潮涌起。1989 年 6 月，中共十三届四中全会召开，对中央领导机构部分成员进行调整，选举产生以江泽民同志为核心的第三代中央领导集体。

随着苏联解体，东欧剧变，国际共产主义运动出现低潮。这使中国共产党面临着严峻考验。邓小平于 1992 年 1 月 18 日至 2 月 21 日，到武昌、深圳、珠海、上海等地进行考察，并发表了"南方谈话"。这次谈话从理论上深刻回答了长期困扰和束缚人们思想的许多重大认识问题。

1992 年 10 月 12—18 日，中国共产党召开第十四次全国代表大会。大会确立了邓小平建设有中国特色社会主义理论在全党的指导地位。这个理论第一次比较系统地初步回答了中国这样的经济文化比较落后的国家如何建设社会主义、如何巩固和发展社会主义的一系列基本问题，用新的思想、概念继承和发展了马克思主义。大会明确我国经济体制改革的目标是建立社会主义市场经济体制，使市场在社会主义国家宏观调控下对资源配置起基础作用。

1997 年 9 月 12—18 日，中国共产党第十五次全国代表大会在北京召开。大会把邓小平建设有中国特色社会主义理论概括为邓小平理论，确立为党的指导思想，写入党章。报告指出，邓小平理论是党把马克思列宁主义与中国具体实践相结合的理论成果，是党和人民实践经验和集体智慧的结晶，是当代中国的马克思主义，是马克思主义在中国发展的新阶段。十五大以后，党中央先后就发展农业、国企改革、实施西部大开发战略以及"十五"计划制定出一系列指导性方针。

二、21世纪以来全面建设小康社会的历史进程

(一)十六大和全面建设小康社会的宏伟蓝图

从20世纪70年代末期起,建设小康社会就已经成为中国人民的一个跨世纪的理想和行动目标。经过20余年的努力,原来制定的小康目标——其中最主要的是国民生产总值2000年比1980年翻两番,到20世纪末已在总体上得到实现。综观全局,21世纪头20年,对我国来说,是一个必须紧紧抓住并且可以大有作为的重要战略机遇期。根据十五大提出的到2010年、建党100周年和新中国成立100周年的发展目标,我们要在21世纪头20年,集中力量,全面建设惠及十几亿人口的更高水平的小康社会,使经济更加发展、民主更加健全、科教更加进步、文化更加繁荣、社会更加和谐、人民生活更加殷实。这是实现现代化建设第三步战略目标必经的承上启下的发展阶段,也是完善社会主义市场经济体制和扩大对外开放的关键阶段。

2002年11月8—14日,中国共产党第十六次全国代表大会在北京召开。党的十六大是我们党在开始实施社会主义现代化建设第三步战略部署的新形势下召开的一次十分重要的代表大会。大会的主题是高举邓小平理论伟大旗帜,全面贯彻“三个代表”重要思想,继往开来,与时俱进,全面建设小康社会,加快推进社会主义现代化,为开创中国特色社会主义事业新局面而奋斗。

十六大确立“三个代表”重要思想的指导地位,作出全面建设小康社会的战略决策。全面建设小康社会的目标:在优化结构和提高效益的基础上,国内生产总值到2020年力争比2000年翻两番,综合国力和国际竞争力明显增强;社会主义民主更加完善,社会主义法制更加完备,依法治国基本方略得到全面落实,人民的政治、经济和文化权益得到切实尊重和保障;全民族的思想道德素质、科学文化素质和健康素质明显提高,形成比较完善的现代国民教育体系、科技和文化创新体系、全民健身和医疗卫生体系;可持续发展能力不断增强,生态环境得到改善,资源利用效率显著提高,促进人与自然的和谐,推动整个社会走上生产发展、生活富裕、生态良好的文明发展道路。

为贯彻十六大精神,中央召开七次全会,分别就深化机构改革、完善社会主义市场经济体制、加强党的执政能力建设、制定“十一五”规划、构建社会主义和谐社会等关系全局的重大问题作出决定和部署,提出并贯彻科学发展观等重大战略思想,推动党和国家工作取得新的重大成就。五年来,党带领全国各族人民,高举邓小平理论和“三个代表”重要思想伟大旗帜,战胜各种困难和风险,开创了中国特色社会主义事业新局面,开拓了马克思主义中国化新境界。

(二)十七大和全面建设小康社会奋斗目标的新要求

2007年10月15—22日,中国共产党第十七次全国代表大会在北京召开。党的十七大是在我国改革发展关键阶段召开的一次十分重要的大会。大会的主题:高举中国特色社会主义伟大旗帜,以邓小平理论和“三个代表”重要思想为指导,深入贯彻落实科学发展

观，继续解放思想，坚持改革开放，推动科学发展，促进社会和谐，为夺取全面建设小康社会新胜利而奋斗。

十七大对推进改革开放和社会主义现代化建设、实现全面建设小康社会宏伟目标作出全面部署。在十六大确立的全面建设小康社会目标的基础上对我国发展提出新的更高要求：增强发展协调性，努力实现经济又好又快发展；扩大社会主义民主，更好保障人民权益和社会公平正义；加强文化建设，明显提高全民族文明素质；加快发展社会事业，全面改善人民生活；建设生态文明，基本形成节约能源资源和保护生态环境的产业结构、增长方式、消费模式。

为贯彻十七大精神，中央先后召开七次全会，分别就深化行政管理体制改革、推进农村改革发展、加强和改进新形势下党的建设、制定“十二五”规划、推进文化改革发展等关系全局的重大问题作出决定和部署。五年来，胜利完成“十一五”规划，顺利实施“十二五”规划，各方面工作都取得新的重大成就。

十七大以来的五年，是我们在中国特色社会主义道路上奋勇前进的五年，是我们经受住各种困难和风险考验、夺取全面建设小康社会新胜利的五年。五年来，各方面工作都取得新的重大成就，经济平稳较快发展，改革开放取得重大进展，人民生活水平显著提高，民主法制建设迈出新步伐，文化建设迈上新台阶，社会建设取得新进步，国防和军队建设开创新局面，港澳台工作进一步加强，外交工作取得新成就，党的建设全面加强。同时，必须清醒看到，工作中还存在许多不足，前进道路上还有不少困难和问题。

(三)2002—2012 年全面建设小康社会的十年实践

进入新世纪新阶段，国际局势风云变幻，综合国力竞争空前激烈，我们深化改革开放，加快发展步伐，以加入世界贸易组织为契机，变压力为动力，化挑战为机遇，坚定不移推进全面建设小康社会进程。前进过程中，我们战胜突如其来的非典疫情，认真总结我国发展实践，准确把握我国发展的阶段性特征，及时提出和全面贯彻科学发展观等重大战略思想，开拓了经济社会发展的广阔空间。2008 年以后，国际金融危机使我国发展遭遇严重困难，我们科学判断、果断决策，采取一系列重大举措，在全球率先实现经济平稳回升，积累了有效应对外部经济风险冲击、保持经济平稳较快发展的重要经验。我们成功举办北京奥运会、残奥会和上海世博会，夺取抗击汶川特大地震等严重自然灾害和灾后恢复重建重大胜利，妥善处置一系列重大突发事件。在十分复杂的国内外形势下，党和人民经受住严峻考验，巩固和发展了改革开放和社会主义现代化建设大局，提高了我国国际地位，彰显了中国特色社会主义的巨大优越性和强大生命力；增强了中国人民和中华民族的自豪感和凝聚力。十年来，我们取得一系列新的历史性成就，为全面建成小康社会打下了坚实基础。我国经济总量从世界第六位跃升到第二位，社会生产力、经济实力、科技实力迈上一个大台阶，人民生活水平、居民收入水平、社会保障水平迈上一个大台阶，综合国力、国际竞争力、国际影响力迈上一个大台阶，国家面貌发生新的历史性变化。这是我国经济持续发展、民主不断健全、文化日益繁荣、社会保持稳定的时期，是着力保障和改善民生、人民得到实惠更多的时期。

与此同时，党中央也清醒地认识到，我们工作中还存在许多不足，前进道路上还有不少困难和问题:发展中不平衡、不协调、不可持续问题依然突出,科技创新能力不强,产业结构不合理,农业基础依然薄弱,资源环境约束加剧,制约科学发展的体制机制障碍较多,深化改革开放和转变经济发展方式任务艰巨;城乡区域发展差距和居民收入分配差距依然较大;社会矛盾明显增多,教育、就业、社会保障、医疗、住房、生态环境、食品药品安全、安全生产、社会治安、执法司法等关系群众切身利益的问题较多,部分群众生活比较困难;一些领域存在道德失范、诚信缺失现象;一些干部领导科学发展能力不强,一些基层党组织软弱涣散,少数党员干部理想信念动摇、宗旨意识淡薄,形式主义、官僚主义问题突出,奢侈浪费现象严重;一些领域消极腐败现象易发多发,反腐败斗争形势依然严峻。对这些困难和问题,我们必须高度重视,进一步认真加以解决。

三、党的十八大提出全面建成小康社会的新目标

2012 年 11 月 8—14 日,中国共产党第十八次全国代表大会在北京召开。党的十八大是在我国进行全面建成小康社会决定性阶段召开的一次十分重要的大会。大会的主题是高举中国特色社会主义伟大旗帜,以邓小平理论、“三个代表”重要思想、科学发展观为指导,解放思想,改革开放,凝聚力量,攻坚克难,坚定不移沿着中国特色社会主义道路前进,为全面建成小康社会而奋斗。

综观国际国内大势,我国发展仍处于可以大有作为的重要战略机遇期。我们要确保到 2020 年实现全面建成小康社会宏伟目标。根据我国经济社会发展实际,十八大在十六大、十七大确立的全面建设小康社会目标的基础上努力实现新的要求,主要目标:经济持续健康发展,转变经济发展方式取得重大进展,实现国内生产总值和城乡居民人均收入比 2010 年翻一番;人民民主不断扩大,文化软实力显著增强,人民生活水平全面提高,资源节约型、环境友好型社会建设取得重大进展。

党的十八大报告高举中国特色社会主义伟大旗帜,以马克思列宁主义、毛泽东思想、邓小平理论、“三个代表”重要思想、科学发展观为指导,分析了国际国内形势的发展变化,回顾总结了过去五年的工作和党的十六大以来的奋斗历程及取得的历史性成就,确立了科学发展观的历史地位,提出了夺取中国特色社会主义新胜利的基本要求,确定了全面建成小康社会和全面深化改革开放的目标,对新的时代条件下推进中国特色社会主义事业作出了全面部署,对全面提高党的建设科学化水平提出了明确要求。党的十八大报告描绘了全面建成小康社会、加快推进社会主义现代化的宏伟蓝图,为党和国家事业进一步发展指明了方向,是全党全国各族人民智慧的结晶,是我们党团结带领全国各族人民夺取中国特色社会主义新胜利的政治宣言和行动纲领,是马克思主义的纲领性文献。

中国共产党已经走过了 90 多年不平凡的历程。在这 90 多年里,党团结带领人民在中国这片古老的土地上,书写了人类发展史上惊天地、泣鬼神的壮丽史诗,集中体现为完成和推进了三件大事。在新民主主义革命时期,我们经过 28 年艰苦卓绝的斗争,推翻了帝国主义、封建主义、官僚资本主义的反动统治,实现了民族独立和人民解放,建立了人民当家作主的新中国。在社会主义革命和建设时期,我们确立了社会主义基本制度,在一穷二白的基础上建立了独立的比较完整的工业体系和国民经济体系,使古老的中国以崭新

的姿态屹立在世界的东方。在改革开放和社会主义现代化建设时期,我们开创了中国特色社会主义道路,坚持以经济建设为中心、坚持四项基本原则、坚持改革开放,初步建立起社会主义市场经济体制,大幅度提高了我国的综合国力和人民生活水平,为全面建设小康社会、基本实现社会主义现代化开辟了广阔的前景。这三件大事,从根本上改变了中国人民和中华民族的前途命运,不可逆转地结束了近代以后中国内忧外患、积贫积弱的悲惨命运,不可逆转地开启了中华民族不断发展壮大、走向伟大复兴的历史进军,使具有5000多年文明历史的中国面貌焕然一新,中华民族伟大复兴展现出前所未有的光明前景。事实充分证明,在近代以来中国社会发展进步的壮阔进程中,历史和人民选择了中国共产党,选择了马克思主义,选择了社会主义道路,选择了改革开放。

四、实现中华民族伟大复兴的中国梦

党的十八大之后,习近平提出并深刻阐述了中华民族伟大复兴的中国梦,进一步揭示了中华民族的历史命运和当代中国的发展走向,指明了中国特色社会主义更长远的奋斗目标。

(一)中华民族伟大复兴中国梦的提出

2012年11月29日,习近平在参观"复兴之路"展览时指出:"每个人都有理想和追求,都有自己的梦想。现在,大家都在讨论中国梦,我以为,实现中华民族伟大复兴,就是中华民族近代以来最伟大的梦想。这个梦想,凝聚了几代中国人的夙愿,体现了中华民族和中国人民的整体利益,是每一个中华儿女的共同期盼。"中华民族在漫长的历史长河中,创造了令世界瞩目的辉煌成就,长时间走在世界的前列,对人类文明的发展作出了不可磨灭的贡献。

但是近代以来,在西方列强的大肆侵略和封建专制主义的统治下,中国日渐沦落,几近亡国灭种的危险境地。从此,实现中华民族伟大复兴,成为所有中国人的强烈愿望和共同期盼。

中国共产党领导的新民主主义革命的胜利、新中国的成立和社会主义制度的建立为中国梦的实现奠定了坚实的基础。改革开放以来,党领导全国各族人民坚持和发展中国特色社会主义,取得了举世瞩目的成就,中华民族伟大复兴展现出前所未有的光明前景。我们比历史上任何时期都更接近于中华民族伟大复兴的目标,比历史上任何时期都更有信心、有能力实现更为远大的目标。正是在这充满希望的历史节点上,习近平提出了旨在实现中华民族伟大复兴的中国梦。

中华民族伟大复兴的中国梦,深刻揭示了近代以来中国历史发展的主线,形象描绘了中华民族不懈奋斗的历史过程,集中展现了中国特色社会主义的宏伟愿景。

(二)中国梦的思想内涵

中华民族伟大复兴的中国梦,包含着丰富的思想内涵,其中最核心的内容是国家富强、民族振兴、人民幸福。

国家富强，是指我国综合国力进一步增强，中国特色社会主义事业进一步发展和完善。经济更加发达，科技创新在经济发展中的驱动力更加强劲，政治更加民主，文化更加繁荣，社会更加和谐，生态更加美好。

民族振兴，就是通过自身的不断发展与强大，继承并创造中华民族的优秀文化以及先进的文明成果，并将其传递给全世界，从而影响世界、改变世界，进而使中华民族再次处于世界领先的地位，再次以高昂的姿态屹立于世界民族之林。

人民幸福，就是人民权利保障更加充分、人人得享共同发展，生活在伟大祖国和伟大时代的中国人民，共同享有人生出彩的机会，共同享有梦想成真的机会，共同享有同祖国和时代一起成长与进步的机会。中国梦是国家的梦、民族的梦，也是每一个中国人的梦。

国家富强、民族振兴是人民幸福的基础和保障，中国近代以来的屈辱历史已经证明，民族不独立、国家不富强，人民的生存根本得不到保证，更谈不上人民幸福。人民幸福是国家富强、民族振兴的题中之意和必然要求，民为邦本、本固邦宁，国家的富强、民族的振兴都要以人民的权利得到保障、利益得到实现、幸福得到满足为条件，人民幸福是国家富强、民族振兴的根本出发点和落脚点。实现中华民族伟大复兴的中国梦，不仅是为了中国的发展，也是为了对世界作出更大的贡献。中国梦是和平、发展、合作、共赢的梦，不仅造福中国人民，而且造福各国人民，与各国人民的美好梦想是相通的。

(三)中国梦的实现途径

实现中国梦必须坚持中国道路、弘扬中国精神、凝聚中国力量。中国道路，就是中国特色社会主义道路。中国特色社会主义道路是实现中国梦的根本途径，是实现国家富强、民族振兴、人民幸福的必由之路。我们必须坚定中国特色社会主义的道路自信，自信就是凝聚力，自信就是精气神。有了坚定的自信才有自觉，有了坚定的自信才有自强，才能矢志不渝地为中国特色社会主义共同理想而奋斗，才能实现伟大的中国梦。

中国精神，就是以爱国主义为核心的民族精神和以改革创新为核心的时代精神。中华民族历史悠久，在漫长的历史长河中凝聚了强大的民族精神，其中爱国主义是中华民族精神的核心。改革开放 30 多年的理论和实践，铸造了以改革创新为核心的时代精神。改革是国家兴旺发达的不竭动力，创新是民族进步的灵魂。中国梦的实现，需要付出加倍的努力，必须永远保持和弘扬以改革创新为核心的时代精神，并为之提供巨大的精神动力和智力支持。

中国力量，就是全国各族人民大团结的力量。每个人的前途命运都是与国家和民族的前途命运紧密相连的。中国梦的实现离不开中国人民万众一心的努力，涓流汇海、聚沙成塔，中国力量就是 13 亿人心往一处想、劲往一处使，依靠全国各族人民大团结的力量，不断将中国特色社会主义事业推向前进，实现中华民族伟大复兴的梦想。

实现中华民族伟大复兴的中国梦，是一项光荣而艰巨的事业，需要脚踏实地依靠全体人民的创造性劳动，需要一代又一代中国人为之顽强奋斗、艰苦奋斗、不懈奋斗。空谈误国，实干兴邦，中国梦表达的不仅是一种未来的美好前景，而且它又要求现实的行动。为了实现中国梦，我们必须勇于担当，甘于奉献，从我做起，从今天做起。

延伸阅读

延安时期中国共产党践行群众路线的经验

张旭东

从1935年10月19日，中共中央随中央红军长征到达陕北吴起镇(今吴旗县)，落户“陕北”，到1948年3月23日，毛泽东、周恩来、任弼时在陕北吴堡县东渡黄河，迎接革命胜利的曙光这近13年时间称之为“延安时期”。中国共产党在这十三年里形成了包括“抗大精神”“白求恩精神”“张思德精神”“南泥湾精神”在内的“延安精神”。正是这些精神的力量，才使中国共产党在那样艰难困苦的环境中创造了“延安奇迹”。毛泽东称赞：“陕甘宁边区是全国最进步的地方，这里是民主的抗日根据地。这里一没有贪官污吏，二没有土豪劣绅，三没有赌博，四没有娼妓，五没有小老婆，六没有叫花子，七没有结党营私之徒，八没有萎靡不振之气，九没有人吃磨擦饭，十没有人发国难财，为什么要取消它呢?”“延安奇迹”的出现最根本的要归功于中国共产党认真践行和落实群众路线。

前提：科学界定人民群众的内涵和范围

群众是一个具体的、历史的概念。在以马克思主义为指导的政治语境中，群众概念通常可以与人民、人民群众相通用，是指无数推动社会发展和历史前进的人们。人民群众在不同的历史时期有着不同的历史内涵和范围。正因如此，毛泽东1925年12月1日在《中国社会各阶级的分析》一文中开篇之句就是：谁是我们的敌人？谁是我们的朋友？这个问题是革命的首要问题。在这个问题上，中国共产党在大革命时期和土地革命战争前中期相继犯过右倾和“左”倾错误。特别是在大革命失败后，当时的“左”倾中央片面地认为民族资产阶级和小资产阶级都背叛了革命，开始反对整个民族资产阶级，将他们排除在群众之外，实行“左”倾关门主义，给中国革命带来了重大损失。九一八事变后，随着日本侵华战争的不断深入，中华民族与日本帝国主义之间的矛盾上升为社会的主要矛盾。联合一切力量，共同抵抗日本侵略者是这一时期共产党的主要任务。1935年12月，中共中央在瓦窑堡召开政治局扩大会议，通过了《中央关于目前政治形势与党的任务决议》。会议批判了“左”倾关门主义错误，确立了建立抗日民族统一战线的政治方针。因而，这一时期的人民群众所包含的范围大大扩展，包含一切抗日的阶级、阶层和社会团体。除了工人、农民、小资产阶级、民族资产阶级外，还包括以国民党蒋介石为代表的亲英美派大地主大资产阶级。为了团结一切可以团结的群众组成巩固的抗日民族统一战线，中国共产党制定了“发展进步势力，争取中间势力，孤立顽固势力”的策略总方针。进步势力主要是指工人、农民和城市小资产阶级，他们是抗日战争的主要依靠力量。中间势力主要是指民族资产阶级、开明绅士和地方实力派。争取他们，是中国共产党在抗战时期的一项重要任务。顽固势力是指大地主大资产阶级的抗日派。他们既主张团结抗日，又限共、溶共、反共。对于他们，共产党要采取既联合又斗争的政策。人民群众内涵的科学界定和划分是夺取抗日战争胜利的根本保证。

抗战胜利后，国民党统治集团推行独裁统治和内战政策，把广大人民群众推到了饥饿和死亡的边缘。国内形势和主要矛盾的变化要求中国共产党必须对群众的内涵做出新的界定。大地主大资产阶级追随蒋介石发动内战政策，自然就成为我们的敌人。其他一切反对美帝国主义和大地主大资产阶级的阶级、阶层和社会团体都属于人民群众的范畴。1947 年 10 月，毛泽东在神泉堡起草了《中国人民解放军宣言》，第一次提出了“打倒蒋介石，解放全中国”的口号，提出“联合工农兵学商各被压迫阶级、各人民团体、各民主党派、各少数民族、各地华侨和其他爱国分子，组成民族统一战线，打倒蒋介石独裁政府，成立民主联合政府”。所以，这一时期的人民群众包括工人、农民、城市小资产阶级、民族资产阶级、开明绅士、其他爱国分子、少数民族和海外华侨等广大阶级和阶层。由这些阶级和阶层组成的人民民主统一战线比以往任何时期都更加巩固、更加广泛，从而也就为中国共产党汇聚了最为广大的民心和民力。

核心：树立全心全意为人民服务的根本宗旨

马克思主义政党的一切理论和奋斗都应致力于实现最广大人民的根本利益，这是马克思主义最鲜明的政治立场。全心全意为人民服务，就是要始终坚持人民利益高于一切，一切从人民的根本利益出发，一切为了群众，一切依靠群众，真心实意地帮助人民实现自己的利益。延安时期，以毛泽东为核心的党中央，率先垂范，面向群众，服务群众，成为“为民谋利”“人民救星”的光辉典范，并涌现出像白求恩和张思德那样的楷模榜样。毛泽东说道：“我们共产党人好比种子，人民好比土地。我们到了一个地方，就要同那里的人民结合起来，在人民中间生根、开花。”延安时期，党所制定的路线、方针、政策和一切活动，都体现了人民群众的根本利益。政权建设上，实行“三三制”民主政治，真正使人民当家作主。经济上坚持把给人民群众看得见的物质福利作为党的根本任务。“我们的第一个方面的工作并不是向人民要东西，而是给人民以东西。我们有什么东西可以给予人民呢？就目前陕甘宁边区的条件说来，就是组织人民、领导人民、帮助人民发展生产，增加他们的物质福利，并在这个基础上一步一步地提高他们的政治觉悟与文化程度”。抗日战争时期，在民族矛盾大于阶级矛盾的背景下，中国共产党提出了著名的“减租减息”土地政策。内战爆发后，从 1946 年开始，在中共中央的领导下，由各地分局具体负责，在新老解放区陆续开始了土改。1947 年 10 月中央颁布《中国土地法大纲》，把土改运动推向了高潮。使得农民在经济上获得巨大利益的同时，在政治上也翻了身。由于中国共产党真正解决了广大农民最为关心的土地问题，坚定地为农民谋利益，因此，就赢得了占中国人口 80%农民的坚定支持，同他们建立了巩固的联盟。对于民族资本主义，共产党认为中国不是太多了，而是太少了，需要它们在中国来一个广大地发展。另外，共产党人严格要求自己，拒腐防变、为政清廉。在延安时期的艰苦岁月里，军民发扬自力更生、艰苦奋斗的创业精神开辟了根据地的一片新天地，1943 年 10 月，毛泽东视察南泥湾时讲到，“困难并不是不可征服的怪物。大家动手征服它，它就低头了。大家自力更生，吃的、穿的、用的都有了。目前我们没有外援，假定将来有了外援，也还是要以自力更生为主”。正是因为共产党人从上到下都一致践行全心全意为人民服务的根本宗旨，从而保证了共产党人作风上的纯洁性，也赢得了延安老百姓的真心拥护。延安老百姓自发地改编民歌来表达对共产党的热爱：一疙瘩玻璃四下明，咱和共产党一娘生，共产党来了烧开水，反动派来了埋地雷。周恩来后来也动情地说道，“是延安人民用小米哺育了我们。没有延安就没有新中国”。

关键：坚持走“从群众中来，到群众中去”的领导方法和工作方法

1934 年 1 月 27 日，毛泽东在《关心群众生活，注意工作方法》一文中就指出：“我们不但要提出任务，而且要解决完成任务的方法问题。我们的任务是过河，但是没有桥或没有船就不能过。不解决桥或船的问题，过河就是一句空话。”解决“桥”和“船”的问题就必须“从群众中来，到群众中去”。“从群众中来”，就是深入到群众中去，通过认真地调查研究，了解群众的意见和要求，“将群众的意见（分散的无系统的意见）集中起来（经过研究，化为集中的系统的意见）”。“到群众中去”就是“到群众中去做宣传解释，化为群众的意见，使群众坚持下去，见之于行动，并在群众行动中考验这些意见是否正确”。这其中的一个重要方法就是做社会调查。1941 年 3、4 月份，毛泽东专门为《农村调查》写了序言和跋，强调：“要做这件事，第一是眼睛向下，不要只是昂首望天。没有眼睛向下的兴趣和决心，是一辈子也不会真正懂得中国的事情的”。另外还强调做好社会调查一定要有“放下臭架子、甘当小学生的精神”，去扎扎实实地开调查会，倾听群众意见，因为“群众是真正的英雄，而我们自己则往往是幼稚可笑的，不了解这一点，就不能得到起码的知识”。1940 年代初，陕甘宁边区由于征收公粮太多，边区群众普遍感到不满，甚至有人喊出“雷劈毛泽东”的怨言。听到这些怨言，毛泽东没有生气，而是主动找来一些老乡代表到窑洞里谈心，采纳和集中群众的意见，实施“精兵简政”和开展大生产运动。这些举措的出台不仅受到边区干群的一致拥护和好评，而且使边区的困难局面大为改观。1943 年 11 月 29 日，毛泽东在《组织起来》中强调：我们共产党员，无论在什么问题上，一定要能够同群众相结合。如果我们的党员，一生一世坐在房子里不出去，不经风雨，不见世面，这种党员，对于中国人民究竟有什么好处没有呢？一点好处也没有的，我们不需要这样的人做党员。……我们应该走到群众中间去，向群众学习，把他们的经验综合起来，成为更好的有条理的道理和办法，然后再告诉群众（宣传），并号召群众实行起来，解决群众的问题，使群众得到解放和幸福。“从群众中来，到群众中去”的领导方法和工作方法，最终使中国共产党赢得了广大人民群众的信任、支持和拥护。

（资料来源：张旭东：《延安时期中国共产党践行群众路线的经验》，《学习时报》2014 年 4 月 7 日第 A15 版。）

思考练习

1. 中国共产党 90 多年的光辉历程有哪些经验和启示？
2. 中国特色社会主义理论对当代中国有哪些指导意义？
3. 当代大学生应该承担什么样的历史责任？

第三章　中国共产党的指导思想和纲领

本章导读

党的指导思想，是指导我们党全部活动的理论体系，是党的建设的理论基础。《中国共产党章程》明确规定：中国共产党以马克思列宁主义、毛泽东思想、邓小平理论、“三个代表”重要思想和科学发展观作为自己的行动指南。科学发展观，是同马克思列宁主义、毛泽东思想、邓小平理论、“三个代表”重要思想既一脉相承又与时俱进的科学理论，是马克思主义关于发展的世界观和方法论的集中体现，是马克思主义中国化最新成果，是中国共产党集体智慧的结晶，是发展中国特色社会主义必须坚持和贯彻的指导思想。党的基本纲领，是党的基本路线在经济、政治、文化等方面的展开，是近 20 多年来社会主义现代化建设的经验总结，是党领导全国人民建设有中国特色社会主义事业不断推向前进的行动纲领。完整、准确地理解和全面执行这个纲领，对于我们深刻理解和执行党在社会主义初级阶段的基本理论、基本路线和方针政策，实现中华民族的伟大复兴和社会主义现代化建设的宏伟目标，具有十分重要的现实意义和历史意义。

第一节　中国共产党的指导思想

一、马克思列宁主义是中国共产党的理论基础和行动指南

马克思列宁主义揭示了人类社会历史发展的规律，它的基本原理是正确的，具有强大的生命力。中国共产党人追求的共产主义最高理想，只有在社会主义社会充分发展和高度发达的基础上才能实现。社会主义制度的发展和完善是一个长期的历史过程。坚持马克思列宁主义的基本原理，走中国人民自愿选择的适合中国国情的道路，中国的社会主义事业必将取得最终的胜利。

马克思主义是一个彻底而严整的科学理论体系，包含着极为丰富的内容，几乎涵盖了全部社会科学的研究领域。但是，从总体上看，马克思主义哲学、政治经济学和科学社会主义则是马克思主义理论体系中的主体部分，是相互依存、不可分割的三个组成部分。

马克思主义哲学即辩证唯物主义和历史唯物主义，揭示了自然界、人类社会和思维运

动的普遍规律，是建立在实践基础上的革命性和科学性高度统一的学说，是无产阶级及其政党的科学世界观和方法论体系，是整个马克思主义的理论基础。

马克思主义产生以来，人类社会发生了巨大的变化，但马克思主义对资本主义制度的科学剖析，对未来社会制度的科学预测，至今仍鼓舞和指导着共产党人为社会进步和人类幸福而不懈奋斗。1917 年，在马克思主义指导下，列宁领导俄国无产阶级进行了十月革命，建立了人类历史上第一个无产阶级掌握政权的国家。马克思主义发展到列宁主义阶段，列宁主义就是帝国主义和无产阶级革命时代的马克思主义。20 世纪八九十年代苏联解体、东欧剧变，并不表明马克思列宁主义的失败，在某种程度上，恰恰是他们没有正确运用马克思列宁主义的结果。21 世纪，我们仍然要以马克思列宁主义作为党的指导思想。

当然，坚持马克思列宁主义的指导地位，也要有一个正确对待马克思列宁主义的态度问题。我们要学会运用马克思列宁主义的立场、观点和方法来观察和处理社会现实矛盾问题。不应该拘泥于马克思列宁主义的个别结论，更不能用马克思列宁主义的个别结论去否定社会现实中已经被实践证明的正确的东西。观念陈旧，思想僵化，对有些已被实践证明是正确的东西，或者不予承认，或者不敢肯定，对某些过时的结论或者抱着不放，或者不敢突破，这是对待马克思列宁主义"教条式"理解的一种表现。与时俱进是马克思列宁主义的理论品质，把马克思列宁主义作为党的行动指南，就要在实践中发展马克思列宁主义。马克思列宁主义随着实践的发展，它本身也要求发展，否则便失去了生命力。运用马克思列宁主义的立场、观点和方法，探索解决现实问题的答案，并加以总结和概括，这一过程也就是发展马克思列宁主义的过程。只有发展马克思列宁主义，赋予马克思列宁主义以新的内容，用事实表明马克思列宁主义解决现实问题的能力，马克思列宁主义的指导地位才能不断地得到加强。

二、毛泽东思想是马克思列宁主义与中国实际相结合的光辉典范

毛泽东思想是以毛泽东同志为主要代表的中国共产党人，把马克思列宁主义的基本原理同中国革命的具体实践结合起来创立的。毛泽东思想是马克思列宁主义在中国的运用和发展，是被实践证明了的关于中国革命和建设的正确的理论原则和经验总结，是中国共产党集体智慧的结晶。在毛泽东思想指引下，中国共产党领导全国各族人民，经过长期的反对帝国主义、封建主义、官僚资本主义的革命斗争，取得了新民主主义革命的胜利，建立了人民民主专政的中华人民共和国；建国以后，顺利地进行了社会主义改造，完成了从新民主主义到社会主义的过渡，确立了社会主义基本制度，发展了社会主义的经济、政治和文化。

（一）毛泽东思想的科学含义及其理论体系

毛泽东思想与马克思列宁主义是一脉相承的思想体系，同时它又具有鲜明的中国特色。毛泽东思想不仅是革命的理论，而且是建设的理论，它涉及政治、经济、文化、军事、外交等各个领域。它是以毛泽东为代表的中国共产党人，在中国人民的长期革命和建设实践中，根据马克思主义的基本原理，对一系列实践经验进行理论概括所形成的科学的、完

整的理论体系，具有多方面的丰富内容，主要包括：关于新民主主义革命的理论；关于社会主义革命和社会主义建设的理论；关于革命军队的建设和军事战略的理论；关于政策和策略的理论；关于思想政治工作和文化工作的理论；关于党的建设的理论，等等。

毛泽东思想的活的灵魂是贯穿于各个理论组成部分中的立场、观点和方法，包括三个基本方面，即实事求是、群众路线、独立自主。实事求是，就是一切从实际出发，理论联系实际，把马克思主义基本原理同中国革命具体实践相结合，在实践中检验和发展真理。实事求是是毛泽东思想的根本点，是党的思想路线的核心。群众路线，就是“一切为了群众，一切依靠群众，从群众中来，到群众中去”的路线。群众路线是以毛泽东同志为代表的中国共产党人创造的、具有中国特色的科学领导方法和工作方法，是对马克思主义的重大发展。独立自主，是从中国实际出发，主要依靠自己的力量发展革命和建设事业，是我们立国、建国的一个根本方针。

（二）毛泽东思想是中国共产党的指导思想

毛泽东思想被确定为中国共产党的指导思想，是历史发展的必然，是由它在中国革命和建设中的历史地位和伟大作用决定的。

首先，毛泽东思想指导中国革命和建设取得了伟大成就。在新民主主义革命时期，中国共产党坚持用毛泽东思想指导革命，克服了党内的右倾投降主义和“左”倾冒险主义，取得了打败日本侵略者、推翻蒋介石反动统治、建立新中国的伟大胜利。中华人民共和国成立后，中国共产党在毛泽东思想的指引下，领导全国各族人民有步骤地实现从新民主主义到社会主义的转变，取得了社会主义革命的伟大胜利，社会主义的经济、政治、文化取得了巨大的成就。为开创中国特色社会主义提供了宝贵经验、理论准备、物质基础。

其次，毛泽东思想丰富和发展了马克思列宁主义。毛泽东思想不是马克思列宁主义的简单运用，而是对马克思列宁主义的重大发展，为马克思列宁主义的理论宝库增添了许多新的内容。毛泽东思想不是在个别方面，而是在许多领域发展了马克思列宁主义，极大地丰富和发展了马克思列宁主义关于经济文化落后的国家无产阶级如何领导革命的学说。在成为执政党以后，以毛泽东为代表的中国共产党人，根据马克思列宁主义关于建设社会主义的基本原理和苏联建设社会主义的经验教训，结合中国的实际情况，提出了一系列关于社会主义建设的思想。

最后，毛泽东思想是我们党的宝贵精神财富。毛泽东思想过去是我们的事业取得巨大胜利的指导思想，今后仍然是指导我们社会主义现代化建设事业的宝贵财富。毛泽东的许多重要著作，仍然是我们必须经常学习的，因为这些著作中包含着许多基本原理、原则和科学方法，具有普遍的意义。当然，在社会主义现代化建设中，有许多新的问题，在毛泽东的著作中并没有现成的答案，需要我们认真学习和运用它的立场、观点和方法来研究实践中出现的新情况，解决新问题。

总之，毛泽东思想具有重要的历史和现实意义，它是我们党的宝贵精神财富，它将长期指导我们的行动。我们必须在新的实践中坚持和发展毛泽东思想。

三、中国特色社会主义理论体系是马克思主义中国化的最新理论成果

党的十八大报告指出，中国特色社会主义理论体系，就是包括邓小平理论、“三个代表”重要思想、科学发展观在内的科学理论体系，是对马克思列宁主义、毛泽东思想的坚持和发展。这个理论体系是马克思主义中国化最新成果，是党最可宝贵的政治和精神财富，是全国各族人民团结奋斗的共同思想基础。中国特色社会主义理论体系是不断发展的开放的理论体系。在当代中国，坚持中国特色社会主义理论体系，就是真正坚持马克思主义。

（一）邓小平理论是中国特色社会主义理论体系的奠基之作

十一届三中全会以来，以邓小平同志为主要代表的中国共产党人，总结建国以来正反两方面的经验，解放思想，实事求是，实现全党工作中心向经济建设的转移，实行改革开放，开辟了社会主义事业发展的新时期，逐步形成了建设中国特色社会主义的路线、方针、政策，阐明了在中国建设社会主义、巩固和发展社会主义的基本问题，创立了邓小平理论。邓小平理论是马克思列宁主义的基本原理同当代中国实践和时代特征相结合的产物，是毛泽东思想在新的历史条件下的继承和发展，是马克思主义在中国发展的新阶段，引导着我国社会主义现代化事业不断前进。

邓小平理论坚持解放思想、实事求是，在新的实践基础上继承前人又突破成规，开拓了马克思主义的新境界。实事求是是马克思列宁主义的精髓，是毛泽东思想的精髓，也是邓小平理论的精髓。1978 年邓小平《解放思想，实事求是，团结一致向前看》这篇讲话，是在“文化大革命”结束以后，中国面临向何处去的重大历史关头，冲破“两个凡是”的禁锢，开辟新时期新道路、开创建设有中国特色社会主义新理论的宣言书。1992 年邓小平南方谈话，是在国际国内政治风波严峻考验的重大历史关头，坚持十一届三中全会以来的理论和路线，深刻回答长期束缚人们思想的许多重大认识问题，把改革开放和现代化建设推进到新阶段的又一个解放思想、实事求是的宣言书。在新形势下，面对许多我们从来没有遇到过的艰巨课题，邓小平理论要求我们增强和提高解放思想、实事求是的坚定性和自觉性，一切以是否有利于发展社会主义社会的生产力、有利于增强社会主义国家的综合国力、有利于提高人民的生活水平为根本判断标准，不断开拓社会主义事业的新局面。

邓小平理论坚持科学社会主义理论和实践的基本成果，抓住“什么是社会主义、怎样建设社会主义”这个根本问题，深刻地揭示了社会主义的本质，把对社会主义的认识提高到新的科学水平。新时期的思想解放，关键就是在这个问题上的思想解放。我国社会主义在改革开放前所经历的曲折和失误，改革开放以来在前进中遇到的一些困惑，归根到底都在于对这个问题没有完全搞清楚。拨乱反正，全面改革，从以阶级斗争为纲到以经济建设为中心，从封闭半封闭到改革开放，从计划经济到社会主义市场经济，30 多年的历史性转变，就是逐渐搞清楚这个根本问题的进程。这个进程，还将在今后的实践中继续下去。

邓小平理论坚持用马克思主义的宽广眼界观察世界，对当今时代特征和总体国际形势，对世界上其他社会主义国家的成败，发展中国家谋求发展的得失，发达国家发展的态

势和矛盾，进行正确分析，作出了新的科学判断。世界变化很大很快，特别是日新月异的科学技术进步深刻地改变了并将继续改变当代经济社会生活和世界面貌，任何国家的马克思主义者都不能不认真对待。邓小平理论正是根据这种形势，确定我们党的路线和国际战略，要求我们用新的观点来认识、继承和发展马克思主义，强调只有这样才是真正的马克思主义，墨守成规只能导致落后甚至失败。

总而言之，邓小平理论初步形成了建设中国特色社会主义理论的科学体系。它是在和平与发展成为时代主题的历史条件下，在我国改革开放和现代化建设的实践中，在总结我国社会主义胜利和挫折的历史经验并借鉴其他社会主义国家兴衰成败历史经验的基础上，逐步形成和发展起来的。它第二次比较系统地初步回答了中国社会主义的发展道路、发展阶段、根本任务、发展动力、外部条件、政治保证、战略步骤、党的领导和依靠力量以及祖国统一等一系列基本问题，指导我们党制定了在社会主义初级阶段的基本路线。它是贯通哲学、政治经济学、科学社会主义等领域，涵盖经济、政治、科技、教育、文化、民族、军事、外交、统一战线、党的建设等方面比较完备的科学体系，又是需要从各方面进一步丰富发展的科学体系。

（二）“三个代表”重要思想是中国特色社会主义理论体系的重要组成部分

“三个代表”重要思想是对马克思列宁主义、毛泽东思想、邓小平理论的继承和发展。“三个代表”重要思想与马克思列宁主义、毛泽东思想、邓小平理论的立场、观点、方法是一致的，与坚持党的工人阶级先锋队性质和全心全意为人民服务的宗旨是一致的，是我们党保持先进性、始终成为中国特色社会主义事业的坚强领导核心的行动指南。“三个代表”重要思想所具有的基本点，马克思主义经典作家都有论述，但把发展生产力和先进文化、实现最广大人民的根本利益同坚持党的先进性联系在一起，上升到党的性质和宗旨的高度，构成了一个完整的体系，这是当代共产党人对辩证唯物主义和历史唯物主义的创造性地运用和发展。“三个代表”重要思想是我们党的立党之本、执政之基、力量之源。

1.“三个代表”重要思想的科学内涵

我们党要始终代表中国先进生产力的发展要求，就是党的理论、路线、纲领、方针、政策和各项工作，必须努力符合生产力发展的规律，体现不断推动社会生产力的解放和发展的要求，通过发展生产力不断提高人民群众的生活水平。我们党要始终代表中国先进文化的前进方向，就是党的理论、路线、纲领、方针、政策和各项工作，必须努力体现发展面向现代化、面向世界、面向未来的，民族的科学的大众的社会主义文化的要求，促进全民族思想道德素质和科学文化素质的不断提高，为我国经济发展和社会进步提供精神动力和智力支持。我们党要始终代表中国最广大人民的根本利益，就是党的理论、路线、纲领、方针、政策和各项工作，必须坚持把最广大人民的根本利益作为出发点和归宿，充分发挥人民群众的积极性、主动性、创造性，在社会不断发展进步的基础上，使人民群众不断获得切实的经济、政治、文化利益。

“三个代表”重要思想作为一个完整的理论体系，全面体现了党的基本理论、基本路线、基本纲领、基本经验，涵盖了经济、政治、文化和社会各个领域，是运用马克思主义基本原理解决我国改革开放和现代化建设实际问题的新创造。

2.贯彻“三个代表”重要思想

贯彻“三个代表”重要思想，关键在坚持与时俱进，核心在坚持党的先进性，本质在坚持执政为民。

贯彻“三个代表”重要思想，必须使全党始终保持与时俱进的精神状态，不断开拓马克思主义理论发展的新境界；必须把发展作为党执政兴国的第一要务，不断开创现代化建设的新局面；必须最广泛最充分地调动一切积极因素，不断为中华民族的伟大复兴增添新力量；必须以改革的精神推进党的建设，不断为党的肌体注入新活力。

总之，“三个代表”重要思想是发展的、前进的。全党必须在思想上不断有新解放，理论上不断有新发展，实践上不断有新创造，把“三个代表”重要思想贯彻到社会主义现代化建设的实践中，使我们党始终与时代发展同步伐，与人民群众共命运。

(三)科学发展观是中国特色社会主义理论体系的最新成果

十六大以来，我们党坚持以邓小平理论和“三个代表”重要思想为指导，结合新世纪新阶段我国发展的阶段性特征，总结我国改革开放和社会主义现代化建设的成功经验，从党和国家事业全局出发，根据新的发展要求，深刻认识和回答了新形势下实现什么样的发展、怎样发展等重大问题，形成了以人为本、全面协调可持续发展的科学发展观。科学发展观是马克思主义同当代中国实际和时代特征相结合的产物，用一系列紧密相连、相互贯通的新思想、新观点、新论断，丰富和发展了马克思主义关于发展的理论，把我们对共产党执政规律、社会主义建设规律、人类社会发展规律的认识提高到新的水平，开辟了当代中国马克思主义发展新境界。为更好推动全党深入贯彻落实科学发展观，实现我国经济社会又好又快发展，党的十七大将科学发展观写入党章。五年来，科学发展观又经历了一个实践、认识、再实践、再认识的过程，理论内涵不断丰富，实践成效不断显现。十八大指出，科学发展观，是同马克思列宁主义、毛泽东思想、邓小平理论、“三个代表”重要思想既一脉相承又与时俱进的科学理论，是马克思主义关于发展的世界观和方法论的集中体现，是马克思主义中国化最新成果，是中国共产党集体智慧的结晶，是发展中国特色社会主义必须坚持和贯彻的指导思想。把科学发展观列入党的指导思想，是党的十八大作出的重大决策，进一步向世人宣示中国共产党人走科学发展之路的坚定决心，必将对全党把思想和行动统一到科学发展上来、把科学发展观贯彻到我国社会主义现代化建设全过程和体现到党的建设各方面产生重大而深远的影响。这段话深刻阐明了科学发展观的时代背景、科学内涵、精神实质和贯彻落实科学发展观的基本要求。

“根据新的发展要求”阐明了科学发展观提出的时代背景，这个新的发展要求就是新世纪新阶段我国发展的阶段性特征对发展提出的新要求。“以人为本、全面协调可持续发展”是科学发展的基本内涵。解放思想、实事求是、与时俱进、求真务实，是科学发展观最鲜明的精神实质。面向未来，深入贯彻落实科学发展观，对坚持和发展中国特色社会主义具有重大现实意义和深远历史意义，必须把科学发展观贯彻到我国现代化建设全过程、体现到党的建设各方面。全党必须自觉地把推动经济社会发展作为深入贯彻落实科学发展观的第一要义，牢牢抓住经济建设这个中心，坚持聚精会神搞建设、一心一意谋发展，着力把握发展规律、创新发展理念、破解发展难题，深入实施科教兴国战略、人才强国战略、可持续发展战略，加快形成符合科学发展要求的发展方式和体制机制，不断解放和发展社会生产力、不断实现科学发展、和谐发展、和平发展，为坚持和发展中国特色社会主义打下牢固基础。必须自觉地把以人为本作为深入贯彻落实科学发展观的核心立场，始终把实现好、维护好、发展好最广大人民根本利益作为党和国家一切工作的出发点和落脚点，尊重人民首创精神，保障人民各项权益，不断在实现发展成果由人民共享、促进人的全面发展上取得新成效。必须自觉地把全面协调可持续作为深入贯彻落实科学发展观的基本要求，全面落实经济建设、政治建设、文化建设、社会建设、生态文明建设五位一体总体布局，促进现代化建设各方面相协调，促进生产关系与生产力、上层建筑与经济基础相协调，不断开拓生产发展、生活富裕、生态良好的文明发展道路。必须自觉地把统筹兼顾作为深入贯彻落实科学发展观的根本方法，坚持一切从实际出发，正确认识和妥善处理中国特色社会主义事业中的重大关系，统筹改革发展稳定、内政外交国防、治党治国治军各方面工作，统筹城乡发展、区域发展、经济社会发展、人与自然和谐发展、国内发展和对外开放，统筹各方面利益关系，充分调动各方面积极性，努力形成全体人民各尽其能、各得其所而又和谐相处的局面。

十八大以来，习近平总书记集中全党智慧，围绕改革发展稳定、内政外交国防、治党治国治军作出一系列新的阐述，提出了许多富有创见的新思想、新观点、新论断、新要求，深刻回答了新的历史条件下党和国家发展的重大理论和现实问题，形成了一系列最新成果，丰富和发展了中国特色社会主义理论体系，进一步深化了我们党对中国特色社会主义规律和马克思主义执政党建设规律的认识，为我们在新的历史起点上实现新的奋斗目标提供了基本遵循。

第二节 中国共产党的纲领

一、党在社会主义初级阶段的基本路线、基本纲领和基本经验

党的最高理想和最终目标是通过党在各个时期的基本纲领来实现的。十一届三中全会以来，我们党对我国的国情和社会主义进行了再认识，做出了我国正处于并将长期处于社会主义初级阶段的科学论断。党在社会主义初级阶段的基本路线：领导和团结全国各族人民，以经济建设为中心，坚持四项基本原则，坚持改革开放，自力更生，艰苦创业，为把我国建设成为富强民主文明和谐的社会主义现代化国家而奋斗。

（一）我国正处于并将长期处于社会主义初级阶段

党章指出，我国正处于并将长期处于社会主义初级阶段。这是在经济文化落后的中国建设社会主义现代化不可逾越的历史阶段，需要上百年时间。我国的社会主义建设，必须从我国的国情出发，走中国特色社会主义道路。

社会主义初级阶段，不是泛指任何国家进入社会主义都要经历的初始阶段，而是特指

我国在生产力落后、经济不发达条件下建设社会主义必然要经历的特定阶段，即不发达阶段；因此，社会主义初级阶段是逐步摆脱不发达状态，基本实现社会主义现代化的历史阶段；是由农业人口占很大比重、主要依靠手工劳动的农业国，逐步转变为非农业人口占多数、包含现代农业和现代服务业的工业化国家的历史阶段；是由自然经济半自然经济占很大比重，逐步转变为经济市场化程度较高的历史阶段；是由文盲半文盲人口占很大比重、科技教育文化落后，逐步转变为科技教育文化比较发达的历史阶段；是由贫困人口占很大比重、人民生活水平比较低，逐步转变为全体人民比较富裕的历史阶段；是由地区经济文化很不平衡，通过有先有后的发展，逐步缩小差距的历史阶段；是通过改革和探索，建立和完善比较成熟的充满活力的社会主义市场经济体制、社会主义民主政治体制和其他方面体制的历史阶段；是广大人民牢固树立建设中国特色社会主义共同理想，自强不息，锐意进取，艰苦奋斗，勤俭建国，在建设物质文明、政治文明的同时，努力建设精神文明，实行依法治国和以德治国相结合的历史阶段；是逐步缩小同世界先进水平的差距，在社会主义基础上实现中华民族伟大复兴的历史阶段。社会主义初级阶段是一个发展过程，是一个从不发达的社会主义国家到富强民主文明和谐的社会主义现代化国家的转变过程。

我国从20世纪50年代生产资料私有制的社会主义改造基本完成，到21世纪中叶社会主义现代化的基本实现，这一时间段都属于社会主义初级阶段。社会主义初级阶段的理论，是科学社会主义在中国的新发展和重大突破，是建设中国特色社会主义的理论基石，也是我们深刻理解党的基本路线的“钥匙”。

（二）党在社会主义初级阶段的基本路线

在社会主义初级阶段基本理论的指导下，我们党形成了社会主义初级阶段的基本路线：“领导和团结全国各族人民，以经济建设为中心，坚持四项基本原则，坚持改革开放，自力更生，艰苦创业，为把我国建设成为富强民主文明和谐的社会主义现代化国家而奋斗。”党的基本路线是党和国家的生命线，是实现科学发展的政治保证。以经济建设为中心是兴国之要，是我们党、我们国家兴旺发达和长治久安的根本要求；四项基本原则是立国之本，是我们党、我们国家生存发展的政治基石；改革开放是强国之路，是我们党、我们国家发展进步的活力源泉，我们要坚持把以经济建设为中心同四项基本原则、改革开放这两个基本点统一于发展中国特色社会主义的伟大实践，任何时候都决不能动摇。

坚持党的基本路线不动摇，关键是坚持以经济建设为中心不动摇。在现阶段，我国社会的主要矛盾已经不是阶级矛盾，而是人民日益增长的物质文化需要同落后的社会生产之间的矛盾，这个主要矛盾贯穿我国社会主义初级阶段的整个过程和社会生活的各个方面。这就决定了中国共产党在领导中国特色社会主义事业中，必须坚持以经济建设为中心，其他各项工作都服从和服务于这个中心。要抓紧时机，加快发展，实施科教兴国战略、人才强国战略和可持续发展战略，充分发挥科学技术作为第一生产力的作用，依靠科技进步，提高劳动者素质，促进国民经济又好又快发展。

坚持社会主义道路、坚持人民民主专政、坚持中国共产党的领导、坚持马克思列宁主义毛泽东思想这四项基本原则，是我们的立国之本，是我国人民在长期革命、建设和改革中作出的历史性选择，是全党和全国各族人民团结的共同政治基础，是改革开放和现代化建设健康发展的根本保证。在社会主义现代化建设的整个过程中,必须坚持四项基本原则,反对资产阶级自由化。实践证明,只有坚持四项基本原则,才能巩固和发展安定团结的政治局面,保证我们的事业始终沿着社会主义方向顺利前进。

坚持改革开放,是我们的强国之路。我们实行的改革是全面的改革,是在坚持社会主义基本制度的前提下,自觉调整生产关系和上层建筑的各个方面和环节,以适应社会主义初级阶段生产力发展水平和实现现代化的要求。要从根本上改变束缚我国生产力发展的经济体制,坚持和完善社会主义市场经济体制;与此相适应,要进行政治体制改革和其他领域的改革。要坚持对外开放的基本国策,吸收和借鉴人类社会创造的一切文明成果。改革开放应当大胆探索,勇于开拓,提高改革决策的科学性,增强改革措施的协调性,在实践中开创新路。

总之,党的基本路线关系到我们事业的全局和根本,关系到党和国家的前途和命运,是制定其他一切具体工作路线、方针、政策的基本依据。正如胡锦涛同志指出的,毫不动摇地坚持党的基本路线,是我们事业能够经受风险考验、顺利达到目标的最可靠的保证。

(三)党在社会主义初级阶段的基本纲领

党在社会主义初级阶段的基本纲领,主要包括发展中国特色社会主义的经济、政治、文化、社会、生态文明五个方面的内容。

发展社会主义市场经济。毫不动摇地巩固和发展公有制经济,毫不动摇地鼓励、支持、引导非公有制经济发展。发挥市场在资源配置中的基础性作用,建立完善的宏观调控体系。统筹城乡发展、区域发展、经济社会发展、人与自然和谐发展、国内发展和对外开放,调整经济结构,转变经济发展方式。促进工业化、信息化、城镇化、农业现代化同步发展,建设社会主义新农村,走中国特色新型工业化道路,建设创新型国家。

发展社会主义民主政治。坚持党的领导、人民当家作主、依法治国有机统一,走中国特色社会主义政治发展道路,扩大社会主义民主,健全社会主义法制,建设社会主义法治国家,巩固人民民主专政,建设社会主义政治文明。坚持和完善人民代表大会制度、中国共产党领导的多党合作和政治协商制度、民族区域自治制度以及基层群众自治制度。发展更加广泛、更加充分、更加健全的人民民主,切实保障人民管理国家事务和社会事务、管理经济和文化事业的权利。尊重和保障人权。广开言路,建立健全民主选举、民主决策,民主管理、民主监督的制度和程序。完善中国特色社会主义法律体系,加强法律实施工作,实现国家各项工作法治化。

发展社会主义先进文化。建设社会主义精神文明,实行依法治国和以德治国相结合,提高全民族的思想道德素质和科学文化素质,为改革开放和社会主义现代化建设提供强大的思想保证、精神动力和智力支持,建设社会主义文化强国。加强社会主义核心价值体系建设,坚持马克思主义指导思想,树立中国特色社会主义共同理想,弘扬以爱国主义为核心的民族精神和以改革创新为核心的时代精神,倡导社会主义荣辱观,增强民族自尊、自信和自强精神,抵御资本主义和封建主义腐朽思想的侵蚀,扫除各种社会丑恶现象,努力使我国人民成为有理想、有道德、有文化、有纪律的人民。对党员还要进行共产主义远大理想教育。大力发展教育、科学、文化事业,弘扬民族优秀传统文化,繁荣和发展社会主义文化。

构建社会主义和谐社会。按照民主法治、公平正义、诚信友爱、充满活力、安定有序、人与自然和谐相处的总要求和共同建设、共同享有的原则,以保障和改善民生为重点,解决好人民最关心、最直接、最现实的利益问题,使发展成果更多更公平惠及全体人民,努力形成全体人民各尽其能、各得其所而又和谐相处的局面。加强和创新社会管理。严格区分与正确处理敌我矛盾和人民内部矛盾这两类不同性质的矛盾。加强社会治安综合治理,依法坚决打击各种危害国家安全和利益、危害社会稳定和经济发展的犯罪活动和犯罪分子,保持社会长期稳定。

建设社会主义生态文明。树立尊重自然、顺应自然、保护自然的生态文明理念,坚持节约资源和保护环境的基本国策,坚持节约优先、保护优先、自然恢复为主的方针,坚持生产发展、生活富裕、生态良好的文明发展道路。着力建设资源节约型、环境友好型社会,形成节约资源和保护环境的空间格局、产业结构、生产方式、生活方式,为人民创造良好生产生活环境,实现中华民族永续发展。

党在社会主义初级阶段的基本纲领,是党的基本路线在经济、政治、文化、社会和生态文明等方面的展开。这个基本纲领,既体现了社会主义的普遍本质,又具有鲜明的中国特色;既坚持了我国已进入社会主义社会,必须坚持而不能离开社会主义的原则,又符合我国还处于并将长期处于社会主义初级阶段、生产力还很不发达的实际状况,充分反映了社会主义初级阶段的发展要求,进一步回答了什么是社会主义初级阶段中国特色社会主义的经济、政治、文化、社会、生态文明,怎样建设这样的经济、政治、文化、社会、生态文明的问题,是一个继往开来、推进中国特色社会主义全面发展的纲领。

全面执行党在社会主义初级阶段的基本纲领,对于坚持党的基本路线一百年不动摇,把中国特色社会主义的伟大事业全面向前推进,具有十分重要的意义。

(四)党在社会主义初级阶段的基本经验

改革开放以来,我们取得一切成绩和进步的根本原因,归结起来就是开辟了中国特色社会主义道路,形成了中国特色社会主义理论体系,确立了中国特色社会主义制度。全党同志要倍加珍惜、长期坚持和不断发展党历经艰辛开创的这条道路、这个理论体系、这个制度,高举中国特色社会主义伟大旗帜,为实现推进现代化建设、完成祖国统一、维护世界和平与促进共同发展这三大历史任务而奋斗。

在我们这样一个十几亿人口的发展中大国摆脱贫困、加快实现现代化、巩固和发展社会主义的宝贵经验:把坚持马克思主义基本原理同推进马克思主义中国化结合起来,把坚持四项基本原则同坚持改革开放结合起来,把尊重人民首创精神同加强和改善党的领导结合起来,把坚持社会主义基本制度同发展市场经济结合起来,把推动经济基础变革同推动上层建筑改革结合起来,把发展社会生产力同提高全民族文明素质结合起来,把提高效率同促进社会公平结合起来,把坚持独立自主同参与经济全球化结合起来,把促进改革发展同保持社会稳定结合起来,把推进中国特色社会主义伟大事业同推进党的建设新的伟大工程结合起来。这些经验是我们党和人民经过长期实践和艰辛探索得来的,是我们党极为宝贵的精神财富,我们必须牢牢记取、坚持运用,并在新的实践中继续加以丰富和发展,毫不动摇地坚持改革方向,提高改革决策的科学性,增强改革措施的协调性,继续把改革开放伟大事业向前推进。

二、党在现阶段的奋斗目标是全面建成小康社会

党在现阶段的奋斗目标是全面建成小康社会，加快推进社会主义现代化，把我国建设成为富强民主文明和谐的社会主义现代化国家。

全面建设小康社会是党的十六大提出的全党要努力实现的战略目标。党的十八大着眼于世情、国情、党情、民情发生的重大变化，从新的历史起点出发，在十六大、十七大确定的发展目标的基础上，对全面建设小康社会提出了新的更高的要求，为我们党带领全国人民完成新时期的历史任务指明了前进的方向和实现的路径。

(一)全面建成小康社会是实现现代化必经的承上启下的发展阶段

小康是一个充满传统文化色彩的概念。一般认为，在儒家思想里，小康是比大同理想社会低一级的社会形态。大同社会和小康社会分别是儒家思想中的最高目标和现实目标。中国共产党赋予小康以全新的内涵，把中国人民对未来社会的追求，逐渐由一种美好的设想转变为一种发展战略。全面建设小康社会，就是这样一种把世世代代中国人梦寐以求的理想变为现实的发展战略。

全面建成小康社会，使经济更加发展，民主更加健全，科教更加进步，文化更加繁荣，社会更加和谐，人民生活更加殷实，是中国特色社会主义经济、政治、文化、社会、生态文明全面发展的目标，是与加快推进现代化相统一的目标，符合我国国情和现代化建设的实际，符合人民的愿望。

根据邓小平同志提出的战略设想，我们党逐步形成了我国现代化建设分“三步走”的战略部署：第一步，实现国民生产总值比 1980 年翻一番，解决人民的温饱问题。第二步，到 20 世纪末，使国民生产总值再增长一倍，人民生活达到小康水平。第三步，到 21 世纪中叶，人均国民生产总值达到中等发达国家水平，人民生活比较富裕，基本实现现代化。我国现代化建设第一步、第二步战略目标，已分别于 1987 年和 2000 年实现。这是社会主义制度的伟大胜利，是中华民族发展史上一个新的里程碑。

在实现第二步战略目标的基础上，党的十六大把新世纪前 20 年的奋斗目标合起来，划出一个“全面建设小康社会”的新阶段，这是实现现代化建设第三步战略目标必经的承上启下的发展阶段。所谓“承上”，指全面建成小康社会这个奋斗目标是承接现代化建设第一、第二步战略步骤，在这个基础上起步的；所谓“启下”，是说经过全面建设小康社会这个阶段 20 年的奋斗，再继续奋斗几十年，到本世纪中叶基本实现现代化，把我国建设成为富强民主文明和谐的社会主义现代化国家。

(二)全面建成小康社会的奋斗目标

全面建成小康社会的奋斗目标，是一个集宏观与微观，城市和农村，经济、政治、文化、社会与生态环境以及人的全面发展在内的综合性、系统性目标。党的十六大从经济、政治、文化、社会等四个方面对此进行了具体规划。在此基础上，党的十七大根据十六大以

来国内外形势的新变化，顺应各族人民过上更加美好生活的新期待，对我国发展提出了新的更高要求，从五个方面谋划了全面建设小康社会的奋斗目标。经过十六大以来十年的全面建设小康社会的实践，我国经济总量从世界第六位跃升到第二位，社会生产力、经济实力、科技实力迈上一个大台阶，人民生活水平、居民收入水平、社会保障水平迈上一个大台阶，综合国力、国际竞争力、国际影响力迈上一个大台阶，国家面貌发生新的历史性变化，为全面建成小康社会打下了坚实基础。党的十八大报告指出，根据我国经济社会发展实际，要在十六大、十七大确立的全面建设小康社会目标的基础上努力实现新的要求。主要目标：经济持续健康发展，转变经济发展方式取得重大进展，实现国内生产总值和城乡居民人均收入比 2010 年翻一番；人民民主不断扩大，文化软实力显著增强，人民生活水平全面提高，资源节约型、环境友好型社会建设取得重大进展。这些新要求既与党的十六大、十七大确定的到 2020 年奋斗目标相衔接，保持了目标的连续性，又根据新的情况和条件充实了奋斗目标，增强了目标的针对性。

可以预见的是，到 2020 年全面建成小康社会之时，我们这个历史悠久的文明古国和发展中社会主义大国，将成为工业化基本实现、综合国力显著增强、国内市场总体规模位居世界前列的国家，成为人民富裕程度普遍提高、生活质量明显改善、生态环境良好的国家，成为人民享有更加充分民主权利、具有更高文明素质和精神追求的国家，成为各方面制度更加完善、社会更加充满活力而又安定团结的国家，成为对外更加开放、更加具有亲和力、为人类文明作出更大贡献的国家。

中国共产党是最高理想和现阶段奋斗目标的统一论者。广大党员既要做最大的理想主义者，又要做最大的现实主义者。共产主义是我们共产党人的精神支柱和毕生的政治追求，是共产党人的远大理想和坚定信念。然而，在实现共产主义的漫长过程中，必然呈现出和这一过程的不同时期相适应的阶段性。如中国共产党过去所领导的新民主主义革命阶段以及今天所处的社会主义初级阶段，都是这种阶段性的具体体现，都是奔向共产主义的必经阶段。我们党过去所领导的新民主主义革命，以及今天所进行的建设中国特色社会主义伟大事业，都是整个共产主义事业的重要组成部分。在新的历史条件下，广大党员既要树立远大的共产主义理想，又要为实现党在现阶段的基本路线和基本纲领而奋斗。申请入党的高校学生也必须坚持党的最高理想与现阶段奋斗目标的统一，自觉为建设中国特色社会主义作出贡献，为实现共产主义奋斗终生。

三、党的最高理想和最终奋斗目标是实现共产主义

党的最高理想和最终目标是实现共产主义；党在现阶段的任务是建设中国特色社会主义，把我国建设成为富强民主文明和谐的社会主义现代化国家；党在本世纪头 20 年的奋斗目标是全面建成小康社会，加快推进社会主义现代化。实现共产主义远大目标，必须切实做好现阶段的工作，努力实现党在社会主义初级阶段的基本路线和基本纲领。我们党之所以称为共产党，就是因为我们党要为实现共产主义而奋斗。共产党从诞生之日起，就是以实现共产主义为最终目标的。无论过去、现在和未来，共产主义理想都是共产党人的力量源泉、精神支柱和立身之本。

(一)共产主义是共产党人追求的最高理想

共产主义不仅是一种理想的社会制度,而且是一种科学的理论体系、思想道德体系,同时还是一种现实的运动,即共产主义运动。马克思、恩格斯认为,共产主义社会形态,按其成熟程度,可以分为低级阶段和高级阶段,通常分别称之为社会主义社会和共产主义社会。关于共产主义社会,马克思在《哥达纲领批判》中作出了这样的概述:“在共产主义社会高级阶段,在迫使个人奴隶般地服从分工的情形已经消失,从而脑力劳动和体力劳动的对立也随之消失之后;在劳动已经不仅仅是谋生的手段,而且本身成了生活的第一需要之后;在随着个人的全面发展,他们的生产力也增长起来,而集体财富的一切源泉都充分涌流之后——只有在那个时候,才能完全超出资产阶级权利的狭隘眼界,社会才能在自己的旗帜上写上:各尽所能,按需分配!”马克思和恩格斯在其他著作中也曾对共产主义社会进行过论述。

共产主义社会是人类历史上最美好、最进步、最合理的社会制度。中国共产党把实现这样的社会制度,作为自己的最高理想和最终目标,不仅代表了我国最广大人民的最高利益,而且表明了共产党人所从事的事业,是人类历史上最伟大、最壮丽的事业。

(二)共产主义是人类社会发展的必然趋势

我们党把实现共产主义作为最高理想和最终目标,不仅仅因为它是人类历史上最美好的理想社会,更重要的还在于它反映了社会发展的客观规律和必然趋势。

首先,共产主义社会以人类社会发展规律的科学认识为基础。马克思主义认为,人类社会的发展,是生产力和生产关系矛盾运动的结果。生产关系一定要适应生产力的发展状况,是一切社会发展的普遍规律。由于生产力和生产关系、经济基础和上层建筑的矛盾运动,社会形态不可避免地发生变革。人类社会将不断地由低级向高级发展。资本主义社会是人类历史上最后一个建立在私有制基础上的社会,它必然要经历一个产生、发展到灭亡的过程。这是因为资本主义社会存在其不可克服的基本矛盾,即生产的社会化和生产资料私人占有的矛盾,这一矛盾决定了资本主义必然为社会主义所取代。社会主义代替资本主义是不以人的意志为转移的客观规律。

其次,共产主义社会的实现有其物质基础。马克思主义不仅科学地回答了社会主义代替资本主义的历史必然性,而且还指出了无产阶级是埋葬旧制度、建立新制度的社会力量。这是因为,无产阶级是大工业的产物,大工业生产的特点决定了无产阶级最富有组织性、纪律性和团结精神,是先进生产力的代表。无产阶级经济地位极其低下,处于资本主义社会的最底层,不占有任何生产资料,被迫出卖自己的劳动,因此他们反对私有制和一切形式的剥削。生产和斗争实践使无产阶级最富有革命的坚定性和彻底性,能够成为一切被剥削阶级利益的代表。这些特点决定了无产阶级成为资本主义的掘墓人;在新的历史条件下,世界无产阶级出现了一些新情况,但并没有从根本上改变他们的社会地位,也没有淹没他们的优点与特点,他们仍然是资本主义的掘墓人。

最后,共产主义社会的实现有其现实途径,马克思主义在总结阶级斗争的历史经验,特别是总结国际工人运动斗争经验的基础上指出,无产阶级革命和无产阶级专政是实现共产主义的必由之路。实现共产主义的历史必然性,不仅有科学的理论依据,而且也为无产阶级革命斗争的历史进程所证明。当前,虽然世界范围的社会主义事业遭受严重挫折,但这丝毫没有改变人类社会发展的客观规律。社会主义制度仍然在十几亿人口的东方大国巍然屹立,并且以前所未有的速度向前发展,这本身就是社会主义的一个伟大胜利,给世界广大的无产阶级和劳动人民以巨大的鼓舞。不管在今后的历史进程中,国际共产主义运动还会遇到什么错综复杂的情况,共产主义社会在全世界最终实现的趋势是不可阻挡的。现实告诉我们,无产阶级夺取政权后,坚持无产阶级专政和社会主义道路,不断进行社会主义建设,是实现共产主义的现实途径。随着共产主义因素的生长和生产力的发展,实现共产主义的物质条件和精神条件将逐步具备,共产主义最终必然实现。

(三)实现共产主义是一个非常漫长的历史过程

共产主义是人类最美好的理想社会,也是人类社会由低级向高级发展的必然趋势。但实现这个目标,需要人们一代又一代长期不懈的努力,需要社会主义社会中的共产主义因素不断成长发展,这是一个由量的积累到质的飞跃的漫长的历史过程。

第一,共产主义必须经历若干个发展阶段才能实现。马克思主义经典作家把从资本主义到共产主义划分为三个阶段:一是从资本主义到共产主义的过渡时期,二是共产主义的低级阶段即社会主义社会,三是共产主义的高级阶段即共产主义社会。其中最关键的是社会主义社会这一阶段。关于这一认识,从《共产党宣言》发表以来160多年间,全世界的共产党人都还在继续探索。在中国,共产党对于什么是社会主义,如何在中国建设、巩固和发展社会主义,在认识上经历了一个漫长、曲折的过程。1956年,我国就基本确立了社会主义制度,但直到十一届三中全会,我们党对建设社会主义才在认识上有了一个飞跃。党的十二大以来,我们党形成和发展了中国特色社会主义的科学理论体系,我国现在正处于并将长期处于社会主义初级阶段。随着经济发展和社会全面进步,将来条件具备时,我国社会主义建设会进入更高的发展阶段,从而逐步向共产主义社会过渡。

第二,共产主义社会将是物质财富极大丰富、人民精神境界极大提高、每个人自由而全面发展的社会。生产力是最活跃、最革命的因素,是社会发展的最终决定力量。但生产力的发展是一个由低级到高级、由传统到现代、由落后到先进的循序渐进的过程。人们的精神境界、思想觉悟的提高也不是自发实现的,特别是要把数千年来生活在阶级社会中受各种旧习惯、旧传统影响的人逐渐地改造过来,使他们成为有理想、有道德、有文化、有纪律的共产主义新人,显然要经过无数曲折的过程和极其艰难的工作才能实现。正如马克思所分析的:“无论哪一种社会形态,在它所能容纳的全部生产力发挥出来以前,是决不会灭亡的;而新的更高的生产关系,在它存在的物质条件在旧社会的胞胎里成熟以前,是决不会出现的。”因此,共产主义是要经过长期不懈的艰苦奋斗才能实现的。

第三,共产主义是全人类的共同事业。社会主义革命可以在一个国家或几个国家首先取得胜利并建立社会主义制度。但是,共产主义则不能在一个国家单独取得胜利并建立共产主义制度。这是因为,共产主义社会是国家完全消亡的社会。当今世界,资本主义制度还有发展余地,国际上的阶级斗争影响着社会主义国家,使得国内阶级斗争不能最后消灭,外部帝国主义国家武装干涉和颠覆的危险依然存在。这种情况下,阶级和阶级斗争依然存在，无产阶级专政的历史任务还没有完成，国家还不能消亡，当然也就不能进入共产主义社会。实现共产主义是全人类的共同事业，需要全人类的共同努力。

第四，社会主义建设事业需要在探索中前进的特点，决定了由社会主义向共产主义过渡的曲折性和长期性。社会主义作为一种新型的社会制度，没有现成的经验可以汲取。社会主义各国的具体国情又有很大不同，没有固定的模式可以套用，完全需要各国共产党在建设社会主义的实践中去寻找适合本国国情的、带有自己特色的道路，社会主义只能在探索中前进，社会主义发展过程中出现一些曲折和反复是在所难免的。因此，我们必须充分认识实现共产主义的曲折性、复杂性和长期性，树立远大的共产主义理想和坚定的共产主义信念，为共产主义奋斗终生。

延伸阅读

唱响科学发展的时代主旋律（节选）

——关于坚持和丰富中国特色社会主义理论体系的思考

任理轩

发展是当代中国的主题，是贯穿中国特色社会主义理论体系的一条主线。进入新世纪，我国进入全面建设小康社会、加快推进社会主义现代化的新的发展阶段。以胡锦涛同志为总书记的党中央审时度势，适应新的发展形势和发展要求，提出了科学发展观这一重大战略思想，深刻回答了实现什么样的发展、怎样发展这个基本问题。科学发展观，第一要义是发展，核心是以人为本，基本要求是全面协调可持续，根本方法是统筹兼顾。科学发展观围绕发展目的、发展布局、发展要求、发展方法、发展动力等重大问题，提出了一系列新思想、新观点、新论断，是指引当代中国经济社会又好又快发展的科学理论。

这一科学理论强调发展为了人民、发展依靠人民、发展成果由人民共享，进一步深化了对发展目的的认识。马克思主义认为，人是社会历史的创造者，社会历史发展的根本目的是实现人的全面发展，我们党始终强调，全心全意为人民服务是党的根本宗旨，党的理论、纲领、路线、方针、政策和各项工作，必须坚持以人民的根本利益为出发点和归宿，充分发挥人民群众的积极性、主动性、创造性。在这个基础上，科学发展观进一步提出了以人为本的理念。以人为本，就是始终把人民的根本利益作为党和国家一切工作的出发点和落脚点，尊重人民主体地位，发挥人民主体作用，把改革发展取得的成果体现在不断提高人民的生活水平上，体现在不断提高人民的综合素质上，体现在充分保障人民享有各项权益上。以人为本体现了马克思主义历史唯物论的基本原理，是党的根本宗旨和群众路线在新的时代条件下的集中体现和创新发展，进一步深化了对经济社会发展目的的认识。

这一科学理论强调全面推进中国特色社会主义经济建设、政治建设、文化建设、社会建设和生态文明建设以及党的建设，进一步深化了对发展布局的认识。党的十二届六中全会提出了我国社会主义现代化建设的总体布局。党的十五大、十六大进一步明确了我国社会主义经济建设、政治建设、文化建设“三位一体”的发展布局。在这个基础上，科学发展观进一步提出了经济建设、政治建设、文化建设、社会建设“四位一体”的发展布局，以及这四大建设和生态文明建设、党的建设全面推进的战略思想。强调牢牢抓住经济建设这个中心，加快转变经济发展方式，努力实现经济社会又好又快发展；坚持党的领导、人民当家作主和依法治国的有机统一，建设社会主义法治国家；建设社会主义核心价值体系，推动社会主义文化大发展大繁荣，建设社会主义文化强国；构建社会主义和谐社会，加强和创新社会管理，把改善民生作为社会建设的重点，探索总结生态文明建设的思路，把生态文明建设作为推动经济社会又好又快发展的重要举措，以人为本、执政为民，加强党的执政能力建设和先进性建设，提高党的建设科学化水平；等等。这一系列重要论述，进一步丰富和发展了我们党关于中国特色社会主义事业总体布局的战略思想。

这一科学理论强调实现全面协调可持续发展，进一步深化了对发展要求的认识。发展必须具有全面性、协调性、可持续性，这是我们党根据马克思主义基本原理探索社会主义现代化建设规律，在实践中逐步形成并不断深化的规律性认识。科学发展观将三者有机统一起来，作为推动科学发展的基本要求，并根据我国经济社会发展的阶段性特征，明确了贯彻落实这一基本要求的具体思路和举措。全面，是指发展要有整体性，不仅经济要发展，各个方面都要发展。协调，是指发展要有均衡性，各个方面、各个环节的发展要相互适应、相互促进；可持续，是指发展要有连续性，不仅当前要发展，而且要保证长远发展。坚持全面协调可持续，强调经济社会发展各个方面相联系、相协调，强调人与人、人与社会、人与自然相联系、相协调，为我们深入把握发展要求指明了方向。

这一科学理论强调统筹协调好现代化建设中的一系列重大关系，进一步深化了对发展方法的认识。统筹兼顾是我们党在长期社会主义建设实践中形成的重要经验，是我们处理各方面矛盾和问题必须坚持的重大战略方针，也是我们党一贯坚持的科学有效的工作方法。科学发展观将统筹兼顾上升到发展的根本方法、根本原则的高度，进一步丰富了统筹兼顾的内涵和要求。党的十六届三中全会着眼于进一步完善社会主义市场经济，提出了统筹城乡发展、统筹区域发展、统筹经济社会发展、统筹人与自然和谐发展、统筹国内发展和对外开放的“五个统筹”思想。党的十七大把统筹兼顾作为科学发展观的根本方法，并在“五个统筹”的基础上进一步提出统筹中央和地方关系，统筹个人利益和集体利益、局部利益和整体利益、当前利益和长远利益，统筹国内国际两个大局，等等。这集中体现了我们党对发展方法认识的深化。

这一科学理论强调深化改革开放是推动经济社会又好又快发展的强大动力，进一步深化了对发展动力的认识。我们党指出，坚持改革开放是决定中国命运的一招，是解决中国问题的希望；必须坚持社会主义市场经济的改革方向，坚定不移地推进各方面改革，积极参与国际经济技术合作和竞争，不断提高对外开放水平。在这个基础上，科学发展观进一步强调，把改革创新精神贯彻到治国理政的各个环节，毫不动摇地坚持改革方向，提高改革决策的科学性，增强改革措施的协调性，完善社会主义市场经济体制，推进各方面体制改革创新，加快重要领域和关键环节改革步伐，全面提高开放水平，着力构建充满活力、富有效率、更加开放、有利于科学发展的体制机制，为发展中国特色社会主义提供强大动力和体制保障。这一系列重要论述，进一步深化了我们对改革开放的认识，进一步深化了我们对发展动力的认识。

（资料来源：任理轩：《唱响科学发展的时代主旋律》，《人民日报》2012 年 5 月 30 日第 7 版。）

毛泽东为何化名李得胜

1947年的3月，蒋介石下令胡宗南调集20万军队对延安发动进攻，企图达到消灭中共中央和西北红军的目的。考虑到敌我双方的力量对比悬殊，中央决定不计较一城一地的得失，主动放弃延安，采取诱敌深入的方针。毛泽东当时对大家说：暂时放弃延安，意味着将来解放延安、南京、北京、上海，进而解放全中国，离开延安有延安，守延安失延安。那时候，毛泽东化名李得胜指挥作战，李得胜是离得胜的谐音。后来，这个预言实现了，中共中央撤离延安后，转战陕北，在运动中寻机歼灭了大量的国民党军队，胡宗南损兵折将，最后不得不撤出了延安。

（资料来源：《李敏访谈录："我是你的亲生父亲"》，http://www.china.com.cn/aboutchina/zhuanti/zgzyldz/2007-09/25/content_8948766.htm，访问日期：2014年5月21日。）

"大同"与"小康"(节选)

"大同"、"小康"是中国古代典型的理想社会模式。由于它见于儒家经典《礼记》的《礼运》篇并假孔子之口说出，故一般认为它是儒家思想。然而，若从价值取向看，"大同"更接近于道家思想。"大同"与"小康"这种二重理想的并置，透露出几许我们先民的精神志趣与生活态度。《礼记·礼运》云：

大道之行也，天下为公，选贤与能，讲信修睦。故人不独亲其亲，不独子其子，使老有所终，壮有所用，幼有所长，矜、寡、孤、独、废、疾者皆有所养，男有分，女有归。货恶其弃于地也，不必藏于己；力恶其不出于身也，不必为己。是故谋闭而不兴，盗窃乱贼而不作，故外户而不闭。是谓大同。

今大道既隐，天下为家，各亲其亲，各子其子，货力为己，大人世及以为礼，城郭沟池以为固，礼义以为纪。以正君臣，以笃父子，以睦兄弟，以和夫妇，以设制度，以立田里，以贤勇知，以功为己。故谋用是作，而兵由此起。禹、汤、文、武、成王、周公，由此其选也。此六君子者，未有不谨于礼者也。以著其义，以考其信，著有过，刑仁讲让，示民有常。如有不由此者，在执者去，众以为殃。是谓小康。

（资料来源：《"大同"与"小康"》，http://www.gmw.cn/01gmrb/2004-03/02/content_3037.htm，访问日期：2014年5月21日。）

世界上第一个社会主义国家

俄国工农群众经过1905年第一次俄国革命和1917年2月推翻罗曼诺夫王朝的资产阶级民主革命(即二月革命)，于1917年11月7日(俄历10月25日)取得了十月社会主义革命的伟大胜利，建立了世界上第一个社会主义国家——俄罗斯苏维埃联邦社会主义共和国。共和国成立不久，经过三年艰苦的国内战争，粉碎了14个帝国主义国家的武装干涉和地主资本家的武装叛乱，保卫了苏维埃政权。1922年12月30日，苏维埃社会主义共和国联盟正式成立，俄罗斯联邦同乌克兰、白俄罗斯和外高加索联邦(包括阿塞拜疆、亚美尼亚和格鲁吉亚)一起加入。1991年12月25日19时38分，在克里姆林宫上空飘扬了 70 多年的苏联国旗缓缓落下，宣告了世界上第一个社会主义国家的终结。

思考练习

1. 党章指出，科学发展观，是同马克思列宁主义、毛泽东思想、邓小平理论和“三个代表”重要思想既一脉相承又与时俱进的科学理论。你是如何理解这句话的？

2. 请结合本章所学内容，谈谈高校学生，应该如何在现实学习、生活中提高自己的思想政治水平？

3. 全面建成小康社会的主要目标是什么？如何理解全面小康社会与和谐社会的关系。

第四章　中国共产党的性质和宗旨

本章导读

通过本章的学习，进一步从理论上把握并正确理解党的性质和宗旨的基本内涵，明确中国共产党的工人阶级先锋队、中国人民和中华民族的先锋队性质，明确中国共产党的全心全意为人民服务的宗旨，在实践中保持和发扬党的先进性，从思想上树立加入中国共产党的光荣感和责任感。

第一节　中国共产党的性质

《中国共产党章程》开宗明义，表述了中国共产党的性质，即“中国共产党是中国工人阶级的先锋队，同时是中国人民和中华民族的先锋队，是中国特色社会主义事业的领导核心，代表中国先进生产力的发展要求，代表中国先进文化的前进方向，代表中国最广大人民的根本利益”。

一、中国共产党的先锋队性质

(一)从党的阶级基础来看

1. 历史上，中国共产党是中国工人阶级发展到一定的阶段，是马克思主义与中国工人运动相结合的产物

中国工人阶级诞生于19世纪四五十年代，最早出现在外国资本家开办的企业里。19世纪60年代，清政府创办了一些军工企业，在那里又产生了一批产业工人。到19世纪90年代末，中国工人队伍将近10万。在第一次世界大战期间有较大的发展，人数达到200万左右。

中国工人阶级除了世界无产阶级的一般优点外，由于产生的历史条件和所处的社会环境，还具有特殊的优点：受压迫最深，因此革命最坚决最彻底；比较集中，富有组织性与纪律性，便于组织；与农民有着天然的联系，便于与农民结成亲密的联盟。所以，当中国的工人阶级一登上政治舞台，就成为中国社会最有觉悟的阶级。在早期的革命斗争中，中国

工人阶级认识到,要得到整个阶级的解放,必须用先进的思想作指导,组织自己的政党。"十月革命一声炮响,给我们送来了马克思主义",马克思主义与中国工人运动相结合,产生了中国无产阶级的政党——中国共产党。

2. 现实中,中国工人阶级状况的变化,并没有改变中国共产党的阶级基础

在当代,无论是在资本主义国家,还是在社会主义国家,阶级关系和工人阶级内部结构都发生了一些新的变化。例如在我国,剥削阶级作为阶级已经被消灭,无产阶级成为国家的领导阶级,这是根本性的变化。此外,随着经济体制的转变,特别是国有企业改革的深化,我国工人阶级队伍状况发生了明显的变化。主要表现:队伍迅速壮大,目前全国在职职工总数已达 4 亿,并且每年还以接近 1000 万的数量在增长;内部结构发生重大变化,知识分子数量增加,科技文化素质提高,职工所依存的经济组织的所有制形式日益多样化,年龄结构也发生了变化,岗位流动加快,收入差距有所拉大。

但这些变化,并没有改变中国工人阶级作为中国社会先进的阶级的先进性,并没有改变中国工人阶级作为领导阶级和主人翁的地位,并没有改变中国工人阶级作为中国特色社会主义事业主力军的作用。这些变化并没有动摇中国工人阶级作为中国共产党的阶级基础,换句话说,中国共产党的阶级基础依然是中国的工人阶级,中国共产党的阶级属性依然是中国工人阶级的。

(二)从党的群众基础来看

无产阶级政党的先进性来源于最广泛的群众性要求。无产阶级政党的先进性只有同广泛的群众性相结合,才能具有强大的不可战胜的力量。中国共产党自成立以来,就一直注意阶级基础和群众基础的结合问题,每一历史时期都根据不同的任务及所要解决的主要矛盾,不失时机地把阶级要求同最广大的人民群众的根本要求结合起来。

中国共产党人既有来自于工人阶级和其他劳动阶级中的先进分子,又有来自于其他社会阶层的先进分子。我们党要成为中国人民和中华民族的先锋队,就必须顺应时代的变化,把社会各阶层的优秀分子集聚到党内来,从而不断增强党在全社会的影响力和凝聚力。只有这样,才能不断扩大党的群众基础和巩固党的执政地位。

中国共产党是中国工人阶级的先锋队,同时是中国人民和中华民族的先锋队,两者在本质上是一致的,是统一的整体。始终成为工人阶级的先锋队,是成为中国人民和中华民族的先锋队的必要前提;自觉成为中国人民和中华民族的先锋队,是党真正成为工人阶级先锋队的必然要求。

(三)从党的先进性来看

1. 中国共产党是由先进分子所组成的

首先,中国共产党是由工人阶级中的先进分子所组成的。马克思、恩格斯在《共产党宣言》中明确指出,共产党人是工人阶级中最坚决的、始终推动前进的部分。中国共产党的阶级基础是工人阶级,但工人阶级并不就是党。中国共产党不是一般的工人群众组织,而是中国工人阶级的先锋队。只有工人阶级中具有共产主义觉悟、对工人阶级的解放事业表现出无限忠诚的先进分子,并且通过一定的程序,才能成为党的成员。非工人出身的

先进分子，只有经过努力，实现了世界观的转变，具备党员条件，才能被吸收入党。

其次，中国共产党凝聚和汇集了中国人民和中华民族中具有无产阶级思想和共产主义理想的最先进、最优秀的分子。

2. 中国共产党是由先进的理论武装起来的

党章规定，中国共产党以马克思列宁主义、毛泽东思想、邓小平理论、"三个代表"重要思想和科学发展观作为自己的行动指南。

马克思主义是完备而严谨的工人阶级的科学理论体系，是无产阶级解放运动发展过程及其规律的科学总结，是无产阶级的世界观和方法论。它深刻地论证了资本主义必然灭亡、共产主义必然胜利的历史趋势，指出了无产阶级是资本主义制度的掘墓人和共产主义社会的创造者。列宁主义继承了马克思主义的革命性和科学性，是无产阶级争取自身解放的思想武器，是全人类民族解放运动的旗帜。

党从一开始，就坚持了马克思列宁主义的建党原则，是按照马克思列宁主义的建党理论建立和发展起来的中国工人阶级先锋队，是用马克思列宁主义武装起来的党。

毛泽东思想是马克思主义在中国的运用和发展，是被实践证明了的关于中国革命和建设的理论原则和经验总结，是中国共产党集体智慧的结晶，是中国化了的马克思列宁主义，既体现了马克思列宁主义的基本原理，又包含了中华民族的优秀思想和中国共产党人的实践经验。中共七大确立了毛泽东思想为全党的指导思想，是全党有了在思想上、工作上取得一致的牢固的理论基础，反映了中国共产党人对马克思列宁主义认识的飞跃，标志着中国共产党在政治上更加成熟。

邓小平理论是马克思列宁主义的基本原理同当代中国实践和时代特征相结合的产物，是毛泽东思想在新的历史条件下的继承和发展，是马克思主义同中国实际相结合的第二次飞跃，是党和人民实践经验和集体智慧的结晶，是当代中国的马克思主义。"三个代表"重要思想是对马克思列宁主义、毛泽东思想、邓小平理论的继承和发展，反映了当代世界和中国的发展变化对党和国家工作的新要求，是加强和改进党的建设、推进我国社会主义自我完善和发展的强大理论武器，是中国共产党集体智慧的结晶。始终做到"三个代表"重要思想是我们党的立党之本、执政之基、力量之源。

衡量一种理论是否先进，关键在于这种理论能否指导党解决革命和建设的根本问题。历史已经证明，正是在这种理论的指导下，中国共产党领导全国各族人民实现了国家的独立和民族的解放；开创了建设中国特色社会主义的道路，取得了政治、经济、文化和社会建设的巨大成就。

3. 中国共产党是按照民主集中制原则建立起来的

任何政党的活动都是在一定的组织形式下进行的，因此任何政党都有自己的组织制度。无产阶级政党的组织原则和根本组织制度是民主集中制。马克思、恩格斯在建立共产主义者同盟和第一国际的时候，就把民主和集中相结合的原则作为基本准则，列宁在建设俄国布尔什维克党的过程中，第一次明确提出了民主集中制这一科学概念，中国共产党是按照民主集中制原则建立起来并进行活动的。

民主集中制是民主基础上的集中与集中指导下的民主相结合的制度。民主集中制的民主，就是党员和党组织的意愿、主张的充分表达和积极性创造性的充分发挥；民主集中制的集中,就是全党意志、智慧和行动的一致。我们要把8500多万散见于13亿多人群中并且分布在960万平方公里土地上的党员,团结凝聚起来并且通过他们贯彻党的路线方针政策,靠的就是这样一个好的组织原则。

二、中国共产党是中国特色社会主义事业的领导核心

中国共产党是中国特色社会主义事业的领导核心。这种地位的取得是由工人阶级先锋队的性质决定的,是在我国革命与建设的长期斗争中形成的。

1. 党的领导是人民的选择,历史的必然

中国共产党的领导地位是中国人民的选择,是中国革命历史发展的必然。1840年鸦片战争失败以后,中国人民为了挽救国家和民族的危亡,同帝国主义和封建主义进行了近百年的不屈不挠的斗争,但太平天国农民革命和义和团反帝爱国运动失败了,资产阶级改良主义的"康梁变法""百日维新"也夭折了,孙中山领导的辛亥革命也是不彻底的。历史表明,中国农民阶级是革命的阶级,但不是先进的阶级,不能担当领导的重任;中国资产阶级自身的软弱性和妥协性决定了它的不彻底性,没有能力将革命进行到底。历史的重任历史地落到了中国无产阶级及其政党的身上。历史已经证明,只有中国共产党才能救中国。

2. 党的领导是社会主义建设和改革取得胜利的保证

社会主义现代化事业和改革,是前无古人的崭新事业,没有现成的经验可以借鉴,没有别国的模式可照搬照套,全靠我们在建设和改革中大胆探索、不断总结。只有党的领导,才能把马克思列宁主义普遍原理与中国实际相结合,解决新问题;才能在不断探索的基础上,形成中国特色社会主义理论,制定出符合国情的现代化建设的路线方针政策。历史也已经证明,只有中国共产党才能发展中国。

三、中国共产党必须始终做到"三个代表"

"三个代表",即中国共产党始终代表中国先进生产力的发展要求,始终代表中国先进文化的前进方向,始终代表中国最广大人民的根本利益。"三个代表"作为党的性质的重要内容,表明了党"是中国工人阶级先锋队,同时是中国人民和中华民族先锋队","是中国特色社会主义事业领导心",不是空洞的大话、套话,而是有着十分具体的内容和要求的,即在经济上,建设高度的社会主义物质文明,就要代表中国先进生产力发展要求;在文化上,建设高度的社会主义精神文明,就要代表中国先进文化的前进方向;在政治上,建设高度的社会主义政治文明,就要代表最广大人民的根本利益。做到了这"三个代表",中国共产党就有了立党之本、执政之基、力量之源,做到了这"三个代表"中国共产党就能引领时代潮流,推进社会发展。

1. 中国共产党始终代表中国先进生产力的发展要求

中国共产党始终代表中国先进生产的发展要求,就是党的理论、路线、纲领、方针、政策和各项工作必须努力符合生产力发展的规律,体现不断推动社会生产力解放和发展的

要求，尤其要体现推动先进生产力发展的要求，通过发展生产力，不断提高人民群众的生活水平。

按照马克思主义的观点，生产力是最革命的因素，是社会发展的最终决定力量，也是社会经济、政治制度与意识形态变革的内在依据。生产力的发展要求是历史发展的方向。能否反映并代表生产力的发展要求，是衡量一个政党是否先进的根本标准。纵观历史，落后就要挨打，综合实力就是发言权，真理和正义也需要实力来捍卫。放眼当前，科学技术是第一生产力，是先进生产力的集中体现和主要标志，是提高竞争力的关键所在。在这样的历史背景下，执政的中国共产党必须代表中国先进生产力的发展要求，必须把发展作为党执政兴国的第一要务，必须以改革为动力，聚精会神搞建设，一心一意谋发展，形成优势，实现社会发生力的跨越式发展。只有如此，才能站在时代前列，不断促进先进生产力的发展成效，保持和发展党的先进性。

中国共产党代表先进生产力的发展要求是由中国共产党的性质决定的。中国共产党以工人阶级为基础，是中国工人阶级的先锋队组织。中国共产党之所以要以中国工人阶级为阶级基础，是因为中国工人阶级是中国社会所有阶级中最先进、最有前途的阶级，其原因在于中国工人阶级与先进的社会生产力相联系，其使命是发展社会生产力。因此，以工人阶级为基础的中国共产党，理所当然地要作为社会先进生产力的代表，这也是党的阶级基础先进性的体现。

中国共产党代表先进生产力的发展要求是由党的根本任务决定的。中国共产党的根本任务是解放和发展生产力，中国共产党的前途和命运与生产力发展要求和方向紧密联系在一起的，只有代表生产力的要求，中国共产党才能得到人民群众的拥护。改革开放以来，我国经济高速发展，经济问题已经跃居世界第二位，人均国民生产总值得到了很大提高，我国经济建设总体取得了举世瞩目的成就。但我国现在仍然处于并将长期处于社会主义初级阶段，目前我国社会的主要矛盾还是人民日益增长的物质文化需要同落后的社会生产之间的矛盾，解放和发展生产力仍然是党的根本任务，尤其是从当前来看，在我国的经济发展中，还有许多不完善的，与生产力发展要求不相逢依然问题，有些问题甚至已经制约了经济发展要求，这就决定了我们党还必须继续做中国先进生产力发展要求的代表，永远保持党的先进性。

2. 中国共产党始终代表中国先进文化的前进方向

中国共产党始终代表中国先进文化的前进方向，就是党的理论、路线、纲领、方针、政策和各项工作必须努力体现发展面向现代化、面向世界、面向未来的民族的科学的大众的社会主义文化的要求。促进全民族思想道德素质和科学文化素质的提高，为我国经济发展和社会进步提供精神动力和智力支持。

中国共产党代表先进文化的前进方向是马克思主义唯物史观的基本要求。按照马克思主义的观点，作为意识形态的文化，是经济和政治的集中反映，体现着精神文明的性质和要求，对经济基础具有巨大的反作用。坚持什么样的文化方向，建设什么样的文化体系，是一个政党在思想上的一面旗帜。先进文化在本质上是代表人类社会发展趋势的文化，既蕴涵着时代精神，也蕴涵着一个民族生存和发展的基本价值理念。先进文化一旦形成，就成为一种潜在力量，它通过知识体系、价值观念、思想信仰和行为模式，来规范人们的行为，制约社会发展的特色和方向，从而为生产力的发展提供强大的精神动力和智力支持，成为社会发展的内在灵魂和精神支柱。因此，党的先进性和党的领导作用必须体现在文化发展上，必须代表中国先进文化的发展方向。特别是在当今社会，文化越来越成为经济社会发展的极其重要的战略资源，成为一个国家综合国力的重要标志。党能否代表先进文化的前进方向，在一定程度上决定着党是否保持和发展着自身的先进性，决定着党能否巩固自身的领导地位。

中国共产党代表先进文化的前进方向是党所承担的历史重任的重要内容。作为执政党、作为社会主义现代化建设的核心力量，中国共产党理所当然要承担起领导中国社会全面进步的重任。90多年来，我们党高举中国先进文化的前进旗帜，努力建设和弘扬反映革命、建设和改革要求的新文化，荡涤旧社会遗留下的和国外浸透进入的腐朽没落的旧文化。所以，中国共产党90多年的奋斗历史，从一定意义上说也就是始终代表先进文化的前进方向，用马克思主义指导革命、建设和改革的历史。当代中国，发展先进文化就是发展中国特色社会主义文化，建设社会主义精神文明。中国特色社会主义文化包括先进的思想道德和先进的科学文化。这一文化是以坚持马克思主义指导地位为前提的。这是发展先进文化的重要保证，加强社会主义思想道德建设是发展先进性的重要内容和中心环节，继承和发扬一切优秀文化是发展先进文化的思想源泉。

中国共产党代表先进文化的前进方向是文化本身的作用对党提出的基本任务。先进文化是人类进步的结晶，是民族的血脉和灵魂，是推动经济社会发展的强大精神力量。放眼当今世界，日趋激烈的综合国力竞争，既表现为经济的竞争，也表现为文化的竞争。我们不仅要抢占经济的制高点，也要抢占文化的制高点。必须坚持马克思主义的意识形态领域的指导地位，形成全社会的共同理想和精神支柱；坚持弘扬主旋律和提倡多样化的统一，传承民族文化的精髓，吸纳世界文化的精华，充分体现先进文化的时代性、创新性、开放性和包容性；坚持“二为”方向和“双百”方针，大力推进文化创新，大力弘扬中华民族的伟大精神，为经济发展和社会进步提供强大的精神动力。

3. 中国共产党始终代表中国最广大人民的根本利益

中国共产党始终代表最广大人民的根本利益，就是党的理论、路线、纲领、方针、政策和各项工作必须把人民的根本利益作为出发点和归宿，充分发挥人民群众的积极性主动性创造性，在社会不断发展进步的基础上，使人民群众不断获得切实的政治、经济和文化利益。

代表最广大人民的根本利益是马克思主义的基本原理之一。按照马克思主义的观点，人民群众是历史的创造者，是推动社会发展的主体力量。人民群众不仅是物质财富和精神财富的创造者，而且是社会变革和历史发展的决定力量。我们党来自人民，植根于人民，服务于人民，是中国工人阶级的先锋队，同时是中国人民和中华民族的先锋队。确认党的性质、党与人民群众关系的观念，就是确认人民群众是历史发展的根本动力，就是确认人民群众在社会生活各个方面的主体地位。

代表最广大人民的根本利益是由党的性质和宗旨决定的。中国共产党是中国工人阶级的先锋队组织，中国共产党的宗旨是全心全意为人民服务。人民群众是我们的力量之源和胜利之本。保持与人民群众的血肉联系是党取得成功的保证，也是巩固党执政地位的现实需要。我们党的历史经验反复证明，什么时候党同群众关系密切，党的事业就发展顺利，什么时候党同群众关系受到损害，党的事业就遭到挫折。如果不能摆正党同群众的关系，不能正确地运用权力，不能自觉地抵制资产阶级和其他剥削阶级腐朽思想的侵蚀，就会发生脱离群众的危险。因此，中国共产党必须始终成为中国最广大人民根本利益的代表。在任何时候任何情况下，党的一切工作和方针政策，都是要以是否符合最广大人民群众的利益为最高衡量标准，把人民拥护不拥护、赞成不赞成、高兴不高兴、答应不答应作为我们想问题、办事情的出发点和落脚点。

代表最广大人民的根本利益是党生存和发展的必然要求。任何一个政党，如果没有一个坚强的阶级基础，就无以立党；如果没有一个牢固的群众基础，就不可能担负自身的历史使命。能否正确地认识和自觉地坚持人民群众的主体地位，关系到党的生死存亡。20世纪90年代以来，一些大党老党纷纷从执政地位上败下来的事实，就足以说明这一深刻道理。中国共产党代表中国最广大人民的根本利益，其本质就是立党为公、执政为民。要求我们党在任何情况下，与人民群众同呼吸共命运的立场不能变，全心全意为人民服务的宗旨不能忘，坚信群众是真正英雄的历史唯物主义观点不能丢；要求我们党在任何时候和任何条件下，都要把群众的呼声当作第一信号，把群众的需要当作第一选择，把群众的利益当作第一考虑，把群众的满意当作第一标准；要求我们党和各级领导干部都要深怀爱民之心，恪守为民之责，善谋富民之策，多办利民之事，始终保持共产党人的蓬勃朝气、昂扬锐气和浩然正气。

“三个代表”是相互联系、相互促进的统一整体。发展先进生产力是发展先进文化，实现最广大人民根本利益的基础。人民群众是先进生产力和先进文化的创造者，也是实现自身利益的根本力量，不断发展生产力和先进文化，归根到底都是为了满足人民群众日益增长的物质文化生活的需要，不断实现最广大人民的根本利益。

总之，只要我们按照党的十八大的要求，以马克思列宁主义、毛泽东思想、邓小平理论和“三个代表”重要思想为指导，全面贯彻落实科学发展观和“五位一体”的总体布局，使党始终成为“两个先锋队”、“一个领导核心”和“三个代表”，我们党是一个保持和发展了先进性的政党，就能够更好地肩负起历史和时代赋予的庄严使命，更加朝气蓬勃地团结带领全国各族人民为全面建设小康社会，开创中国特色社会主义事业新局面而奋斗。

第二节　中国共产党的宗旨

中国共产党党章明确指出，我们党坚持全心全意为人民服务的宗旨。党除了工人阶级和最广大人民群众的利益，没有自己特殊的利益。忠实地代表人民的利益，一切从人民的利益出发，全心全意为人民服务，是中国共产党的根本立场和唯一宗旨，中国共产党90多年的历史，就是全心全意为人民利益奋斗的历史。党在任何时候都把群众利益放在第一位，同群众同甘共苦，保持最密切的联系，不允许任何党员脱离群众，凌驾于群众之上。

一、中国共产党忠实地代表人民的利益，是区别于其他政党的根本标志

马克思在建党之初就明确提出，共产党除了工人阶级的利益之外没有自己特殊的利益。我们中国共产党更是如此，除了工人阶级和中国人民的利益之外，没有自己的任何特殊利益。我们党不允许任何党员，不管是地位多高的领导干部，不管从事什么工作，都不允许脱离群众，凌驾于群众之上。只有人民群众才是历史的创造者，我们党和人民群众是一个密不可分的有机整体，而不是凌驾于群众之上的一个组织。

判断一个政党的性质，归根到底是看其代表什么人的利益。中国共产党代表工人阶级的利益。中国工人阶级的利益同其他劳动人民的利益是根本一致的。工人阶级只有解放全人类才能解放自己。作为工人阶级先锋队的中国共产党，要想保持自己的性质，担负起自己的历史使命，绝不能是只代表某些少数人利益的宗派集团，而应该成为最广大人民群众利益的代表。

二、中国共产党的宗旨是全心全意为人民服务

党将全心全意为人民服务确立为自己的宗旨，是由党的性质决定的。党的性质决定着我们党除了工人阶级和广大人民群众的利益，没有自己的特殊利益。党的纲领、路线和政策，集中反映和体现了工人阶级和广大人民群众的利益，党的一切活动的出发点和归宿，都是为着工人阶级和全国各族人民的利益。

历史唯物主义认为，历史是人民创造的，只有人民才是创造世界历史的动力。党的力量就在于一切从人民群众的需要出发，同广大人民群众保持密切的联系。我们党从成立那一天起，就把为人民服务作为自己的最高原则，把同人民群众密切联系在一起的作风，作为党的三大作风之一，来教育和武装全党。我们党的全部历史，就是一部与人民群众保持血肉联系、全心全意为人民服务的历史。而这一切都是马克思主义唯物史观的体现。

党的宗旨主要体现在制定纲领、路线和方针政策上，体现在始终坚持群众路线上，体现在我们党保持密切联系群众的作风上。

党的根本宗旨贯穿于党的一切活动中，主要体现在制定纲领、路线和方针政策上。在新民主主义革命时期，人民的根本利益是推翻压在中国人民头上的三座大山，建立新中国，我们党适应全国各族人民的需要提出了这样的斗争纲领。新中国成立后，人民的根本利益是建设一个社会主义现代化国家。因此，建国初期，我们党提出了过渡时期的总路线，完成了从新民主主义到社会主义的过渡，确立了社会主义制度。党的八大制定了全面开展社会主义建设的正确纲领，提出了集中力量发展社会生产力，实现国家工业化的任务。党的十一届三中全会以后，党又确立了建设有中国特色社会主义的基本路线，提出了实现社会主义现代化的基本蓝图和具体奋斗目标。所有这些，正是工人阶级和最广大人民群众的根本利益的体现。

群众路线是党的工作的根本路线。党的纲领、路线、方针和政策，都是党运用“从群众中来，到群众中去”的工作方法，经过广泛地反复地征求和听取各方面群众的意见制定出

来的，因而它能够代表广大群众的利益。同时，党又运用群众路线的工作方法，把党的正确主张贯彻到群众中去。通过党的宣传工作，通过党的基层组织和共产党员的先锋模范作用，使广大人民群众充分认识到自己的利益，并且自觉地组织起来，为实现这些利益而奋斗。

密切联系群众是党的一个优良传统，在新的形势下又增加了新的内容。党要求党员和党员干部，要正确对待和使用手中的权力，人民给的权力要为人民谋利益，要廉洁奉公，绝不能以权谋私、假公济私，要通过多种渠道，认真倾听群众的呼声，及时了解群众的愿望和要求，千方百计地解决群众的问题，切实关心群众的疾苦，与群众同甘共苦，为群众排忧解难，坚决维护群众的根本利益，始终与人民群众保持血肉联系。

延伸阅读

为人民服务

毛泽东

我们的共产党和共产党所领导的八路军、新四军，是革命的队伍。我们这个队伍完全是为着解放人民的，是彻底地为人民的利益工作的。张思德同志就是我们这个队伍中的一个同志。

人总是要死的，但死的意义有不同。中国古时候有个文学家叫做司马迁的说过："人固有一死，或重于泰山，或轻于鸿毛。"为人民利益而死，就比泰山还重；替法西斯卖力，替剥削人民和压迫人民的人去死，就比鸿毛还轻。张思德同志是为人民利益而死的，他的死是比泰山还要重的。

因为我们是为人民服务的，所以，我们如果有缺点，就不怕别人批评指出。不管是什么人，谁向我们指出都行。只要你说得对，我们就改正。你说的办法对人民有好处，我们就照你的办。"精兵简政"这一条意见，就是党外人士李鼎铭先生提出来的；他提得好，对人民有好处，我们就采用了。只要我们为人民的利益坚持好的，为人民的利益改正错的，我们这个队伍就一定会兴旺起来。

我们都是来自五湖四海，为了一个共同的革命目标，走到一起来了。我们还要和全国大多数人民走这一条路。我们今天已经领导着有九千一百万人口的根据地，但是还不够，还要更大些，才能取得全民族的解放。我们的同志在困难的时候，要看到成绩，要看到光明，要提高我们的勇气。中国人民正在受难，我们有责任解救他们，我们要努力奋斗。要奋斗就会有牺牲，死人的事是经常发生的。但是我们想到人民的利益，想到大多数人民的痛苦，我们为人民而死，就是死得其所。不过，我们应当尽量地减少那些不必要的牺牲。我们的干部要关心每一个战士，一切革命队伍的人都要互相关心，互相爱护，互相帮助。

今后我们的队伍里，不管死了谁，不管是炊事员，是战士，只要他是做过一些有益的工作的，我们都要给他送葬，开追悼会。这要成为一个制度。这个方法也要介绍到老百姓那里去。村上的人死了，开个追悼会。用这样的方法，寄托我们的哀思，使整个人民团结起来。

（资料来源：毛泽东：《为人民服务》，《毛泽东选集》第三卷，人民出版社 1991 年版，第 1004～1005 页。）

党的前途和命运最终取决于人心向背

习近平

密切党群、干群关系，保持同人民群众的血肉联系，始终是我们党立于不败之地的根基。一个政党，一个政权，其前途和命运最终取决于人心向背。如果我们脱离群众、失去人民拥护和支持，最终也会走向失败。我们要适应新形势下群众工作新特点新要求，深入做好组织群众、宣传群众、教育群众、服务群众工作，虚心向群众学习，诚心接受群众监督，始终植根人民、造福人民，始终保持党同人民群众的血肉联系，始终与人民心连心、同呼吸、共命运。要从人民伟大实践中汲取智慧和力量，办好顺民意、解民忧、惠民生的实事，纠正损害群众利益的行为。党的十八大提出，要在全党深入开展以为民务实清廉为主要内容的党的群众路线教育实践活动。中央将对这项活动进行部署，各级党委要切实抓好落实，着力解决人民群众反映强烈的突出问题，保证活动取得实效。

（资料来源：《习近平在十八届中共中央政治局第一次集体学习时的讲话》，2012 年 11 月 17 日，http://news.xinhuanet.com/lianzheng/2012-11/19/c_123967017_3.htm，访问日期：2014 年 5 月 16 日。）

思考练习

1. 大学生入党积极分子，应当如何全面把握党的性质？
2. 党的宗旨的重要内容是什么？共产党员为什么要为人民的利益贡献一切？

第五章　中国共产党的组织制度、纪律和作风

中国共产党是纪律严明的党，也是有着优良传统作风的党。在长期的革命、建设和改革实践中形成了严格的组织制度，制定了严明的纪律，积淀了良好的作风。党要完成自己肩负的领导任务，不仅需要思想上政治上的一致，而且需要组织上行动上的一致。民主集中制作为中国共产党的根本组织原则和组织制度，也是党的组织优势保证。全体党员必须按照党的组织制度办事，弘扬党的的优良作风，自觉遵守和维护党的纪律，永远保持共产党员的先进性，为实现全面建成小康社会的奋斗目标提供可靠的组织纪律和作风保障。

第一节　中国共产党的组织制度

一、中国共产党的组织结构

中国共产党的组织机构分为中央、地方和基层组织。

(一)党的中央组织

党的中央组织包括党的全国代表大会及其产生的中央委员会、中央纪律检查委员会、中央政治局、中央政治局常务委员会、中央书记处、中央军事委员会等。

1. 中国共产党中央委员会

中国共产党中央委员会(简称“中共中央”、“党中央”)，每届任期五年。在全国代表大会闭会期间，执行全国代表大会的决议，领导党的全部工作，对外代表中国共产党。全国代表大会如提前或延期举行，它的任期相应地改变。中央委员会委员和候补委员必须有五年以上的党龄。中央委员会委员和候补委员的名额，由全国代表大会决定。中央委员会委员出缺，由中央委员会候补委员按照得票多少依次递补。中央委员会全体会议由中央政治局召集，每年至少举行一次。中国共产党中央委员会政治局简称“中共中央政治局”或“中央政治局”，由中央委员会全体会议选举产生；“中央政治局”的成员称“政治局委员”。中央政治局和它的常务委员会在中央委员会全体会议闭会期间行使中央委员会的

职权。中央政治局从 1927 年 5 月的五届一中全会开始设立。中央政治局和中央书记处成员均在全国人大、国务院、军委等国家机构，全国政协、中共中央各部门及各地担任重要职务。

中共中央纪律检查委员会全体会议

2. 中国共产党中央纪律检查委员会

中国共产党中央纪律检查委员会是中国共产党最高纪律检查机关。1949 年 11 月根据中共中央的决定设立。1955 年 3 月，中国共产党全国代表会议决定设立中央监察委员会，代替中央纪律检查委员会。“文化大革命”开始后，党的纪律检查机关被冲垮，党的九大正式取消纪律检查机关。1978 年 12 月，党的十一届三中全会决定重新设立中央纪律检查委员会，在中央委员会领导下进行工作。每届任期五年。主要任务：维护党的章程和其他党内法规，协助党的委员会加强党风建设，检查党的路线方针政策和决议的执行情况；对党员进行遵守纪律的教育，作出关于维护党纪的决定；检查和处理党的组织和党员违反党章和其他党内法规的比较重要或复杂的案件，决定或取消对这些案件中党员的处分；受理党员的控告和申诉等。根据工作需要，它可向中央一级党和国家机关派驻党的纪律检查组或纪律检查员。

3. 中国共产党中央军事委员会

中国共产党中央军事委员会是中国共产党领导下的最高军事领导机构，简称中央军委。其主要职能：直接领导全国武装力量。其组成人员由中国共产党中央委员会决定。党的中央军委由主席、副主席、委员组成，实行主席负责制。中国人民解放军的党组织，根据中央委员会的指示进行工作。中央军事委员会的政治工作机关是中国人民解放军总政治部，总政治部负责管理军队中党的工作和政治工作。军队中党的组织体制和机构，由中央军事委员会作出规定。

4. 中国共产党中央委员会总书记

中国共产党的中央政治局、中央政治局常务委员会和中央委员会总书记，由中央委员会全体会议选举。中央委员会总书记必须从中央政治局常务委员会委员中产生。中央政治局和它的常务委员会在中央委员会全体会议闭会期间，行使中央委员会的职权。中央书记处是中央政治局和它的常务委员会的办事机构，成员由中央政治局常务委员会提名，中央委员会全体会议通过。中国共产党中央委员会总书记负责召集中央政治局会议和中央政治局常务委员会会议，并主持中央书记处的工作，当前中国共产党中央委员会总书记是习近平。

5. 中国共产党中央政治局

中国共产党中央政治局，简称中共中央政治局或中央政治局，由中共中央委员会全体会议选举产生；中共中央政治局的成员称中央政治局委员，或政治局委员。中共中央政治局和它的常务委员会在中央委员会全体会议闭会期间行使中央委员会的职权。

6. 中国共产党中央政治局常务委员会

中国共产党中央政治局常务委员会，简称“中共中央政治局常委会”，由中国共产党中央委员会全体会议选举产生。其成员(委员)简称“中共中央政治局常委”，是中华人民共和国重要的党和国家领导人，也是中国共产党中央领导集体的重要成员。《中国共产党章程》规定中央政治局和它的常务委员会在中央委员会全体会议闭会期间行使中央委员会的职权，政治局常委会在中央政治局会议闭幕期间行使其职权。《中国共产党章程》规定中共中央主要负责人，中国共产党中央委员会总书记的人选，必须要从中央政治局常务委员会中产生，同时位列常委首席，召开并主持常务会议。根据历史，历任中华人民共和国国务院总理也由政治局常委担任。

中国共产党的中央政治局、中央政治局常务委员会和中央委员会总书记，由中央委员会全体会议选举。中央委员会总书记必须从中央政治局常务委员会委员中产生。中央政治局和它的常务委员会在中央委员会全体会议闭会期间，行使中央委员会的职权。中央书记处是中央政治局和它的常务委员会的办事机构；成员由中央政治局常务委员会提名，中央委员会全体会议通过。中国共产党中央委员会总书记负责召集中央政治局会议和中央政治局常务委员会会议，并主持中央书记处的工作，当前中国共产党中央委员会总书记是习近平。

(二)党的地方组织

党的省、自治区、直辖市的代表大会，设区的市和自治州的代表大会，县(旗)、自治县、不设区的市和市辖区的代表大会，每五年举行一次。党的地方各级代表大会的职权：(1)听取和审查同级委员会的报告；(2)听取和审查同级纪律检查委员会的报告；(3)讨论本地区范围内的重大问题并作出决议；(4)选举同级党的委员会，选举同级党的纪律检查委员会。

党的地方各级委员会全体会议，每年至少召开两次，在代表大会闭会期间，执行上级党组织的指示和同级党代表大会的决议，领导本地方的工作，定期向上级党的委员会报告工作。党的地方各级委员会全体会议，选举常务委员会和书记、副书记，并报上级党的委员会批准。党的地方各级委员会的常务委员会，在委员会全体会议闭会期间，行使委员会职权。

(三)党的基层组织

在企业、农村、机关、学校、科研院所、街道社区、社会组织、人民解放军连队和其他基层单位，凡是有正式党员三人以上的，都应当成立党的基层组织。

党的基层组织，根据工作需要和党员人数，经上级党组织批准，分别设立党的基层委员会、总支部委员会、支部委员会。基层委员会由党员大会或代表大会选举产生，总支部委员会和支部委员会由党员大会选举产生，提出委员候选人要广泛征求党员和群众的意见。

党的基层委员会每届任期三年至五年，总支部委员会、支部委员会每届任期两年或三年。基层委员会、总支部委员会、支部委员会的书记、副书记选举产生后，应报上级党组织批准。

党的基层组织是党在社会基层组织中的战斗堡垒，是党的全部工作和战斗力的基础。

（四）党的纪律检查机关

党的纪律检查机关，是指党的中央纪律检查委员会、党的地方各级纪律检查委员会和基层纪律检查委员会，是中国共产党的机关。党的各级纪律检查委员会在同级党的委员会和上级纪律检查委员会双重领导下进行工作。党的各级纪律检查委员会每届任期和同级党的委员会相同。

党的各级纪律检查委员会的主要任务：维护党的章程和其他党内法规，检查党的路线、方针、政策和决议的执行情况，协助党的委员会加强党风建设和组织协调反腐败工作。

二、党的根本组织制度是民主集中制

（一）什么是民主集中制

党章指出：“民主集中制是民主基础上的集中和集中指导下的民主结合。它既是党的根本组织原则，也是群众路线在党的生活中的运用。”党章还对民主集中制提出了六条基本原则：党员个人服从党的组织，少数服从多数，下级组织服从上级组织，全党各个组织和全体党员服从党的全国代表大会和中央委员会；党的各级领导机关，除它们派出的代表机关和在非党组织中的党组外，都由选举产生；党的最高领导机关，是党的全国代表大会和它所产生的中央委员会；党的上级组织经常听取下级组织和党员群众的意见，及时解决他们提出的问题；党的各级委员会实行集体领导和个人分工负责相结合的制度；党禁止任何形式的个人崇拜。

（二）民主集中制的基本内容

1. 民主集中制作为国家组织和活动原则的主要体现

我国《宪法》规定：“中华人民共和国的国家机构实行民主集中制原则。”民主集中制作为国家的组织和活动原则，主要体现在两个方面：一是国家机构建立在充分民主的基础上，国家机关对国家重大问题的立法和决定，对国家事务和经济、文化事务的管理必须符合广大人民的利益和要求；另一方面，国家机构又在民主的基础上进行集中，统一行使国家权力，形成正确的国家意志，带领广大人民为共同的目标而奋斗。由此可见，贯彻民主集中制，对于执政党和国家机关的建设都是至关重要并且具有一致性。

2. 民主集中制原则包括五个基本点

(1)党员在党内的地位是平等的，但决定重大问题时必须少数服从多数；(2)党员个人在党内既享有充分的民主权利，又必须服从组织纪律，服从组织决定；(3)下级党组织在工作中是独立负责的，又要接受上级党组织的领导；(4)党的各级领导机关都由选举产生，实行集体领导，并定期报告工作；(5)经选举产生的党中央有"进行思想领导和实际工作领导的全权"，同时，党中央接受全党的监督。我们党实行民主集中制的目标，就是要努力造成又有集中又有民主，又有纪律又有自由，又有统一意志又有个人心情舒畅、生动活泼的那样一种政治局面。

(三)民主集中制是民主和集中二者的辩证统一

民主集中制内容包括民主和集中两个方面，二者密切相关，缺一不可。民主是集中的基础，只有充分发扬民主，才能达到正确的集中；集中是民主的指导，只有实行高度集中，才能实现真正的民主。民主集中制是要使民主和集中二者辩证地统一。在政治上，围绕着共同的目标，使各方面的意见得以充分发表，然后对其中科学的符合实际要求的东西，通过集中形成统一的意志，作为共同的行动准则。在这过程中，要求少数服从多数、下级组织服从上级组织、个人服从集体、全党服从中央。在利益关系上说，民主集中制是权利与义务的关系。它要求统筹兼顾，使个人利益与集体利益相统一。在维护个人合理利益的基础上，做到个人利益服从集体利益、局部利益服从整体利益、暂时利益服从长远利益。如果把民主与集中割裂开来，只讲集中，不讲民主，就必然出现个人独断专行，官僚主义滋长；反之，如果只讲民主，不讲集中，又会出现极端民主化以及无政府状态。毛泽东在《关于正确处理人民内部矛盾的问题》中指出："在人民内部，不可以没有自由，也不可以没有纪律；不可以没有民主，也不可以没有集中。这种民主和集中的统一，自由和纪律的统一，就是我们的民主集中制。"

三、坚持和完善民主集中制

(一)坚持和健全党的代表大会制度

党的全国代表大会和党的地方各级代表大会，分别是党的最高领导机关和党的地方各级最高领导机关和决策机关。广大党员通过自己推选出的代表在大会期间行使权利，参与决策和领导，它在党内生活中处于最重要和最权威的地位，必须坚持和健全。

(二)坚持和健全集体领导制度

中国共产党一向将集体领导作为党的领导的最高原则之一。所谓集体领导，指在党的领导工作中，凡涉及党的路线、方针、政策的大事，重大工作任务的部署，干部的重要任免等等，以及上级领导规定必须由党委集体决定和集体讨论的问题，不得由个人或少数人专断。这是民主集中制的重要制度，它是党委实现正确领导的可靠保证，它有利于充分发挥党委每一个成员的积极性和责任心，可以有效地防止滥用权力。

（三）健全和完善党的组织生活制度

党的组织生活制度主要包括支部大会、党小组会、党员大会、党员干部民主生活会、民主评议党员等制度。党的各级组织主要通过这些制度，向广大党员、干部传达贯彻党的方针、政策、指示、决议、决定等，通过这些制度，充分听取广大党员、干部对党的工作的意见和建议，组织和发动广大党员去完成党的各项任务。同时也是对广大党员特别是领导干部的经常性教育与监督。健全和完善党的组织生活制度，可以使广大党员和干部增强党的组织和纪律观念，促进党的建设。

1. 建立和完善维护党员民主权利制度

党章对党员的民主权利作了明确的八条规定，这对于党员正确行使民主权利极为重要。维护和切实保障党员的民主权利，对于进一步发扬党内民主、健全党内生活，有着十分重要的意义。在党内，每个党员都是平等的，因此，每个党员都有权参与党的领导，共同管理党的事务，发挥自己的积极性和负责精神，维护党的利益，保证党的事业健康发展。同时，维护党员的民主权利，是健全党内政治生活的基本条件，有利于增强党的活力和实现党的正确领导。

2. 建立和健全党内监督制度

建立和健全党内监督制度，对于保证党的路线、方针和政策的正确执行，有效防止权力滥用，及时揭露和纠正一切违法违纪行为，防止党内滋生消极腐败现象是十分必要的。党内监督的重点是党的领导机关和领导干部是否正确贯彻执行党的路线、方针和政策，是否正确行使手中的权力，是否严格遵守和执行民主集中制原则。

（四）严格要求自己，做遵守民主集中制的模范

在新的历史条件下，在全面建设小康社会时期，我们每一个共产党员（包括要求入党的积极分子）必须按照民主集中制的原则来要求自己，按民主集中制的原则来规范自己的行为，做遵守民主集中制的模范。

第一，要加强对民主集中制的学习。马克思主义建党学说的有关论述，党章、党内政治生活的有关规定，要求我们每一个共产党员对民主集中制度要进行深入的学习，对民主集中制的内涵和本质要有深刻的把握，通过学习，我们提高坚持和维护民主集中制的自觉性。

第二，以实际行动维护民主集中制原则。党的建设的经验和教训告诉我们，坚持民主集中制原则，就能集思广益，制定出正确的路线、方针和政策，党的事业就会兴旺发达。否则，就会给党的事业造成无可挽回的损失。21 世纪，我国已开始全面建设小康社会，我们每一个党员必须自觉地遵守和执行民主集中制原则，严守纪律，维护大局，加强团结，以自己的言行做遵守民主集中制的模范。

第二节　中国共产党的纪律

一、遵守党的纪律的重要性

纪律严明是我们党的一大政治优势。回顾党的历史，我们的党无论怎样弱小，无论遇到什么困难，一直有着坚不可摧的战斗力，其中关键的一点，就是因为我们党有建立在共同理想和坚定信念基础上的严格的组织纪律。正因为如此，从马克思主义的经典作家，到我们党的历代领导人，都十分强调加强党的纪律的重要性。在落实科学发展观、构建和谐社会、建设全面小康社会的今天，要求党员特别是领导干部做遵守纪律的模范，更有着特别的意义。

1. 党的纪律是贯彻执行党的基本路线的重要保证

在现阶段，党的纪律是为贯彻执行党的基本路线服务的。共产党员自觉地遵守和严格执行党的纪律，才能保证党的基本路线的贯彻执行。党的基本路线决定党的纪律，党的纪律又保证党的基本路线的贯彻执行，两者相辅相成。如果每个党员都按照各自的主张和意愿行事，对党的基本路线和方针政策合意的就执行，不合意的就不执行，甚至公开地或变相地抵制和反对，那就不可能保证党的基本路线的贯彻执行。

2. 严守党的纪律是维护党的团结统一的有力武器

实现党的奋斗目标，不但要有政治上思想上的一致，还必须有组织上的团结和统一。维护党的团结统一，就必须严格按照民主集中制的组织原则办事，切实做到党员个人服从党的组织、少数服从多数、下级组织服从上级组织、全党各个组织和全体党员服从党的全国代表大会和中央委员会。其中最重要的是全党各级组织和全体党员服从党的全国代表大会和中央委员会。党的各级组织和所有党员，都必须紧紧地团结在党中央周围，在政治上同党中央保持高度一致，并且坚决做到在党中央统一领导下的行动一致。这样，我们党才有凝聚力和战斗力。否则，我们党就会成为一盘散沙。

3. 严守党的纪律是保持和巩固党同人民群众血肉联系的基本条件

建设中国特色社会主义的事业是亿万群众的事业，只有执行严格的纪律，党才能得到群众的支持和拥护，保持同人民群众的血肉联系，团结和带领亿万群众为之奋斗。如果共产党员不能很好地执行党的纪律甚至违犯党的纪律，就会损害人民群众利益，损害党同群众的联系，挫伤人民群众建设社会主义的积极性。这是我们必须坚决防止和纠正的。

4. 严守党的纪律是改革开放顺利进行的重要保证

改革开放是一项非常复杂的社会系统工程，必须有党的坚强领导。同时，改革从本质上来说是利益关系的调整，如何摆正整体和局部、集体和个人、长远和眼前之间的利益关系，真正做到在任何情况下，都能从大局出发，服从党和国家的整体利益，是摆在我们面前的重大课题。这就更加需要严肃党的纪律，增强全体党员执行党的纪律的自觉性，以全党的行动一致带动全国人民的行动一致，保证改革开放和经济、文化建设有良好的社会环境，保证党和政府的决定和措施能得到迅速有效的贯彻执行。否则，如果每个人、每个单位、每个地区不能做到思想统一、行动一致、令行禁止，就会直接影响到改革开放的顺利进行。

总之，党的纪律是各级党组织和全体党员必须遵守的行为规则，对于全党统一意志、统一行动至关重要。任何单位、组织和个人，必须高度自觉地遵守和维护党的纪律。

二、党的纪律的内容和特点

(一)党的纪律的主要内容

中国共产党自建党之日起，就制定了党的纪律。90 多年来，随着革命和建设事业的不断前进，随着党的队伍的不断壮大，党的纪律也在不断发展。现在，已经形成了以《中国共产党章程》和《关于党内政治生活的若干准则》为核心的、具有中国共产党特点的比较完整的纪律体系。党的纪律包括政治纪律、组织纪律、群众纪律、宣传纪律、保密纪律、经济纪律、人事纪律、外事纪律等方面。下面侧重对政治纪律、组织纪律、群众纪律略作阐述：

1.党的政治纪律

党的政治纪律是维护党的政治原则和政治路线的纪律，关系到党的指导思想，党的性质、理想、宗旨尤其是政治路线的落实，关系党的命运和国家的大局，关系广大人民群众的根本利益，它在党的纪律中具有头等重要的地位。因此，必须有严格的纪律来保证对违反政治纪律的党员要执行最严格的纪律制裁。应当指出，上述政治纪律的内容和要求之中，包含着一个题中应有之义，即民主集中制是最重要的政治纪律。

2.党的组织纪律

党的组织纪律是维护各级党组织之间、党组织和党员之间团结统一的纪律。执行党的组织纪律，是为了保证党在思想上、政治上保持高度一致，组织上、行动上保持高度统一。对于党的组织纪律，党章作了具体的、明确的规定，即个人服从组织、少数服从多数、下级服从上级、全党服从中央，这“四个服从”既是党的组织纪律，也是民主集中制的原则。

3.党的群众纪律

党的群众纪律是处理党和非党群众关系的纪律，是党为保持党组织和党员与人民群众密切联系而制定的纪律。群众纪律的主要内容：坚持群众利益高于一切的思想，尊重和维护群众的正当权益，尊重群众的宗教信仰、风俗习惯等。1990 年，党的十三届六中全会通过了《中共中央关于加强同人民群众联系的决定》，其中一个要旨就是为了严肃和加强党的群众纪律。党的群众纪律，监督、约束各级党组织和全体党员始终代表中国最广大人民群众的根本利益；党员和党的干部都是人民的公仆，只有为人民服务的义务，而没有在政治上、生活上搞特殊化的权利。

(二)党的纪律的特点

党的各方面的纪律，是一个有机的统一体，它们是相辅相成、密切相关的。

1.具有鲜明的阶级性

中国共产党的性质和宗旨,决定了党只能根据工人阶级和人民群众的根本利益来制定党的纪律,并用党的纪律来保证他们的根本利益。中国共产党的纪律归根到底是为工人阶级和人民群众的根本利益服务的。

2.具有强制性和严肃性

党的纪律是铁的纪律,具有强制性和严肃性。所谓强制性,是指党员对于党的纪律必须无条件地服从,不得自行其是、抵制或变相抵制。所谓严肃性,是指党的纪律对每一个党组织和党员都具有同样的约束性,谁违反了党的纪律,都要受到批评教育直至纪律处分。

3.遵守纪律的自觉性

党的纪律是铁的纪律同时也是自觉的纪律,它建立在党员自觉的基础上,是靠党员的自觉性来维护的。一般来讲,党员不仅有高度的政治觉悟,对革命事业的无限忠诚和自我牺牲精神,而且具有共同的理想和对革命客观规律的深刻认识。党员把遵守党的纪律视为对党应尽的义务,对共同的理想、纲领、奋斗目标和革命客观规律的遵循。党的纪律是通过民主集中制的方式制定的,党员不仅是党的纪律的执行者,也是党的纪律的制定者,党的纪律不仅有必要而且完全可能为广大党员拥护和遵守。这种自觉的纪律,根本区别于历史上任何剥削阶级的纪律。

4.在纪律面前一律平等

党员在党的纪律面前一律平等,是维护党的队伍统一的一个基本条件,也是党内政治生活正常化的一条基本经验。坚持在党的纪律面前一律平等,每个党员不论资历深浅、职务高低、党龄长短,谁违反了党的纪律,谁就要受到纪律的制裁。

5.纪律的与时俱进性

中国共产党从成立的那一天起,就十分重视党的纪律建设,在长期的革命和建设中,党的纪律逐步形成、发展和完善。在各个历史时期,根据党的中心工作的不同,党的纪律也有其时代特点。党的中心工作的重点转移到经济建设之后,党的经济工作纪律尤为重要。今后,党的纪律的建设和发展,也必须与时俱进。

三、严格遵守党的纪律

党的十八大报告指出:“我们党面临的形势越复杂,我们肩负的任务越艰巨,越要严明党的纪律,越要维护我们党的集中统一。”这说明了我们党对严明党的纪律的高度重视,对维护党的集中统一的坚定决心。我们一定要认真学习领会,坚决贯彻落实。当前,我国正处于全面建成小康社会的关键时期和深化改革开放、加快转变经济发展方式的攻坚时期。面对纷繁复杂的国际国内形势,面对“四大考验”、“四种危险”,我们党作为一个拥有8600多万党员的特大型政党,如果没有严格的纪律、统一的意志,只能是一盘散沙、一事无成,就不可能带领全国人民夺取全面建成小康社会的新胜利。为此,每个共产党员都要从战略和全局的高度来认识严守党的纪律和维护党的团结的重要性和紧迫性,自觉争做遵守和维护纪律的模范。

(一)自觉加强纪律修养

所谓纪律修养,就是要以邓小平理论、“三个代表”重要思想、科学发展观为根本指导,通过不断学习和接受考验,养成遵守纪律的意识、维护纪律的意识、同违纪现象作斗争的意识,不断增强自觉性和坚定性,形成全党上下自觉遵守和维护党的纪律的氛围。共产党员特别是党员领导干部要将加强党的纪律修养作为自己的必修课,认真学习党的十八大新《中国共产党章程》《关于党内政治生活的若干准则》《中国共产党纪律处分条例》《中国共产党党员领导干部廉洁从政若干准则》等党纪条规,严格按党的纪律来要求自己、约束自己。凡是党的纪律要求做到的,必须坚持做到;凡是党的纪律禁止做的,坚决不做,不越雷池半步。每位党员都要通过自己的模范行动,维护党的纪律的严肃性和权威性。

(二)严格用党的纪律规范自己的言行

1.严格遵守和维护党的章程

《中国共产党章程》是党的总章程,集中体现了党的性质和宗旨、党的理论和路线方针政策、党的重要主张,规定了党的重要制度和体制机制,是全党必须共同遵守的根本行为规范。“没有规矩,不成方圆。”谁违反了党章的规定,谁就违反了党的纪律。广大党员一定要认真学习研读新华社刊登的习近平总书记《认真学习党章 严格遵守党章》的文章,各级党员领导干部要在学习党章、遵守党章、贯彻党章、维护党章中发挥表率作用,模范地履行党章规定的党员的各项义务,真正具备党章规定的各项基本条件,自觉接受党内外群众的监督,做好人民的公仆。要带头深刻领会党章的基本原则、主要内容和精神实质,把思想统一到党章上来,自觉按照党章规范自己的言行,带动和促进全党在思想上、政治上、组织上和行动上实现高度统一。

2.严守党的政治纪律

政治纪律是党的最重要的纪律,是实现党的纲领、任务的重要保证。在党的各项纪律中,政治纪律具有决定性作用。邓小平同志指出:过去我们党无论怎样弱小,无论遇到什么困难,一直有强大的战斗力,因为我们有共同的理想和铁的纪律,这是我们真正的优势。严格的纪律是我们党事业成功的保证,政治纪律则是保证之保证。在现阶段,严格遵守党的政治纪律,最重要的就是要求党的组织和党员坚决维护中央的权威,保证中央的政令畅通。要自觉在思想上、政治上与习近平为首的党中央保持高度一致,要不折不扣地贯彻执行中央的方针政策,不允许对中央的方针政策采取“变通”的手法,搞“上有政策、下有对策”。强调党的政治纪律,不是说提倡盲目服从和限制党员有不同意见。党章这样规定:党员在党内有权对党的政策问题进行讨论,有权对党的任何组织和任何党员有根据地提出批评,有权在坚决执行党的决议和政策的前提下保留自己的不同意见。党员行使党章赋予的这些权利,不是违犯政治纪律,但党员的不同意见应当通过正当的渠道向党组织反映,不能随意在党外扩散,不能搞政治上的自由主义。搞非组织活动,把自己的不同意见在社会上、网络上公开散布,都是不讲政治的表现。每个党员都要不断强化政治意识,防止在政治纪律问题上犯错误。

3. 带头遵守国家的法律法规

我们国家宪法、法律是我们党领导人民制定的，集中体现了人民群众的根本利益和党的政策主张。从党的纪律和国家法律的一致性，从共产党员既是党员又是国家公民的双重身份，从贯彻依法治国的方略要求来看，党员领导干部必须既遵守党的纪律，又遵守国家法律，严格依法行政。如果一个党员不能做到严格依法执政、依法行政、依法办事，那就谈不上遵守和维护党的纪律，也不可能成为一名合格的党员。

（三）要敢于同违法乱纪现象作坚决斗争

作为共产党员或入党积极分子，我们不仅自己要做遵纪守法的模范，而且还必须努力同形形色色的违法乱纪行为作斗争，敢于和善于支持那些同违法乱纪行为作斗争的人。这是党内外民主生活逐渐正常化的标志，是党的事业兴旺发达的标志，是实现党风根本好转的希望所在。党章明确规定，当党、国家和人民的利益受到侵犯时，共产党员要挺身而出，坚决同违法乱纪的行为和坏人坏事作斗争。共产党员应有这方面的觉悟和自觉性。现在，有的同志往往满足于洁身自好，认为只要自己遵纪守法，不行贿受贿，不贪污腐化就可以了，别人是不是违法乱纪与自己无关，这种想法显然是不对的；有的同志面对各种违法犯罪行为熟视无睹，不敢斗争；还有的同志明知对危害国家和人民利益的消极腐败行为和其他危害人民的犯罪行为应该反对，但却不敢揭露和斗争，这也是错误的。每一个共产党员都要不断提高思想认识和觉悟，任何时候任何情况下都要敢于坚持原则，不计较个人得失，与各种违法乱纪行为作坚决的斗争，永葆共产党员的浩然正气、政治本色。

第三节　中国共产党的优良作风

一、党的作风建设的重要性和紧迫性

党的作风，关系党的形象，关系民心向背，关系党的生死存亡和国家长治久安，是人民非常关注的重大问题。党的作风体现在各个方面，人民群众往往从自己接触到的党员和党的干部来评价党的作风和形象。当前党员干部的作风总体是好的，但也存在很多问题。面对新情况新形势，我们有些党员干部理想信念动摇，精神萎靡不振，缺乏积极进取、勇于创新的精神状态，有些党员干部脱离群众、脱离实际，不能够深入基层了解群众疾苦，官僚主义、形式主义严重，有些党员干部忙于工作应酬，不能静下心来学习，思想理论水平不高，依法执政能力不强，解决复杂问题本领不大，有些党员干部意志衰退，经不住权力、金钱、美色的诱惑，以权谋私，腐化堕落。这些问题的存在，严重削弱党的创造力、凝聚力、战斗力，严重损害党同人民群众的血肉联系，严重影响党的执政地位的巩固和执政使命的实现。胡锦涛同志在中国共产党成立 90 周年的重要时刻提出“四大考验”和“四大危险”，告诫全党要清醒地认识到我们面临的挑战前所未有，需要解决的问题十分复杂，全面推进党的建设新的伟大工程的任务比以往任何时候都更为繁重、更为紧迫，我们必须常怀忧患意

识，深刻警醒自己。为此党的十八大以来，中央政治局把加强作风建设作为工作开局的重要切入点，制定实施八项规定、部署开展党的群众路线教育实践活动，带头转变工作作风，加强督促检查，有力促进了党风政风转变，提高了党在人民群众中的威信，在党内外、国内外产生了积极影响。

然而，党的作风建设是一项经常的、长期的、艰巨的任务。这是因为党的优良作风不是自发形成的，其产生既要有客观阶级基础，又要有先进理论的指导，还要靠全党同志的共同努力。只有在马克思主义的指导下，集中工人阶级的高尚品质，把党员分散表现出来的好的作风加以总结、提高，并将其作为规范，在全党宣传推广，使之为全党多数人所认识和接受，从而成为全党范围内比较稳固的自觉行为和风尚，而不只是个别党员的模范行动。这样，才可以说有了全党性的优良作风。

二、党的优良作风的内容

（一）党的作风的含义

党的作风，指的是全党包括党的各级组织和党员在实践过程中形成的比较稳定的反映党的特征和品格的整体精神风貌，也可以说是党的马克思主义的领导作风、思想作风、工作作风和革命战斗风格。中国共产党是以全心全意为人民服务为宗旨的马克思主义政党，是一个拥有8600多万党员的大党，是一个带领人民建设有中国特色社会主义的执政党，党的作风状况，关系党的形象，关系人心向背，关系党的生死存亡，关系国家的前途命运。要全面加强党的思想作风、学风、工作作风、领导作风和干部生活作风建设。要结合新的实际，努力发扬党的理论联系实际、密切联系群众、批评和自我批评的优良作风，同时要总结新的实践经验努力培育新的作风。一切不符合党的事业发展要求、不符合人民利益的不良风气，都应坚决克服。党的“八个坚持、八个反对”：坚持解放思想、实事求是，反对因循守旧、不思进取；坚持理论联系实际，反对照搬照抄、本本主义；坚持密切联系群众，反对形式主义、官僚主义；坚持民主集中制，反对独断专行、软弱涣散；坚持党的纪律，反对自由主义；坚持艰苦奋斗，反对享乐主义；坚持清正廉洁，反对以权谋私；坚持任人唯贤，反对用人上的不正之风。

（二）党的优良作风内容

毛泽东在党的七大政治报告中对党风的内容作了高度概括，指出：“以马克思列宁主义的理论思想武装起来的中国共产党，在中国人民中产生了新的工作作风，这主要的就是理论和实践相结合的作风，和人民群众紧密地联系在一起的作风以及自我批评的作风。”除此之外，党的优良作风还包括谦虚谨慎、不骄不躁的作风，艰苦奋斗的作风和民主集中制的作风等。

1. 理论联系实际的作风

就是坚持实事求是，一切从实际出发，把马克思主义的普遍真理同中国革命的具体实践相结合，也就是运用马克思主义的立场、观点和方法，去分析、研究和解决中国革命的实际问题。毛泽东曾以“有的放矢”形象地比喻理论联系实际。“的”是靶,“矢”是箭,“有的放矢”就是放箭一定要对准靶。理论联系实际,就是要用马克思主义这个“矢”,去射中国革命实际这个“的”。理论联系实际,包含着三个方面的内容:一是要掌握理论,就是要完整地、准确地理解和掌握马克思列宁主义理论,灵活地、创造性地运用理论原理来解决实际问题,并使理论得到发展,而不是仅仅学一些革命理论的词句条条。二是从实际出发,就是要一切以时间、地点、条件为转移,正确把握实际情况,以正确的理论指导来加以科学的分析,来制定政策,而不是仅仅搜集一大堆实际情况。三是必须注意调查研究,通过调查研究了解正在发展变化的新情况新问题,从中把事物的发展规律,总结出经验并上升为带有指导性的理论。理论与实际只有相互结合,才能把马克思主义的普遍真理同中国革命的具体实践统一起来,才能正确认识中国革命的客观规律,制定党在各个革命阶段的路线、方针、政策,并纠正来自“左”或“右”的错误,使党的事业不断获得胜利。

2.密切联系群众的作风

就是相信群众,依靠群众,尊重群众,向群众学习,对群众负责的作风,也就是要坚持历史唯物主义关于历史是人民群众创造的观点和辩证唯物主义认识论关于人民群众是认识的主体的观点,坚持党的群众路线和群众观点,实行“从群众中来,到群众中去”的工作方法,就是要求党一刻也不能脱离群众,一刻也不能放松群众工作,要为广大群众求解放,谋幸福。只有坚持了密切联系群众的作风,党才有“取之不尽,用之不竭”的力量源泉,才能真正实现共产党对人民群众的领导权。

3.批评和自我批评的作风

就是对党内、同志之间在思想上、作风上、工作中存在的缺点、错误,真诚而又严肃地提出批评,帮助犯错误的同志提高认识,取得进步;对自身的缺点、错误认真地进行自我检查,提出纠正的方法,取得深刻教训。批评和自我批评,必须本着“团结—批评—团结”的原则,采取“惩前毖后,治病救人”的方针,目的是团结同志,改正错误,取得进步。要真正坚持批评与自我批评的作风,必须做到:一是经常开展自我批评,党的自我批评最重要的是对自己政策失误以及由此带来的损失进行自我批评;二是鼓励人民群众对党、党员对党组织的批评,使党处于人民群众的监督之下;三是必须通过法规、制度来保障批评与自我批评能够经常进行;四是注意批评的方式方法,坚持原则,以理服人。

党的“三大作风”形成于革命战争年代,并随着历史的发展,不断被赋予新的时代内涵。它内蕴着民主性、科学性和道德性的现代价值,是党的优良传统高度概括。在党领导中国革命和建设的伟大实践中,“三大作风”发挥了巨大的历史作用。对于新形势下加强党的建设、推进党领导的伟大事业具有重要的现实价值。我们作为党员或者要求入党的积极分子,务必继续保持并发扬党的优良传统和优良作风,为实现党的两个百年目标努力作贡献。

三、正确认识党内存在的腐败现象

(一)当前党内腐败现象产生的原因

腐败作为一种普遍社会现象,其发生和发展在任何一个历史时期和世界上不同制度的国家和地区都普遍存在的。认为腐败只有中国才有或者说中国最严重，是一种偏激的认识，其实世界上不管是社会主义国家还是资本主义国家腐败比中国严重的都大量存在。滋生腐败的原因是多方面的，客观因素、主观因素、社会因素都兼有之。

1. 客观因素

腐败为什么会是一种普遍现象，就其客观因素而言是与剥削阶级的意识形态相生相伴的。从根本上来说，它是社会生产力发展到一定阶段的产物。社会生产力的一定发展为腐败的滋生和发展创造了物质前提和可能性。社会生产力的发展不足又使腐败现象的存在具有必然性。因此，只要社会生产力的发展还未能使私有制、剥削阶级以及私有观念彻底地成为历史，腐败现象就仍然有其滋生土壤。这是不以人的主观愿望所转移的。

2. 主观因素

一是理想信念滑坡。世界观的转变是一个根本的转变。胡锦涛同志曾经指出："理想信念是思想和行动的'总开关'、'总闸门'，理想的滑坡是最致命的滑坡，信念的动摇是最危险的动摇。"一些党员干部之所以滥用职权、以权谋私，主要是因为理想信念动摇，理想信念这个"总开关"、"总闸门"出了问题。而理想信念是共产党人的政治钙片，党员干部一旦理想信念滑坡，必然就会得政治上的软骨病，成为腐败分子。这些年来被查处的腐败分子，在检查自己犯错误原因的时候，几乎都说到这个问题。由此可见，人的理想信念、世界观发生变化以后，会导致一些人走上腐败的道路。

二是思维方式错位。一个人怎样想问题、怎样做事情，思维方式很重要。如果思维方式出问题，那么影响极大。《韩非子·外储说右下》记载了这样一个故事，鲁国公仪休很喜欢吃鱼。当他做了鲁国的宰相后，有很多人给他送鱼，他都一一婉言谢绝了。他的学生问道："先生你喜欢吃鱼，为何不要呢？"他回答说："正因为我爱吃鱼，才不能随便收下别人送的。如果我经常收受别人送的鱼，就会背上徇私受贿之罪名。说不定哪一天国君就会免去我相国的职务。到那时就没有鱼吃了。"这个故事告诉人们，必须有一个正确的思维方式对待眼前利益和长远利益的问题，这样有助于干部正确行使权力而不会滥用权力。可惜现在有些干部缺少这种思维方式，只看到眼前的利益而忘记了长远的利益，为了一时的蝇头小利而毁掉终生前程，所以显得有些"糊涂"。

3. 社会因素

一是教育上的缺失。任何干部都不是天生就能够正确行使权力的，而是通过教育逐步树立正确的权力观。现在有些单位对干部的教育不到位、不入脑、不入心，出现有些干部碌碌无为"不爱学"、装点门面"不真学"、借口工作繁忙"不愿学"等现象。他们对先进模范教育，"激动一阵子"，对反面典型教育，"害怕一阵子"。在这些人眼里，政治是虚的，理想是远的，权力是硬的，票子是实的。

二是制度上的不完善。1980 年邓小平同志就指出："制度问题更带有根本性、全局性、稳定性和长期性。制度好可以使坏人无法任意横行，制度不好可以使好人无法充分做好事，甚至会走向反面。"

三是监督上的不到位。任何事情都有一个发生、发展的过程。许多党员干部变为罪大恶极的腐败分子，都是从一件件"小错误"开始的。如果他在犯错误之初组织上就能及时发现、及时提醒和教育，绝大多数腐败分子是不会在错误的路上越走越远，直至不归。

可惜的是许多犯错误的干部在这方面并没有遇到这样的管理和监督。不少腐败案件给人们一个深刻的启示:在权力失去监督的情况下,自我失控就会走向毁灭。

(二)预防和惩治腐败现象的对策

针对党内腐败现象产生的原因,预防和惩治腐败现象,应加强以下几个方面的建设力度。

一要加强学习型党组织的建设。古人云:“物必先腐,而后虫生。”大量事实告诉我们,腐败行为的发生,首先是思想道德防线出了问题。所以,加强学习型党组织建设,强化党员的学习教育,坚定党员的理想信念,构筑起不想腐的自律机制尤为重要。一个人的信仰是决定一个人行为的准则,共产党人不学习、不读马列著作,就不会坚定共产主义理想信念。腐败分子戚火贵在忏悔录中写道:“不重视学习,理想信念滑坡,一切向钱看,是我犯罪的根源。”所以,加强党员干部的学习教育,建立反腐败的自律机制在当前尤为迫切。

二要加强法制建设。惩治腐败,建设廉政,是综合治理的系统工程,需要运用教育的、行政的、法律的多种手段,才能取得成效。而在这诸多手段中,法律无疑是最为有效的手段。1985 年,邓小平就指出,解决贪污腐化和滥用权力的问题主要通过两个手段,“一个是教育,一个是法律”。1992 年他在南方谈话中再次提出,廉政建设“还是要靠法制,搞法制靠得住”。所以,要加大廉政立法,也就是说要以法律形式明确界定是非,用法律规定衡量国家公务人员是否有违法违纪、徇私舞弊等行为。近年来,反腐倡廉法制建设有了很大进展,但仍然有一些缺陷和不足。当前应该加快反腐倡廉建设,适时把党的反腐倡廉政策转化为国家法律,使之在实践中发挥让人不敢腐、不能腐的权威作用。党的十八届三中全会《中共中央关于全面深化改革若干重大问题的决定》就强调要健全反腐倡廉法规制度体系,完善惩治和预防腐败、防控廉政风险、防止利益冲突、领导干部报告个人有关事项、任职回避等方面法律法规。

三要加强制度建设。党的十八大提出加强中国特色社会主义制度建设,要求以制度去管事、管人、管权。所以就反腐败问题,习近平总书记在十八届中纪委二次全会上强调,要把权力关进制度的笼子里,形成不敢腐的惩戒机制、不能腐的防范机制、不易腐的保障机制。党的十八届三中全会《中共中央关于全面深化改革若干重大问题的决定》也强调要加强反腐败体制机制创新和制度保障。反腐靠什么?加强学习教育、重视党员干部的个人德性固然重要,但更重要的是制度。当前,从国外反腐败的经验看,从制度上规范约束权力,强化监督,是反腐败的治本之策,唯有把群众的反腐败热情和巨大能量纳入制度的轨道,推进反腐败制度建设,才能釜底抽薪、直指要害,持久发挥遏制、打击腐败的有效作用。所以现在反腐败工作必须在制度上下功夫,使腐败难有产生的机会和土壤。

四是加强权力监督。这是最直接的、最核心的工作。绝对权力产生绝对的腐败,权力必须在阳光下运行,才能真正遏制腐败。习近平总书记强调,要加强对权力运行的制约和监督,把权力关进制度的笼子里,这是反腐败致命一招。从近年查处的腐败大案要案来看,几乎无一例外地存在监督缺位或流于形式的问题。同级领导不愿监督,下级怕打击报复不敢监督,群众知情少或不知情无法监督,也就是“上级监督太远,同级监督太软,下级监督不敢”。结果使一些干部恣意弄权,违法乱纪,堕落成为腐败分子。领导干部特别是

"一把手"权力过大,缺少监督,就必然产生腐败,所以权力必须在阳光下运行,让人民监督,才能真正遏制腐败。

此外,我们还必须加强廉政文化建设,构筑起以腐为耻的社会机制。要加强以社会主义核心价值观为重点的廉政文化建设,推进廉政文化"六进"工作,扩大廉政文化的覆盖面、影响力、教育面。在全社会形成以廉为荣、以贪为耻的良好风尚,这样才能够帮助广大领导干部抵得住诱惑,经得住考验,守得住气节,展现出廉洁从政的崭新风貌。

延伸阅读

从刘少奇"15 元生活费"说开去

1923 年,安源路矿工罢工胜利后,工人们出于对刘少奇的拥戴,提出每月给他 200 块银元的薪金,但刘少奇只要了 15 元生活费。当时工人们不理解,误以为是他嫌少了,私下又复议,又增加到 420 元,但刘少奇仍然婉言拒绝了。后来,刘少奇在积极分子会上作了解释,讲明共产党人不是只为金钱,而是要让天下受苦的人得解放,党员干部是人民的公仆,不能贪图享乐,生活高于人民。以后,工人们对刘少奇更加尊重了。

刘少奇的"15 元生活费"是一面"镜子",照出了我们老一辈无产阶级革命家公道正派、克己奉公、不搞特殊、不图私利的党性修养与政治觉悟,看到了刘少奇与群众同甘共苦、患难与共的深厚感情与政治做派,彰显了共产党人严于律己、宽以待人的为民情怀与职业操守,一点一滴无不渗透着崇高的精神境界与道德品行,才深得群众的拥护与爱戴,支持与敬畏。

"淡泊以明志,宁静以致远",党员干部要树立正确的金钱观与名利观,守得住清贫,耐得住寂寞,与群众打成一片,心心相印,不以物喜,不以己悲,始终做到"富贵不能淫,贫贱不能淫,威武不能屈",慎微慎独慎行,自警自省自律,超然脱俗,勤俭节约、戒骄戒躁,经受住"糖衣炮弹"的袭击,展现共产党人应有的政治风采与党性觉悟。

"由俭入奢易,由奢入俭难",党员干部要始终廉洁自律,手中的权力是群众赋予的,理应拿来为人民群众服好务,执好政,而不是当成了以权谋私、权力自肥的工具,坚决杜绝一切享乐主义、拜金主义、个人主义,做一个公道正派、党性纯洁的干部,才是执政为民之本。

(资料来源:《从刘少奇"15 元生活费"说开去》,http://cpc.people.com.cn/pinglun/GB/241220/17955455.html,访问日期:2014 年 5 月 18 日。)

领导干部作风建设的八个新要求

一要勤奋好学、学以致用;
二要心系群众、服务人民;
三要真抓实干、务求实效;
四要艰苦奋斗、勤俭节约;
五要顾全大局、令行禁止;
六要发扬民主、团结共事;
七要秉公用权、廉洁从政;
八要生活正派、情趣健康。

这“八大作风”，从思想作风、学习作风、工作作风、领导作风、生活作风等方面，对领导干部的作风建设提出了全方位的高要求，具有很强的针对性和指导性。我们要从党和人民事业兴衰成败的高度，从全面建设小康社会、构建社会主义和谐社会的全局出发，充分认识加强领导干部作风建设的极端重要性和紧迫性，切实把加强领导干部作风建设放在更加突出的位置。

思考练习

1. 民主集中制有哪些基本原则和制度？在新的历史时期如何坚持和贯彻民主集中制？

2. 党的纪律对党的建设和发展、对党的事业的重要性体现在哪些方面？我们如何做遵守党的纪律的模范？

第六章 党员的条件、义务和权利

弄清楚共产党员的条件，是党的建设的一个基本问题，也是每个申请入党的高校大学生首先要明确的问题。申请入党的大学生要认真学习党章关于党员条件的规定，特别是掌握共产党员的基本条件，熟悉党员的权利和义务，也就是要清楚入党后能做什么和要做什么，以此为标准严格要求自己。只有达到了党章规定的共产党员的条件，才能实现加入党组织的愿望。党员的义务和权利是党员条件的具体化要求。

第一节 入党的条件

一、申请入党的基本条件

《中国共产党章程》第一章第一条明确规定："年满十八岁的中国工人、农民、军人、知识分子和其他社会阶层的先进分子，承认党的纲领和章程，愿意参加党的一个组织并在其中积极工作、执行党的决议和按期交纳党费的，可以申请加入中国共产党。"这条规定对申请入党的人必须具备的基本条件做了全面而概括的表述。

1. 从年龄上来界定：必须年满十八岁

从年龄上之所以要年满十八岁是因为满十八岁才是成年人，在法律上才具有行使各种权利的资格，才具备承担各种行为和义务的能力。且这时在思想上和政治上较为成熟，思维方式初步定型，具有一定的政治鉴别力和是非判断力，从而能够决定自己的政治信仰和终身志向，并自觉为之努力奋斗。

2. 从国籍上来界定：必须是具有中国国籍的公民

从国籍上看必须是中国国籍的公民，这是由党的性质所决定的。因为党是中国工人阶级的先锋队，同时是中国人民和中华民族的先锋队，是中国特色社会主义事业的领导核心。这就决定了没有中国国籍的人是不能加入中国共产党的。

3. 从成分上来界定：必须是工人、农民、军人、知识分子和其他社会阶层的先进分子

从成分上看，必须是工人、农民、军人、知识分子和其他社会阶层的先进分子，重点是

工人、农民、军人、知识分子,因为他们是党最基本的组成部分和骨干力量。同时也吸收其他阶层的优秀分子如私营企业主中的优秀分子入党,这有利于改善党的队伍结构,提高党的社会影响力和凝聚力,有利于改变非公有制经济组织中党的工作薄弱的状况,增强党对非公有制经济的影响力和控制力。

4.从思想政治上来界定:要承认党的纲领和章程

这是每个入党申请人的先决条件,我们党不是单个党员之前的简单组合,而是根据党的纲领和章程,按照民主集中制原则组织起来的统一整体。党的纲领是统一全党思想和行动的最高准则,党的章程是党的最高的行为规范,所以承认党纲党章,是党在组织上一致的前提。

5.从组织方面来界定的:愿意参加党的一个组织并在其中积极工作

这是入党的一个基本条件。所谓参加党的一个组织是指每个党员不论职务高低,必须编入党的一个支部、小组或特定组织,参加党的组织生活,接受党组织的领导和监督,申请入党的人则必须愿意参加。而在其中积极工作则是愿意参加党的一个组织的实际行动。

6.从党的纪律方面来界定的:执行党的决议

党的决议是党在一定历史时期为完成党的纲领和任务,对党的重大工作或党内重要事务所作出的决定。它代表了党组织和广大党员的意志,全体党员都必须坚决贯彻执行,只有这样才能形成一个统一的意志和统一的行动,从而确保党的重大决策得以贯彻落实。如果有不同意见就可以各行其是,那么党的团结统一就会受到影响,党的战斗力势必会被削弱,实现党的路线和政策也就成了一句空话。

7.从经济方面来界定:要按期交纳党费

按期交纳党费是从经济方面界定的,党费是党的活动经费,党员按期交纳党费是党员对党的认识、党的事业的关心和支持的体现,也是衡量一个党员有无组织观念以及组织观念强弱的一个重要标志。

二、党员的基本标准

申请入党的同志不仅要具备申请入党的资格,还要懂得共产党员应该是什么样的人,也就是要懂得共产党员的基本标准。

《中国共产党党章》第一章第二条指出:中国共产党党员是中国工人阶级的有共产主义觉悟的先锋战士。中国共产党党员必须全心全意为人民服务,不惜牺牲个人的一切,为实现共产主义奋斗终生。中国共产党党员永远是劳动人民的普通一员。除了法律和政策规定范围内的个人利益和工作职权以外,所有共产党员不得谋求任何私利和特权。

1.“党员是中国工人阶级的有共产主义觉悟的先锋战士”

这一点集中概括了共产党员标准的本质性特征,从根本上界定了共产党员的政治身份。共产主义觉悟就是共产党员要牢固树立共产主义远大理想和中国特色社会主义坚定信念,并自觉用马克思最新理论成果武装自己的头脑,指导自己的言行,始终站在时代的前列,站在人民群众的前列,充分发挥先锋模范作用,自觉地为共产主义事业奋斗终生。

2."党员必须全心全意为人民服务,不惜牺牲个人的一切,为实现共产主义奋斗终生"

这一规定深刻提示了共产党员的宗旨和任务,是马克思主义世界观、人生观、价值观的根本体现,是做合格党员的一项基本要求。它要求每个共产党员要全心全意为人民服务,必须牢固树立无私奉献的人生观和价值观,自觉做到个人利益服从党和人民的利益,不惜牺牲个人的一切,尽最大努力为人民谋利益,不断提高为人民服务的本领,认真贯彻党的群众路线,与群众保持密切联系。

3."中国共产党党员永远是劳动人民的普通一员"

这是共产党员的根本的政治本色,是对党员提出的基本要求。全党同志能不能按这个要求去做,事关党与人民群众的联系,事关党与人民群众的联系,事关党的先进性和纯洁性。当然,这要求共产党员要始终保持劳动人民的本色,永远植根于人民群众之中,坚决防止和克服党员滋生特殊化思想和脱离群众、凌驾于人民群众之上的现象,保持党与人民的血肉联系。邓小平同志很早就指出:"一个共产党员,第一,他是普通人,第二,他是普通人中的先进分子。"我们要求共产党员是劳动人民的普通一员,并不意味着抹杀共产党员与普通群众的区别,也绝不意味着把共产党员看成是普通老百姓,否定共产党员的先进性。相反,一个合格的共产党员,既要善于同人民群众打成一片,做一名普通的劳动者,又要勇于站在改革开放和各项学习工作任务的前列,充分发挥共产党员的模范带头作用。

工人阶级的有共产主义觉悟的先锋战士、全心全意为人民服务及劳动人民的普通一员,这三者之间是相互联系,缺一不可的。党员和要求入党的大学生只有同时达到这三个方面的要求,才符合共产党员的基本标准。

第二节　党员的权利和义务

一、党员的基本权利

党员的权利是党员条件的具体化,是健全党内生活的基本条件。所谓党员的权利指党员按照党章的规定应行使的权利和应享有的利益。在党内,每个党员都是平等的,都有权参与党的工作,共同管理党的事业的健康发展。党员的权利是党的性质、宗旨和历史使命的要求,也是新的历史时期加强和改进党的建设的需要。

1.参加党的有关会议,阅读党的有关文件,接受党的教育和培训

这是共产党员最起码的权利,也是党员提高自身政治觉悟、思想水平、业务能力的有效途径。参加党的有关会议,阅读党的有关文件,是党内政治生活不可缺少的重要内容,是党员的一项基本权利。这项权利的有效保障,有利于发扬党内民主,调动党员的积极性,认真负责地管理党内事务和履行党内义务,提高党员的政治觉悟和工作能力。如果没有这项权利,党员就不可能全面正确地了解党的路线方针政策,甚至全然不懂,更谈不上积极贯彻党的路线方针政策,也就不可能行使其他权利。

任何党员都有权参加党的教育和培训。党员要把党组织的教育和培训看成是党对自

己的关心和培养,自觉、积极、认真地接受党组织的政治理论和专业知识培训。党组织也有责任创造条件,使党员受到必要的政治理论、科学文化、法律和业务知识等方面的教育和培训。

2.在党的会议上和党报党刊上,参加关于党的政策问题的讨论

这是党员参与党内政治生活的重要保证,也是防止党内发生"一言堂"错误的重要措施。在讨论中党员以个人名义投送的稿件无须经过其所在的党组织审阅或批准,这是发扬党内民主的一个重要形式。一是可以集思广益,使党的领导机关更好地听取广大党员的意见和要求,使党的路线、方针、政策的制定更加符合客观实际,更加符合人民群众的要求。二是可以使党员在讨论中加深对党的路线、方针、政策的理解,提高贯彻执行的自觉性、坚定性。三是可以使党的路线方针政策进一步得到修改、补充和完善。

当然,党员在讲座党的政策和理论问题时,要坚持党性原则,坚持党的基本路线,在思想上政治上同党中央保持一致,以对党高度负责的精神,提出自己的意见和建议。对于中央已经作出决定的政策,党员必须坚决执行。如果有意见,可以经过一定的程序提出,不得在报刊、广播的公开宣传中发表同中央决定相反的言论,也不得在群众中散布与中央政策相反的意见。

3.对党的工作提出建议和倡议

这项权利是指党员对党的工作,包括本级党组织、上级党组织直至中央的工作,可以通过适当方式提出建议和倡议。保障党员的这一权利,对于发挥党员的主动性和创造性,增强党员的工作责任感及党的凝聚力和战斗力有着重要的作用。

党组织由党员组成,党的任务的完成、事业的发展,有赖于党员积极性的发挥。因此,每个党员都应以主人翁的姿态,对中国特色社会主义现代化建设,对本地区、本行业的发展,关心多一点,想得远一点,关心党的事业,对党的各项工作积极地提出自己的建议和倡议,并在实践中努力开拓,勇于创新,发挥自己的聪明才智,为建设有中国特色的社会主义贡献力量。

4.在党的会议上有根据地批评党的任何组织和任何党员,向党负责地揭发、检举党的任何组织和任何党员违法乱纪的事实,要求处分违法乱纪的党员,要求罢免或撤换不称职的干部

党员有权批评、揭发、检举党的任何组织和任何党员,指的是包括中央在内的所有组织和包括党的领导人在内的每一个党员。这项权利是为了充分发扬党内民主,加强党内监督,促使党员都来关心党、维护党的利益,及时有效地同一切败坏党的事业的行为作斗争,以利于保证党的纯洁性,增强党的战斗力。

保障党员的这一权利,是党内正常民主生活的重要表现,是有效实行党内监督的重要形式。党员在行使这项权利的时候,必须实事求是,明确列举事实根据,不得夸大和歪曲事实,更不准捏造事实、诬告陷害;必须按组织原则办事,符合有关程序,不得随意扩散、传播,正确地行使权利。

5.行使表决权、选举权,有被选举权

党员享有表决权、选举权和被选举权,是由党的民主集中制原则决定的,是党员享有的最基本、最重要的民主权利,是党员参与党的组织生活的重要表现。

党员享有表决权，是指党员在党的会议上，对那些需要表决作出决定的问题和人选表示自己态度的权利。所有参加会议有表决权的正式党员，可以投赞成票、反对票和弃权票。凡应当经过表决来决定的问题，不提交到会党员表决和限制党员行使表决权的行为，都属于侵犯党员权利的行为。党员要积极参加党内重大问题的讨论，勇于表明自己的看法，认真行使表决权。党员享有选举权，是指党员在参加党内选举时，有充分表达自己意志的权利。即有权了解候选人的情况，提出和建议更换候选人，有权选举或不选举某个党员为某个党组织的领导成员和出席某一级党代表大会的代表。同时，党员享有被选举权，是指党员有权被选为党的各级组织的领导成员和各级党的代表大会代表的权利。

党员的这种民主权利任何组织和个人都不得以任何理由妨碍和侵犯。任何组织和个人不得以任何方式，强迫选举人选举或不选举某个人，不得阻挠有表决权或选举权的人到场，不得采用非组织活动拉选票破坏选举，以保证党员正常行使这一权利。党员要以对党高度负责的精神，认真对待自己手中神圣的选票，行使自己的权利，体现自己的意志。

6. 在党组织讨论决定对党员的党纪处分或作出鉴定时，本人有权参加和进行申辩，其他党员可以为他作证和辩护

党章规定这项权利，是为了确实保障党员的民主权利，维护党员的正当权益。党员享有这项权利，可以使党组织在对党员进行鉴定和处分时，能够充分听取本人和其他党员的意见，这是为了维护党员的正当权益，保证党纪处分适度合理，以尽量避免冤假错案的发生，切实保障党员的民主权利。同时，可以使被鉴定或犯错误受到党纪处分的党员受到教育，还可以使其他的党员受到教育，提高认识，增强团结。

必须明确，辩护不是为错误辩解。辩护时，必须出于公心，忠于事实真相，以党的利益为最高原则。其他党员有权为被鉴定或处分的党员作证和辩护，这是为了弄清事实真相，准确地判定问题性质，以确保党组织作出正确的鉴定或处分。

7. 对党的决议和政策如有不同意见，在坚决执行的前提下，可以声明保留，并且可以把自己的意见向党的上级组织直至中央提出

我们党是高度集中统一的整体，党员应在政治上、思想上、组织上同党中央保持一致，坚决执行党的决议和政策，这是保证党的团结统一的基本条件，是党的纪律，是对党员的基本要求。当然，由于党员所处的位置不同、自身素质不同，对情况的了解和对问题的认识也就不同，党员对党的决议和政策会产生某些不同意见也是正常现象。对此，党组织应当对党员进行必要的教育，并做出必要的解释和说明。党员也应加强学习，提高认识，以求对党的决议和政策有正确的理解。同时也应看到，有时候真理在少数人手里。

党员对党的决议和政策如有不同意见，在坚决执行的前提下，有权以口头或书面形式向党组织声明保留，并且可以通过正常途径把自己的意见向党的上级组织直至中央提出。保证广大党员的这项权利，有利于发扬党内民主和坚持真理，修正错误。对于持有不同意见的党员，只要他们坚决执行党的决议和政策，就不得对他们进行纪律追究。对保留意见的党员来说，当实践证明自己的意见确实错了，就应该放弃自己的错误意见，更不能坚持错误观点并到处传播。

8. 向党的上级组织直至中央提出请求、申诉和控告，并要求有关组织给予负责的答复

党员的请求权，是指党员向上级组织直至中央，就自己遇到的有关情况或问题请求给

予支持、帮助或调查的权利;党员的申诉权,是指党员被人揭发或犯了错误,受到组织的审查或处分,本人认为组织的决定或处理意见与事实不符、定性不准、处理不妥等,向上级党组织直至中央申诉事实和理由,提出重新审查或处理的权利;党员的控告权,主要是指党员受到打击、迫害、诬陷或因为揭发某些人、某级组织的缺点和错误而受到压制、报复时,向上级党组织直至中央提出控告,要求伸张正义的权利。

这项规定,是弘扬党内正气,增强党员坚持原则、坚持真理,同党内不正之风作斗争的决心和信心的重要措施。同时,可以使上级党组织直至中央及时了解下情,改进工作;可以防止和避免冤假错案及打击报复现象的发生。因此,党员只要有正当理由,就有权实事求是地向党的各级组织直至党中央提出请求、申诉和控告。党员要认真行使这项权利,敢于对党的各级组织和干部进行监督,大胆揭发党内各种不良倾向,顽强地同一切不正之风、腐败现象作斗争。党组织对党员的请求、申诉和控告必须及时作出负责的答复,不得拖延、积压、推诿,这是对党的事业负责的表现。

党员权利是实现党内民主的重要保障,是党员参与党内事务、发挥作用的有力保证。第一,民主集中制的贯彻落实,离不开党员权利的保障。第二,党员权利是党员发挥作用的有力保证。党章规定党员权利,从客观上为党员发挥作用提供了保证。这些权利是受到党纪保护的,任何党组织和个人都无权剥夺。侵犯党员的权利,是违反党纪的行为;同时,党员如果错误地行使这种权利,将会受到党纪的处分。

二、党员的基本义务

党员义务,也可以说是党员责任,是党员对党的承诺和不可推诿的天职。党员义务是指党章规定的要求每个党员对党应尽的责任,是对党员的一种规范和约束。它体现了党对每个党员的基本要求,规定了做一名合格共产党员的具体标准,也是党员条件的具体化。这是新时期检验每个党员是否成为合格共产党员的标准,也是对每一个要求入党的同志提出的要求。

1. 认真学习马克思列宁主义、毛泽东思想、邓小平理论、“三个代表”重要思想和科学发展观,学习党的路线、方针、政策和决议,学习党的基本知识,学习科学、文化、法律和业务知识,努力提高为人民服务的本领。

这项义务是属于学习方面的要求。学习是对每一个共产党员最基本的要求,我们正在建设中国特色社会主义,新情况、新问题层出不穷,只有运用马克思主义基本立场、观点和方法,研究新情况,解决新问题,才能保证改革开放和社会主义现代化建设健康发展,才能不断开辟中国特色社会主义伟大事业的新局面。党员必须努力学习,善于学习马克思主义基本立场、观点和方法,这样才能抓住理论的精髓,不断提高自己的思想觉悟和理论水平,才能在现代化建设中更好地发挥先锋模范作用,带领群众出色完成各项任务。

2. 贯彻执行党的基本路线和各项方针、政策,带头参加改革开放和社会主义现代化建设,带动群众为经济发展和社会进步艰苦奋斗,在生产、工作、学习和社会生活中起先锋模范作用。

共产党员是工人阶级的有共产主义觉悟的先锋战士,先锋战士就是要发挥先锋模范作用，也就是要时时处处起带头作用、骨干作用和桥梁作用。带头作用，即走在前头，成为群众的表率和榜样。骨干作用即勇挑重担，成为群众的中坚和核心。桥梁作用，即联结党群，成为党群的联络和纽带。申请入党的高校学生，要有强烈的使命感和责任感，肩负起建设社会主义现代化的重任，珍惜大好时机，坚定正确的政治方向，刻苦学习业务知识，积极参加社会实践，不断培养适应社会主义现代化建设和社会主义市场经济需要的全面素质，提高各种技能和能力，努力做到政治上、业务上都过硬，把自己培养成社会主义现代化建设的可靠接班人。

3. 坚持党和人民的利益高于一切，个人利益服从党和人民的利益，吃苦在前，享受在后，克己奉公，多做贡献。

共产党员坚持以大局为重，党和人民的利益高于一切，是由党的性质和宗旨决定的。共产党员要树立“公仆”意识，诚心诚意为群众谋利益，公私要分明，绝不贪占国家、集体和群众的便宜，不谋取制度和政策规定以外的任何私利和特权。在个人利益与党和人民的利益发生矛盾的时候，要毫不犹豫地服从党和人民的利益。

4. 自觉遵守党的纪律，模范遵守国家的法律法规，严格保守党和国家的秘密，执行党的决定，服从组织分配，积极完成党的任务。

党的纪律是维护党的团结和统一、贯彻执行党的路线方针政策的重要保证，也是保持和发扬党的优良传统，密切党同群众关系的重要条件。这项义务，要求党员首先要做到不折不扣地执行党的决定。要主动接受党纪国法的教育，养成良好的遵纪守法的习惯，做自觉遵守党纪国法的模范。另外，要严守党和国家的秘密，坚决与违反和破坏党的保密纪律的行为作斗争。

5. 维护党的团结和统一，对党忠诚老实，言行一致，坚决反对一切派别组织和小集团活动，反对阳奉阴违的两面派行为和一切阴谋诡计。

党的团结和统一，像党的生命一样重要，是党取得胜利的基本条件之一。维护党的团结和统一，是以每一个共产党员对党忠诚、言行一致为基础的。共产党员在入党的时候已下定决心把自己的一切献给党的事业，那么他就应当在任何时候都对党忠诚老实。维护党的团结和统一，就要坚决反对一切派别组织和小集团活动，反对阳奉阴违的两面派行为和一切阴谋诡计。

6. 切实开展批评和自我批评，勇于揭露和纠正工作中的缺点、错误，坚决同消极腐败现象作斗争。

批评和自我批评是我们党的三大作风之一。它是我们党在长期革命斗争实践中形成和发展起来的。每个共产党员都应该勇于拿起和正确使用批评和自我批评这个武器，严于解剖自己，敢于承认和纠正工作中的缺点和错误。同时，以对党的事业负责和对同志负责的精神，帮助别人发现和纠正错误，对那些损害党的事业、危害国家和人民利益的消极腐败现象要坚决进行斗争。如果做不到这一点，甚至在消极腐败现象面前视而不见，不敢与之斗争，就不配做一个共产党员。

7. 密切联系群众，向群众宣传党的主张，遇事同群众商量，及时向党反映群众的意见和要求，维护群众的正当利益。

党员密切联系群众，是我们党能得到人民群众真诚拥护和支持的根本所在，是我们党力量的源泉和党的事业取得胜利的根本保证。共产党员只有紧密联系群众，了解群众的呼声和要求，才能代表群众，领导人民群众去奋斗。党员密切联系群众，就要积极地向群众宣传党的主张，遇事要同群众商量，要把改革的真实情况告诉群众，有关大政方针要让群众讨论，要进行沟通对话，要虚心听取群众的意见，要敢于向党组织真实地反映群众的意见和要求，这有利于党组织及时地了解群众的思想和愿望，以便更好地改进工作，帮助群众解决实际困难，巩固党和群众的联系。共产党员要在群众中发挥作用，就必须真心实意地为群众谋利益、办实事，用自己的模范行动和卓有成效的工作来关心群众、帮助群众、引导群众，维护群众的正当权益。

8.发扬社会主义新风尚，带头实践社会主义荣辱观，提倡共产主义道德，为了保护国家和人民的利益，在一切困难和危险的时刻挺身而出，英勇斗争，不怕牺牲。

共产党员作为工人阶级的先锋战士，在任何时候、任何情况下，都应该做群众的表率。共产党员应该大力提倡团结友爱、互相帮助、大公无私的共产主义品质，按照社会主义荣辱观的要求提升道德人格。党员不仅要在生产、工作、学习和社会生活中起先锋模范作用，而且要在维护社会秩序中，发扬“爱祖国，爱人民，爱劳动，爱科学，爱社会主义”的新风尚，在困难和危险时刻挺身而出，英勇斗争。这是党员的共产主义觉悟和高尚品质的集中表现。

上述八项义务，明确了做一个合格的共产党员的具体标准，提出了每个党员应尽的职责，规定了党员的行动准则，对每一个党员都有约束力。只有每个党员自觉履行义务，才能使党内的政治生活正常开展，才能保证全党在思想上、政治上和组织上的高度一致，使党成为集中统一、有战斗力的整体。

第三节　党员权利和义务的辩证关系

一、党员权利和义务的辩证关系

党员的义务和权利是统一的。党员的权利和义务虽然各有其特定的内容和特征，但正如马克思说过的“没有无义务的权利，也没有无权利的义务”。党员的义务和权利是相互联系、相互依存、不可分割的整体。

1.党员履行义务，是为实践党的纲领、完成党的任务而必须承担的责任，是党员行为的准则。党员行使权利是党员发挥先锋模范作用、维护党的利益的重要表现和组织保证。

2.党员义务和权利是相互依存的。党员享受党员权利以履行党员义务为前提，同时党员履行义务又需要一定的权利做保障。比如，党员要想参加党的政策和理论的讨论，那就必须认真学习马克思主义基本理论和深刻领会党的路线、方针、政策；要求党员坚决同消极腐败现象作斗争，就必须使党员拥有检举揭发和民主监督的权利。

3.履行党员义务和正确行使党员权利是做合格党员的具体标准和重要条件，党员义务是对党员的具体要求。

总之，在很多情况下，党员行使权利的同时，也是在为党尽义务，在尽义务的同时，也是在行使自己的权利。党员的义务和权利，统一于党的利益的基础之上，都是为巩固党的组织，提高党的战斗力，完成党的总任务和总目标而制度的。党章规定的党员义务和党员权利，都是为了更好地保证和发挥党员作为党的事业的主体的地位和作用。

二、正确行使权利和认真履行义务的重要性

正确行使党员权利，有利于发扬党内民主，实现党的正确领导；有利于党员在党的生活和工作中充分发挥积极性、主动性和创造性，维护党的利益，促进党的事业健康发展。而党员义务集中体现了党的基本理论、基础路线、基本纲领和基本经验对每个党员提出的要求，只有每个党员和申请入党的同志自觉、积极、认真地履行党员义务，才能保证党的基本理论、基本路线、基本纲领和基本经验的贯彻执行。

1. 如何才能正确行使党员权利

第一，要坚持在党的纪律面前人人平等的原则。

每个党员不论职务高低、党龄长短、贡献大小，都不得享有超越党章赋予党员八项权利以外的任何特权。

第二，党员要正确行使和保护好自己的权利。

党员行使权利要从党的原则和利益出发；在行使权利的同时，注意不要侵犯其他党员的权利；当自己的权利受到侵犯时，要依照有关规定请求党组织的帮忙和保护。

第三，要解决好不能正确行使权利的问题。

主要有两种情况，一是有些党员不能正确行使权利，如在提建议时从个人利益出发，行使表决权时不坚持原则，批评时捕风捉影；二是有些党员不珍惜自己的权利，如不愿意参加党的组织生活，不愿意发表自己的意见，不敢坚持原则等。这些都是错误的做法，我们应当加以纠正。

2. 如何正确认识并认真履行好党员义务

第一，要加强学习，不断提高履行党员义务的自觉性。

认真学习政治理论、科学文化法律和业务知识，才能提高素质，才能增强履行党员义务的自觉性，这是党员全面履行党员义务的基础。

第二，要努力实践全心全意为人民服务的宗旨，在建设中国特色社会主义的伟大实践中切实履行党员义务。

全心全意为人民服务是党的根本宗旨，是每个党员一切言论和行动的出发点和最高标准。

第三，要增强组织纪律观念，自觉接受党组织的教育、帮助和监督。

党员只有自觉加强党性锻炼，不断提高党性修养，增强组织纪律观念，自觉接受党组织教育、帮助和监督，才能不断找出差距，及时发现和纠正缺点、错误，从而保证切实履行党员义务，永葆党员的先进性。

延伸阅读

感悟朱德最后一笔党费

邓雪峰

参观中国人民革命军事博物馆，在西三楼展厅看到了一张朱德2万余元的存款单，这是他老人家参加革命50余年的全部积蓄。朱德逝世后，康克清按照他的生前遗嘱，将这笔存款作为他最后一次党费全部交给了组织。这件事情令笔者对朱德倍感钦佩之余，不禁追问："这笔钱他为何不留给子女，却要交作党费呢？"带着疑问我踏着朱德的革命足迹，去探寻问题的答案。

1922年8月，已经36岁的朱德毅然抛弃旧军阀的高官厚禄，历经波折与考验，于当年11月在周恩来等人介绍下加入了中国共产党。从此，朱德将自己的余生全部交给了党和人民。在漫长的革命生涯中，无论遇到什么艰难险阻、惊涛骇浪，他总是立场坚定、矢志不渝。朱德说："共产主义者应当是没有私心的人，为了人民群众的最大利益，我们没有任何东西不可以牺牲。"朱德教育自己的后人要"接班不要接官"，他戎马一生，没有给儿女孙辈留下什么贵重的遗产，却始终要求他们到人民群众中去，到最艰苦的地方去，到祖国最需要的地方去。1975年3月，已89岁高龄的朱德还奋笔书写了"革命到底"四个大字，表达出他为党的事业鞠躬尽瘁的坚定信念。

"身经沧海羞逃世，力挽狂澜岂为名"，是朱德大公无私高尚情操的真实写照，"愿与人民同患难，誓拼热血固神州"，是朱德忧国忧民、忠诚使命的铮铮誓言。他是这么说的，也是这么做的。他功高不自居，困难留自己，荣誉归别人，凡是和他相处过的同志无不为其"天无私覆、地无私载"的博大襟怀所折服。他的忠诚在党内、军内有口皆碑。毛泽东称赞朱德是"红司令"，斯诺在《西行漫记》中谈到朱德时也赞叹道："'朱德'这个名字很贴切，因为这个名字由于在文字上的奇异巧合，在中文中的两个字正好是'红色的品德'的意思。"我想，这里的"红"字，并不简单地代表着红军或者红色，更代表着朱德对党和人民的一颗赤诚之心。

朱德的无私与忠诚，已书写成一部厚重的皇皇巨著，鞭策一代代后人不懈地去研读和践行。然而，时下仍有些党员干部与之渐行渐远，有的甚至背道而驰，信仰逐渐拜物化、功利化、世俗化。他们向金钱鞠躬，而不为人民尽瘁；对子女倾心竭力，而不向组织披肝沥胆。他们已背叛了当初入党时的铮铮誓言，何谈党和人民的信任？怎能对得起那些抛头颅、洒热血，前仆后继打江山的革命先烈们呢？朱德的无私与忠诚，永远彪炳青史，留下的是千古芳名；而那些靠贪污受贿给子女"留"下丰厚财产的人，轻者被罢官撤职，重者深陷囹圄，留下的是万古骂名。他们不仅把自己推下了悬崖，事实上也害了子女。家产不与子孙谋，唯有让儿女懂得用自己的双手和智慧去创造财富，并养成勤俭美德，方是最好的"留"。《战国策·触龙说赵太后》中有一句发人深省的话：父母之爱子，则为之计深远。古人遗训今可鉴，若为子女"计深远"，留"德才"必然胜于留"钱财"。

（资料来源：邓雪峰：《感悟朱德最后一笔党费》，《解放军报》2012年2月23日第7版。）

小岗村党委第一书记沈浩生命中的最后6天

周立民、王圣志

11月6日凌晨，安徽省凤阳县小岗村党委第一书记沈浩在小岗村猝死。再过一个月，他的第二个“三年”任期将满。这位被小岗村民集体摁红手印“扣”下、已在小岗坚守6年之久的安徽省财政厅下派干部，在生命的最后时光还在为小岗做着怎样的努力？

未完成的“工作时限表”

11月1日，沈浩安排村党委副书记余谦制订了一份工作时限表。到11月底，这些任务必须完成。“沈书记已经来不及完成了。”余谦一声长叹，“他已经尽力了！为小岗，他付出了一切！”

小岗村敬老院工程是工作时限表列出的11项任务之一。2日，村党委书记金乔一大早赶到工地：“我当时很震惊，有两家农户正在已谈妥征用的土地上机耕。”他立即赶到沈浩办公室汇报。沈浩说：“他们怎么讲话不算话？我回头找他们再做做工作。”他随即要金乔把一名村民接到他办公室。

沈浩找这名姓严的村民，是要谈修村后大道的事。这也是工作时限表规定的任务之一，只剩一两户村民不同意，老严是其中之一。这名村民不愿来，沈浩随后找来大包干带头人严俊昌，请他帮忙做村民工作。

当日上午，工作时限表中另一项目甜叶菊产业园生产道路建设也有了进展：破土动工。开工仪式刚结束，10多名村民来找沈浩，认为土地丈量有误差、补偿款有尾欠，反对开工。余谦说，尽管有的村民情绪有点激动，经沈浩耐心劝说，村民们平静离去。沈浩随即指令村干部重新核量土地面积、催促欠余的补偿款尽快到位。

摁红手印再“扣”他三年

2日下午，沈浩主持召开小岗村两委与大包干带头人座谈会。十几名大包干带头人在小岗村很有影响力，严俊昌是其中之一。他说：“沈浩非常尊重我们这些老人，村里有什么事都爱找我们合计。”余谦说，这个会开了两个多小时，沈浩详细通报了11项重点工作的进展、遇到的阻力，以取得老人们的理解、支持。

会议快结束时，大包干带头人严金昌一脸严肃地问沈浩：“今天大家都在这里，沈书记你给我们表个态，你再在小岗干几年？”沈浩回答：“这要听组织的。”沈浩还不知道，一个多月前，小岗村183户村民已集体再次写信、摁红手印向省里请求再“扣”沈浩3年。

后悔没拖他去体检

金乔告诉记者，村循环路、甜叶菊产业、生态农业园等，这些关系小岗长远发展的大事，沈浩一直记在心上。3日，沈浩把他叫到办公室，一个项目一个项目琢磨，两人谈了一小时。

深圳一家公司8月份与小岗村达成协议，计划投资6亿元在小岗建设4300亩生态农业园。沈浩是推进这一项目的责任人。4日，他与凤阳县各相关部门负责人就此磋商了整整一上午，从11月18日倒计时，排出各自分头落实的任务表。

散会了，大家要去吃饭。沈浩说：“我感觉有点累，先回去休息一下，你们去吧。”金乔说：“我看他确实挺疲惫。”他一直后悔没把沈浩拖到医院体检。20来天前，沈浩问金乔的妻子在医院哪个科室。“我说是做B超的，他摸摸胸口说最近这儿总有点不舒服，哪天请弟妹帮着检查检查”。

当天下午一上班，沈浩打电话给金乔，说要陪小岗村从玉菜业公司的老总商谈本月18日开工的事情，还有两户农民的土地纠纷还需要解决。今年5月，从玉菜业公司投资1.5亿元，计划在小岗村3年内打造1万亩现代蔬菜生产基地。

“他真的太辛苦了！”

5日一大早，余谦在村部门口看到沈浩站在那里。“他每天上班都挺早，我向他汇报几项工作，不到半个小时，这中间他接了五六个电话，都是谈工作。”沈浩安排他上午接待山西晋城市皇城村来小岗考察的老干部们。

沈浩刚回办公室，小溪河镇镇长魏明星进来了，谈了一个多小时土地流转的事。还没谈完，他接到电话，滁州市军分区一位领导来了，要找他商谈拟建的国防教育园选址问题。沈浩赶紧出门，陪军分区来人实地选址。

余谦告诉记者，沈浩送走军分区领导一行，又陪枣巷镇党委书记王龙国等人谈合作事项。王龙国想借用小岗村的品牌推销本镇农产品。两人谈完公事已过下班时间，就到村民关友江开的农家乐准备吃工作餐。此时，凤阳县水泥总厂负责人高允连带来一名淮南市企业主到小岗考察投资项目，大家一同在关友江家就餐。

沈浩6年来一直在房东马家献家搭伙吃饭。马家献告诉记者，沈浩去世当天10时多，她问沈浩回不回来吃饭，沈浩说回，快12时又发短信说他有公务，不回来吃了。马家献说：“沈书记特别忙、特别累，村里大事小事都找他。前几天有一家两口子吵架也找他，他跑了两趟才调解好。我们吃什么他吃什么，不喝酒、不挑食，经常吃饭也吃不安稳，老有村里人来找，睡觉也是，有时夜里10时多还有人来找他办事。”

金乔告诉记者，他在关友江家见到沈浩时，就觉得他脸色不太好，“他平时说话声音非常洪亮，那天有点乏力”。皇城村的村干们也在关友江家就餐。余谦说，沈浩上午一直没来得及接待他们，趁这个机会过来跟大家见了个面，聊了几句，举起酒杯象征性抿一小口以示欢迎。随后，沈浩到高允连一行桌旁。金乔说，沈书记极力鼓动高允连到小岗投资，连敬高允连两杯酒。

当天下午2时吃完饭快出门时，沈浩请客人们与他一起合影留念，交代金乔下午陪客人看投资项目，说自己觉得累，想休息一下。金乔说，说是吃饭，其实沈书记那天中午忙前忙后，没吃上几口饭，喝了大概三两酒，说话多、吃菜少，他真的太辛苦！

村党支部副书记张秀华下午3时左右路过关友江家，看到沈浩和关友江、徐开文在聊天。张秀华说，沈书记经常与这些老人聊天。他告诉老人们，建敬老院、上甜叶菊项目，都是小岗村的好事，可进展有点不顺。徐开文劝慰道：你一定要有信心，大家支持你！张秀华随后开车将沈浩捎到住处，要他休息休息。“他的样子真的很疲倦，没想到这是我见他的最后一面。”第二天凌晨，沈浩再也没有醒来。

（资料来源：周立民、王圣志：《小岗村党委第一书记沈浩生命中的最后6天》，《新华每日电讯》2009年11月11日第7版。）

思考练习

1. 请结合本章内容，谈谈你是如何理解“党员的权利与义务是辩证统一的”这句话的。

2. 共产党员怎样做到认真履行义务、正确行使权利？

第七章　发展党员的程序和手续

本章导读

党的十八大报告明确提出，要提高发展党员质量，重视从青年工人、农民、知识分子中发展党员。申请加入中国共产党，必须按照《中国共产党章程》的要求，在坚持党员标准、落实党员条件的基础上，严格执行发展党员的工作程序，认真履行发展党员的手续，这是保证发展党员的质量，保持党组织的先进性和纯洁性，提高党的战斗力的需要。因此，高校在发展党员时，要把握好发展党员的入口关、程序关、质量关这“三关”，加强和改进在大学生中发展党员工作，把优秀青年大学生凝聚到党的队伍和事业中来，对提高党员质量、培养一代又一代社会主义事业可靠接班人、永葆党的蓬勃生机和活力，具有极为重要的战略意义。

第一节　发展党员的指导思想、一般原则和基本要求

发展党员指基层党组织对群众中积极向党组织靠拢、愿意为共产主义事业奋斗的积极分子进行培养、教育和考察，在他具备入党条件后，通过严格的组织发展程序及时地将他吸收为中共预备党员，并继续进行教育和考察，在他预备期具备党员条件时，及时转为中共正式党员的全过程。它是党的组织工作的一个重要组成部分，是基层党组织的基本任务之一。要求入党的同志在具备党员条件之后，必须按照党章规定，严格履行入党手续。

一、发展党员工作的指导思想和方针

（一）发展党员指导思想

发展党员工作是高校党的建设的重要组成部分。高校又是人才培养的摇篮，是青年学生聚集的地方，青年时期又是确定正确政治方向的重要时期，将青年学生中具备党员条件的优秀先进分子吸收入党，增强党员队伍的生机和活力，完善党员队伍结构，提高党员发展质量，提高党的战斗力。

发展党员工作的指导思想：以邓小平理论、“三个代表”重要思想和科学发展观为指导，遵循“控制总量、优化结构、提高质量、发挥作用”的方针，着眼于始终保持党的先进性和纯洁性，坚持不懈地做好发展党员工作，不断增强党员队伍的生机和活力，增强党在全社会的影响力和凝聚力，为巩固党的执政基础，提高党的执政能力，实现党的历史任务提供组织保证。

(二)发展党员工作的方针

2014 年 6 月 11 日，中共中央办公厅印发《中国共产党发展党员工作细则》(以下简称《细则》)第一章总则明确指出党的基层组织应当把吸收具有马克思主义信仰、共产主义觉悟和中国特色社会主义信念，自觉践行社会主义核心价值观的先进分子入党，作为一项经常性重要工作。这一《细则》的核心是提高发展党员质量，保持党的先进性和纯洁性。《细则》提出了发展党员工作应当贯彻党的基本理论、基本路线、基本纲领、基本经验、基本要求，还提出了发展党员的新十六字方针：“控制总量、优化结构、提高质量、发挥作用”。《细则》规定，坚持党章规定的党员标准，始终把政治标准放在首位；坚持慎重发展、均衡发展，有领导、有计划地进行；坚持入党自愿原则和个别吸收原则，成熟一个，发展一个；禁止突击发展，反对“关门主义”。

党员是党的肌体的细胞和党的活动的主体，发展党员工作是党的建设一项经常性重要工作。马克思主义政党的力量和作用，既取决于党员数量，更取决于党员质量，数量乘以质量就是强大的战斗力。做好发展党员工作，必须全面贯彻发展党员工作的十六字方针，即“控制总量、优化结构、提高质量、发挥作用”。准确理解和把握这十六字方针，应注意以下几点：一是以控制总量为重点，实行发展党员总量调控，使全国党员数量年均增长控制在适当速度，党员队伍保持适度规模。二是以优化结构为关键，根据不同群体、行业和岗位特点，确定发展党员的重点，不断优化党员队伍结构。三是以提高质量为核心，坚持党员标准、加强培养教育、严格日常管理、严肃纪律要求，着力提高党员队伍整体素质。四是以发挥作用为目的，引导党员牢记宗旨、心系群众，立足本职、干事创业，充分发挥先锋模范作用。这“十六字”总要求是一个不可分割有机整体，在发展党员工作中，党组织一定要准确理解，全面把握，防止片面性和盲目性，保证发展党员工作健康顺利地进行。

二、发展党员的一般原则

以增强党性、提高素质为重点，扎实推进质量建党。重视党员质量，是马克思主义建党学说的一项基本原则。马克思主义政党的力量和作用，既取决于党员的数量，更取决于党员的质量。党的十八大报告提出“提高发展党员质量，重视从青年工人、农民、知识分子中发展党员”，紧紧抓住了发展党员的工作重点和薄弱环节。按照“控制总量、优化结构、提高质量、发挥作用”的要求，正确处理好党员数量与质量的关系，保持发展党员适度规模。重点加大在青年工人、农民中发展党员力度，重视在高知群体、大学生等领域优秀青年中发展党员，积极做好在非公有制经济组织、社会组织中发展党员工作。

(一)有计划发展的原则

这要求党组织把发展党员工作作为一项经常性的工作,有领导、有计划、有目的地进行,既不能无故长期停止发展党员,也不能突击发展党员,更不能搞"关门主义"。

(二)把质量放在第一位的原则

这要求在发展党员工作中,要把党员质量放在首位,坚持党章规定的党员标准,突出政治上的先进性,始终把政治标准放在首位。要把具有马克思主义信仰、共产主义觉悟和中国特色社会主义信念,自觉践行社会主义核心价值观,作为衡量一个人政治上是否成熟、能否加入党组织的第一标准。要严格防止企图利用执政党的地位谋取私利或投机钻营的人混入党内。

(三)入党自愿的原则

我们党是由有共产主义觉悟的先锋战士所组成的工人阶级政党,作为党员,无论何时何地都必须把党的利益、国家的利益摆在首位,全心全意为人民服务,不惜牺牲个人的一切,为实现共产主义而奋斗终生。这不是每个人都能做到的,只有具有共产主义觉悟,志愿把自己的一切献给共产主义事业的人才能做到。如果入党不是建立在自愿的基础之上,就不可能自觉地用党员标准去规范自己的言行,甚至做出与党的要求背道而驰的事情,给党造成损害。因此,必须坚持入党自愿的原则。

(四)个别吸收原则

它要求党组织严格按照党章规定的党员条件,在对入党积极分子进行培养、教育和考察的基础上,看其是否具备党章规定的党员条件,成熟一个发展一个。这样有利于保证党员质量,把真正符合党员条件的人吸收到党内来,防止把不具备党员条件的人吸收入党,防止"带病入党"。

(五)重点发展的原则

根据党员队伍构成和分布情况,从优化结构出发,确定发展的重点,逐步解决党员年龄结构及分布不合理的现状。各单位、各部门要从自己的实际出发,确定自己的发展重点。坚持重点发展原则,一方面有利于改善党员队伍结构,另一方面可以提高党员队伍的整体素质,使党员队伍的结构和分布状况适应改革和建设的需要。

三、发展党员的基本要求

为深入贯彻落实十八大精神,根据中央组织部 2004 年《关于进一步做好新形势下发展党员工作的意见》提出新形势下发展党员工作的基本要求:

一是坚持围绕中心,服务大局。发展党员工作要紧紧围绕全面建成小康社会的奋斗目标和加强党的执政能力建设的要求来进行。要把这项工作放到党的工作大局中去谋划、去推动，在巩固党的执政基础，促进经济社会发展等方面，取得实实在在的效果。

二是坚持党员标准，严格工作程序。要坚持质量重于数量的原则，着眼于保持党的先进性和纯洁性，严格按照党章规定的党员标准发展党员，着重看发展对象是否自觉学习和实践“三个代表”重要思想，是否自觉贯彻落实科学发展观，是否自觉为党的路线和纲领而奋斗，是否在工作和社会生活中取得突出成绩。严格发展党员工作程序，认真履行入党手续，坚持成熟一个，发展一个，确保新党员的质量。

三是坚持优化结构，保持均衡发展。要着眼于改善党员队伍的结构和分布，注意在生产、工作第一线发展党员，注意在青年、妇女、少数民族中发展党员，注意在高知识群体和各类人才中发展党员，注意在党的力量比较薄弱的地方发展党员。坚持有领导、有计划地发展党员，防止和避免突击发展、长期不发展、发展数量大起大落等不正常现象，防止和纠正“分指标、卡比例”等错误做法。

四是坚持教育引导，做好基础工作。要把发展党员工作的着力点放在入党积极分子队伍建设上。要积极主动地开展教育引导工作，努力把社会各方面的先进分子凝聚到党组织的周围。采取多种形式，加强对入党积极分子的培养教育，不断提高他们的思想政治素质和业务水平，为发展党员工作奠定坚实的基础。

五是坚持求真务实，与时俱进。注意研究在改革开放和社会主义市场经济条件下发展党员工作的特点和规律，建立健全常抓不懈的工作机制。不断研究新情况，解决新问题，总结新经验，探索新方法，使发展党员工作始终体现时代要求。

第二节　发展党员的基本程序

严格入党程序，把好“入口关”，才能质量优，是保证党员质量的保障。经过党组织较长时间考验，严格履行入党手续，对于保证新党员质量具有重要作用。根据《中国共产党章程》和中共中央组织部《中国共产党发展党员工作细则》及上级有关规定，高校发展党员工作一般有如下主要程序：

一、自愿向党组织提出申请

党章规定：“年满十八岁的中国工人、农民、军人、知识分子和其他社会阶层的先进分子，承认党的纲领和章程，愿意参加党的一个组织并在其中积极工作、执行党的决议和按期缴纳党费的，可以申请加入中国共产党。”这是申请入党的最基本条件。

个人自愿，是我们党发展党员的一个基本原则。要求入党的同志，必须由本人自愿向所在单位的党组织正式提出申请。申请分为口头申请和书面申请两种形式，高校一般要求入党的同志提出书面申请，即入党申请书，入党申请书必须是本人亲自书写，并且自愿递交给所在单位的党组织。经党组织的培养教育和考察，基本具备党员条件后，才能按党章规定履行入党手续。本人未提出入党申请，任何党组织不得以任何理由吸收其入党。

自愿提出入党申请，是为了向党组织表明自己对党的认识，对待入党的态度和愿望，也是向党组织提出给予考验和帮助的要求，这是争取入党的第一步。党章规定："中国共产党是由有共产主义觉悟的先锋战士组成的工人阶级政党，党的最终目标是实现共产主义。"这意味着入党就要承担一个共产党员的责任，并要按照党章的要求去实践。共产党员，要有坚定的理想信念和良好的道德品行，自觉为党的纲领而努力奋斗，自觉在生产、工作、学习和社会生活中起先锋模范作用，无论何时何地都必须把党的利益、国家的利益摆在首位，全心全意为人民服务，随时准备为党和人民的利益牺牲一切，并为实现共产主义的崇高理想而奋斗终生。这就要求入党不能强迫和勉强，而必须是完全出于自愿。只有这样，入党后才能自觉地按照党章规定的党员标准严格要求自己，刻苦学习，积极工作，无私奉献，努力做一名合格的共产党员。如果入党不是建立在自愿的基础上，而是靠动员、强迫或拉入等做法，一方面这种做法的本身是违背党章规定的；另一方面，本人也就不可能自觉地用党员标准去规范自己的言行，甚至把自己混同于一个普通老百姓。这样不但不能发挥党员的先锋模范作用，反而会损害党的形象。

二、入党积极分子的确定、培养、教育、考察

(一)入党积极分子的确定

(1)个人自愿向党组织递交入党申请书。

(2)群团组织"推优"。在团支部全体成员投票中得票率为50%以上，根据推优名额，按照得票率高低，确定正式推荐人选，上报党组织。

(3)党支部指定党员对入党申请人进行个别谈话或集体谈话。了解申请人的基本情况及其思想、学习、工作、作风的表现，了解其为什么要入党和对党的态度，掌握党的基本知识的程度，有针对性地指出其存在的缺点和问题，鼓励他们发扬优点，克服缺点。

(4)召开党支部会，分析入党积极分子情况，研究"推优"结果，在听取培养人意见的基础上，经支委会讨论，确定为入党积极分子。

(5)公示。公示范围应为申请者所在单位，公示时间为5～7天。

(6)公示后，若无异议，党支部通知已确定的入党积极分子填写"中国共产党入党积极分子考察表"。

(7)党支部按照《中国共产党发展党员工作细则》的要求，明确1—2名(一般为2名)党员作入党培养联系人(必须是正式党员)，分工对入党积极分子进行培养、教育和考察。

(8)建立"入党积极分子个人档案"。由培养联系人负责填写"中国共产党入党积极分子考察表"；指导入党积极分子联系自己的思想实际写思想汇报。

所谓入党积极分子指：一是承认党的纲领，拥护党的路线、方针、政策；二是对党有正确的认识，入党动机端正，并积极向党组织靠拢；三是愿意为共产主义、中国特色社会主义事业奋斗和自觉践行社会主义核心价值观，在日常思想、学习和工作等方面表现突出；四是遵纪守法，作风正派，团结同志，在群众中有一定的威信；五是没有参加不法活动，政治清楚。

很多人以为只要递交了入党申请书，都能被确定为入党积极分子，都能被发展为党

员，其实不然。一般情况下，刚刚向党组织递交入党申请的同志，往往不具备或者不完全具备党员的条件，要经过党组织的培养、教育和考察，提出入党申请只是迈入党员大门的第一步

(二)入党积极分子的培养、教育和考察

入党积极分子的培养教育考察阶段是发展党员工作的重要阶段，这一阶段重在选苗，要按照对学生党员的要求，给其目标，着重在实践中教育、培养和考察，通过多重灵活有效的方式进行教育、培养和考察，帮助他们尽快达到党员标准。

1.党支部要制订培养计划

培养联系人根据培养对象的实际情况，制订出适合培养对象的培养计划，负责做好入党积极分子的培养、教育、考察工作，帮助培养对象在思想、学习、工作等方面不断提高，及时指出缺点和不足并帮助改正，引导培养对象不断进步。

2.培养对象要主动接受党组织的培养教育

(1)积极参加党校举办的入党积极分子培训班，主动接受马克思列宁主义、毛泽东思想和中国特色社会主义理论体系教育，党的路线、方针、政策和党的基本知识教育，党的历史和优良传统、作风教育以及社会主义核心价值观教育，中国特色社会主义理论的教育、社会主义和共产主义信念教育以及新形势下共产党员的先进性教育等，要具有共产主义的远大理想和中国特色的社会主义的坚定信念；掌握党的性质、纲领、指导思想、宗旨、任务、组织原则和纪律，懂得党员义务和权利；在不断加深对党的认识的基础上，确立为共产主义事业奋斗终生的信念，自觉地按照党员的标准要求自己，努力创造条件，争取加入党的组织。

(2)积极参加党内安排的有关活动。如参加支部发展党员讨论会议和入党宣誓等有关活动，体验党内生活，接受党内的锻炼。

(3)积极参加党内分配的社会工作，在实际工作中锻炼提高，逐步培养和树立为人民服务的思想。

3.培养对象要自觉接受党组织的考察

要求入党的同志必须接受党组织对自己的考验，党组织将对照党员的标准对入党积极分子进行考察，接受考察的过程也是自身提高的过程。

(1)党支部定期征求党内外群众的意见和听取培养联系人汇报，并向培养对象转达他们的意见，肯定成绩，并指出不足和今后努力的方向，帮助其进一步提高。

(2)入党积极分子要积极向党组织靠拢，主动向党组织递交书面汇报或口头形式汇报思想。书面思想汇报至少每个季度写一篇，向党组织汇报自己对党的路线、方针、政策的认识，对重大政治事件的看法，以及学习和社会工作等方面的情况。

(3)培养联系人要定期将考察情况定期填入“中国共产党入党积极分子考察表”内，要求一般每季度至少考察一次，并及时填写，要写明被考察对象的具体表现，特别是其缺点和不足改正的情况。

(4)党支部要定期检查培养联系人的工作和“中国共产党入党积极分子考察表”填写的情况。

考察要有具体的内容，具体包括：是否具备较高的政治觉悟，是否坚定共产主义信仰，是否坚持党的路线、方针、政策，能否全心全意为人民服务，以及在日常的学习、生活、方面的表现和党组织交代的任务的完成情况。党支部一季度对培养对象考察一次，并将考察意见填入“中国共产党入党积极分子考察表”中，作为今后是否确定为发展对象的依据。

(三)入党积极分子的培养、教育、考察应注意的问题

1. 党支部要定期对入党积极分子进行考察，每一季度对入党积极分子考察一次，并将考察的结果填入“中国共产党入党积极分子考察表”中，并反馈给入党积极分子本人。

2. 党支部要充分发挥培养联系人的作用。党支部应定期听取培养联系人对入党积极分子的培养考察情况，指导他们工作，加强对他们的培养考察情况的监督。

3. 党支部在对入党积极分子进行培养教育时，应根据每个人的实际情况，对他们提出不同的要求，采取分层次培养教育的方法。对表现突出的积极分子，可列为重点培养对象，加强对其培养教育考察。

三、发展对象的确定和培训

入党积极分子必须经过一年以上的培养、教育、考察后，在广泛听取培养联系人和党内外群众意见的基础上，经支部大会认真、全面讨论，认为其在培养教育考察期间各方面表现突出，基本具备入党条件的，即可确定为发展对象。

(一)确定发展对象的程序

1. 培养联系人详细汇报入党积极分子的培养考察情况，并标明是否同意其确定为发展对象的意见，提交党支部审议。

2. 党支部召开群众座谈会，征求党内外群众意见。如党内外群众对入党申请人确定为发展对象有异议，且有异议的人数较多，党支部需慎重发展。

3. 党支部审查申请人入党的相关材料，包含入党申请书、自传、思想汇报、培训情况、学习成绩、奖惩情况、完成社会工作情况等，并形成综合的政审材料。政审材料是社会对被发展对象进行政治审查，所形成的政治材料，可以通过同本人谈话、查阅有关档案材料、找有关单位和相关人员了解，以及通过函调等方法。政治审查的主要内容社会：(1)对党的路线、方针、政策的态度；(2)直系亲属和与本人关系密切的主要社会关系的政治情况；(3)本人的政治历史和在重大政治斗争中的表现；(4)本人遵纪守法和遵守社会公德情况。凡是没有经过政治审查的，不能发展入党。

4. 公示。公示时间一般为5—7个工作日。如果在公示期间有收到实名的举报信或其他对申请人的不良反应，在尚未调查清楚前要暂缓发展。

5. 党支部召开会议讨论，与会的入党积极分子、预备党员和正式党员积极发言讨论，全面分析情况，最后经无记名投票，投票通过的初步确定发展对象。

6. 报送上级党组织预审。党支部经过支部大会确定为发展对象后，要将申请人的入党材料报送上级党组织预审，预审的材料必须齐全、手续必须完备。需报上级党组织预审的材料如下:(1)入党申请书;(2)自传;(3)思想汇报(至少一个季度一篇);(4)必要的政治审查综合材料;(5)"入党积极分子培养考察登记表";(6)学生的学习成绩单;(7)荣誉证书;(8)党校培训结业证书;(9)群团组织推优材料;(10)确定入党积极分子公示表;(11)确定发展对象公示表;(12)完成社会工作情况表等。

上级党组织对审查材料调查分析的基础上,对照党员标准衡量发展对象是否具备了党员的条件,对预审不合格的,要把材料退回所报审的支部,请他们继续做好培养、教育和考察工作。

(二)确定发展对象过程中应注意的问题

1. 入党积极分子没有经过一年以上的培养教育考察不能发展。
2. 入党积极分子未获得党校结业证书者一般不能发展。
3. 要充分重视团组织的"推优"意见,团支部推优未过半数者,一般不能发展。
4. 群众座谈会征求群众意见或党支部内部意见分歧较大的要认真研究,慎重发展。
5. 在发展前一年内有补考的学生或学习成绩排名中等以下,原则上不能发展。
6. 有违法违纪行为并受到相关处分的,原则上一年内不发展。之后若有明显改变并受到学校以上表彰者方可考虑作为发展对象。
7. 没有经过政审或政审不合格者不能发展。

(三)发展对象的培训

《中国共产党发展党员工作细则》明确确定,对发展对象必须经过短期培训,这是发展党员工作中必不可少的程序。经过短期培训,发展对象进一步加深对党的认识,端正入党动机,争取早日入党。没有经过培训的,除特殊情况外,不能发展入党。

党支部分期分批选送发展对象参加党校学习,学习党的基本理论、基本路线、基本纲领、基本经验和基本知识,结合当前党的重大政治事件,学习党的有关决议、党的领导人的重要讲话等。学习方法可以灵活多样,可以通过自学、讨论、集中学习、参观红色基地、观看党史相关的纪录片、参加社会实践、组织考试。经过党校学习后经考试取得党校结业证书的,才能发展入党,否则不能发展入党。个别特殊情况,须请示上级党委组织部门同意。

四、预备党员的接收、教育、考察和转正

(一)预备党员的接收

通过对发展对象进行培养教育、政治审查和短期集中培训后,党支部从全方面对其进行衡量并符合党员标准时,就可将其发展为预备党员。党支部接收预备党员的具体工作程序如下:

1. 确定入党介绍人

党章第一章第五条明确规定:申请入党的人,要有两名正式党员作介绍人。由正式党员担任其介绍人,是因为正式党员能及时向党组织介绍其入党,能在支部大会讨论是否接

收其入党的时候，表明自己是否同意其入党的态度，这种权利只有正式党员才有。由两名党员担任介绍人，是因为可以使党组织对发展对象的培养教育考察能更加全面、认真和深入，可以避免因一名介绍人对发展对象的不全面、不客观的看法而影响发展对象在政治上的进步，可以在其中一名介绍人发生工作变动或其他事情的时候不能担任其介绍人的时候，另一名介绍人还可以继续对发展对象进行培养教育考察，有利于入党介绍人工作的连续性和对发展对象进行培养教育考察的连续性，以便保证新党员的质量。所以，入党介绍人必须由两名正式党员担任。受留党察看处分、尚未恢复党员权利的党员，不能作入党介绍人。

确定入党介绍人的方法，可以由发展对象自己选定，也可以由党组织指定。如果由党组织指定，必须经入党介绍人同意。一般情况下，入党介绍人由其在入党积极分子培养教育考察时期的培养联系人来担任。因为培养联系人与发展对象的接触较长，了解较深，经过入党积极分子培养教育考察期期间知道发展对象身上存在的优点和缺点，能够进一步对发展对象提出要求，从而使培养考察工作保持一定的连续性，也有利于发展对象进一步的提高。

入党介绍人要认真了解申请人的入党动机、政治觉悟、道德品质、工作经历、现实表现等情况，向他解释党的纲领和党的章程，说明党员的条件、义务和权利，并向党组织做出负责的报告。在预备党员培养考察期间，入党介绍人还需经常同被介绍人谈心，对其进行党的基本理论、基本路线、基本纲领、基本经验、党的基本知识、党员条件和党员义务与权利的教育，帮助被介绍人提高对党的认识、端正入党动机、积极创造入党条件；指导被介绍人填写“入党志愿书”，并认真填写自己的意见，向党组织负责任地汇报对被介绍人的培养和考察情况，并在被介绍人达到党员条件的时候，及时、负责地向党组织介绍其入党。

2.填写“入党志愿书”

党章第一章第五条明确规定：申请入党的人，要填写入党志愿书。“入党志愿书”是“发展对象”向党组织表明自己入党愿望以及向党组织报告自己的简历、家庭与主要社会关系的书面材料，是党组织对发展对象进行审查的主要依据。填写“入党志愿书”是一件非常严肃的事情，是履行入党手续其中一项。党支部要向发展对象详细解释所填的内容和要求，发展对象则要认真、严肃、忠实、诚实的态度对待。但是在发展对象填写“入党志愿书”前，必须是发展对象已经具备了党员条件，并已事先征得上级党组织的同意。这是保证党员质量的重要举措，也是保障党员队伍的先进性和纯洁性的前提。

3.党支部征求党内外群众的意见

党支部征求党内外群众的意见并认真听取入党介绍人是否同意接收其为预备党员的意见。对征得的意见，要充分分析，充分了解发展对象对党的认识是否深刻，入党动机是否纯洁和端正，以及其他需要了解的情况，以进一步考察发展对象是否具备党员条件。

4.召开接收预备党员的支部大会，讨论发展对象入党的问题

支部大会要严格按照程序进行，支部大会的主要议程：

(1)会议由支部书记主持，宣布本次会议议题和要求，报告应出席和实际出席会议的本支部党员人数。出席大会的党员人数，必须超过本支部有表决权的正式党员人数的一半，否则，会议无效。

(2)发展对象宣读《入党志愿书》,汇报自己入党的决心、对党的认识、入党动机以及自己的优缺点,介绍本人履历、家庭出身、主要社会关系和奖惩情况,以及需要向党组织说明的其他问题。发展对象必须列席,如没有参加会议,会议需延期。

(3)入党介绍人汇报对入党申请人的培养、教育、考察情况,并对是否接收被介绍人入党表明意见。两个入党介绍人原则上也应到场,如果一方没有列席会议,需写书面材料表达意见,如果两个都没列席,会议需延期。

(4)与会的人员对发展对象能否入党充分发表各自意见,并逐个进行讨论。

(5)有表决权的党员采取举手或无记名投票的方式进行表决。

(6)宣布表决结果。按照少数服从多数的原则,赞成人数超过应到会有表决权的正式党员的半数,才能通过接收申请入党人为预备党员的决议。

(7)申请入党人对大会的讨论情况和表决结果表明自己的态度和今后的决心。

(8)通过接收(或不接收)预备党员的支部大会决议。

(9)与会人员自由发言,主要谈对发展对象今后的期望。

5.报送上级党组织审批

在支部党员大会作出同意接收发展对象为预备党员的决议之后,党支部要把发展对象的入党申请书、"入党积极分子考察登记表"、政治审查材料、"入党志愿书"以及申请人在培养考察期间的思想汇报等材料,一并报送上级党组织审批。

上级党组织审批预备党员,主要是审议申请人是否具备党员条件和入党手续是否完备。在上级党组织批准申请人入党前,党组织要指派组织委员同被接收对象谈话。谈话的主要内容是了解其对党的知识的掌握情况、对党的认识、入党动机、熟悉党员义务和权利的程度以及思想觉悟。目的是使上级党组织直接了解被接收对象的情况,帮助他提高对党的认识,指出今后努力的方向。谈话后,组织委员需及时如实地将谈话人的意见填入"入党志愿书",并向党组织汇报谈话情况。这样做有利于防止偏差,保证审批的正确性。如果申请人具备党员条件,上级党组织召开会议讨论审批通过,需向其党支部下发审批通过预备党员通知书。

6.党支部通知本人

党支部接到上级党组织关于接收预备党员的审批通知后,需将上级党委对被接收人入党的审批意见及时通知新发展的预备党员本人,并在支部大会上宣布。对批准为预备党员的同志,要教育他们按照党章规定的党员标准严格要求自己,在预备期期间,要进一步接受党组织的教育和考察,争取如期转正。对没有被批准为预备党员的同志,应向本人说明未批准的原因,肯定他们的优点,指出他们存在的不足和今后的努力方向,鼓励他们克服缺点,继续努力,积极接受组织的教育和考验,争取早日入党。

7.入党宣誓

党章第一章第六条明确规定:预备党员必须面向党旗进行入党宣誓。入党宣誓既是我们党的优良传统,也是一种十分庄严而且生动的教育形式。入党誓词高度概括了党的权利和义务,表达了党员对党和共产主义理想的信念,既是对党员的要求,也是党员对党组织和党的事业应承担的政治责任,每一个党员必须时刻牢记誓言,并努力付诸实践。

(二)预备党员的教育和考察

党章第一章第七条明确规定:预备党员的预备期为一年。党组织对预备党员应当认真教育和考察。预备党员的预备期,从支部大会通过他为预备党员之日算起。

1. 预备党员的教育

预备党员的预备期是党组织对预备党员进一步教育考察的重要时期,这是保证党员质量的一项重要措施。预备党员应自觉接受党组织的教育考察,努力学习,不断提高自己的政治素质。党组织可以通过预备期让新入党的同志强化党内生活的锻炼和教育,不断强化党员意识,增强党性修养,端正入党动机,提高正确行使党员民主权利的能力,增强履行党员义务的自觉性,树立正确的世界观、人生观和价值观,使之成为合格的共产党员,另外,通过预备期对新党员的教育考察,可以对比新党员入党前后的表现和思想变化,更深入地考察新党员的入党动机是否端正,对党是否忠诚,是否真正具备了党员的条件,可以把符合党员条件的按时转为正式党员,对不具备或不完全具备党员条件的预备党员可以延长预备期甚至取消党员资格,有利于保证党员队伍的纯洁性。

在预备期间,党组织要继续加强对预备党员进行党的基本理论、基本路线、基本纲领、基本经验、基本知识的教育,使其进一步坚定共产主义的理想信念,进一步坚定走中国特色社会主义道路,进一步加深对党的认识,进一步端正入党动机,自觉按照党员的标准严格要求自己。党组织要求预备党员参加组织生活和党内各种会议,并要经常给其分配适当的社会工作,这不仅使预备党员能更多地同党内群众接触,向党内外群众学习,还可以使预备党员进一步树立全心全意为人民服务的宗旨。党组织可通过听取预备党员本人汇报、个别谈心、集中培训(参加预备党员培训班)、介绍人帮助等方式,及时了解预备党员的思想、工作和学习的情况,特别是了解预备党员履行党员义务的情况,并将考察情况及时填入"预备党员考察表"。对于成绩和优点,要及时给以鼓励,对缺点和问题,要及时给予批评和解决,以使预备党员能够在党组织的培养教育下健康成长。

2. 预备党员的考察

预备党员应从上级党组织批准为预备党员的那个月起开始交纳党费,但从支部大会通过其入党之日至上级党组织批准为预备党员期间的党费要补交。如果是共青团员,应从上级党委批准为预备党员之日起,停止交纳团费,开始交纳党费。党员按期交纳党费,是党员对党应尽的责任和义务,是党员关心党的事业的具体体现。党员交纳党费不仅可以为党的活动提供部分资金,更重要的是可以增强党员的组织观念,加强党员的党性修养,提高党员的政治觉悟。按照党章规定,党员向党组织交纳党费,是党员必须具备的起码条件。党章第一章第九条规定:"党员如果没有正当理由,连续 6 个月不参加党的组织生活,或不交纳党费,或不做党所分配的工作,就被认定是自行脱党。"预备党员应同正式党员一样按规定交纳党费,并从支部党员大会通过其为预备党员之日起开始交纳。

预备党员要主动向党组织汇报思想,每个季度至少交一篇思想汇报,汇报这段时间对党的认识、对国家重大时事政治的看法、思想觉悟等。

入党介绍人经过对预备党员的教育、培养和考察后,在"中国共产党预备党员考察表"中填写考察意见。意见要具体,要着重考察其不足方面改进的情况。一年考察结束,考察人要写出综合考察意见，并表明该预备党员能否转正的意见。

(三)预备党员的转正

预备党员经过一年的预备期后，根据党章和《中国共产党发展党员工作细则(试行)》有关规定，预备党员预备期满后，党支部应按时讨论其能否转为正式党员。具备党员条件的，按期转正；不完全具备条件、需进一步教育和考察的，可延长一次预备期，延长时间不能少于半年，最长不超过一年；不具备党员条件的，应取消党员资格。按期转正，延长预备党员资格，都必须经支部大会讨论通过并报上级党委审批。

预备党员预备期满能否转正，要以是否履行党员义务，符合党员条件为依据，不能降低要求，防止和纠正平时不教育、不考察，到期草率转正或任意取消预备党员资格的错误做法。

1. 预备党员转正的手续

(1)预备党员预备期满前一周，要主动向党组织提出书面转正申请，这是预备党员转正的第一道手续。要求预备党员本人主动向党组织提出书面转正申请，这是预备党员向党表明自己愿意承担一名正式党员必须承担的义务，能够为共产主义事业奋斗终生，随时准备为了党和人民的利益贡献自己的一切，这是不能有半点虚伪和强迫的。

(2)党支部征求党内外群众的意见并征求入党介绍人对预备党员能否如期转正的意见。对征得的意见进行认真、全面分析，并以此作为衡量预备党员能否转正的重要依据。

(3)支部大会要及时讨论预备党员的转正问题。凡是认真履行了党员义务、具备了党员条件的，应当按期转为正式党员。

2. 支部大会讨论的程序

(1)会议由支部书记主持，宣布本次会议议题和要求，报告应出席和实际出席会议的本支部党员人数。出席大会的党员人数，必须超过本支部有表决权的正式党员人数的一半，否则，会议无效。

(2)预备党员宣读转正申请，汇报自己在预备期间接受党组织培养、教育和考察的情况。支部大会讨论预备党员转正时，预备党员本人必须参加，如本人因故不能参加会议，支部大会应改期召开。

(3)入党介绍人介绍预备党员在预备考察期间的表现，并向大会表明自己是否同意预备党员如期转正的意见。两名入党介绍人也应出席会议，如遇特殊情况，介绍人中有一人不能出席，并在会前已向支部作了认真负责的介绍，支部大会可以照常讨论，如果两名入党介绍人都不能出席应改期讨论。

(4)与会的人员对预备党员是否如期转正进行讨论，并发表自己的意见。

(5)进行表决。表决可采取举手表决或无记名投票的方式进行，赞成人数超过应到会有表决权的正式党员的半数，即可通过其按期转为正式党员。对因故没有到会而事先向党支部提出书面或口头意见的党员，应统计在票数内。

(6)上级党组织审批。按照党章规定，预备党员转为正式党员，应经支部大会讨论通过后，报上级党组织批准，不经支部党员大会讨论通过，而直接由上级党委批准为正式党员是违反党章规定的。党支部在形成预备党员如期转正的决议后，需将预备党员的转正材料报由上级党组织审批。上级党组织审核材料通过后，应召开会议逐个讨论通过，并向其党支部下发通过转正审批通知单。

(7)党支部书记要将上级党组织审批结果告诉其本人，并将审批结果在党员大会上宣布。

预备党员转正后，党组织应将其"入党志愿书"、入党和转正申请书、自传、政审材料、"入党积极分子考察表"、"预备党员考察表"等材料交党委存入党员档案，由所在党委保存。每个要求入党的同志，经过坚持不懈的努力和党组织的培养教育，履行了一系列的入党程序和手续，成为一名正式的中国共产党党员，实现了自己的入党愿望，这是一件十分光荣的事情。但是，一个人在组织上入党一生只有一次，而真正从思想上入党却是一世。新入党的同志，要把加入党的组织作为继续前进的新起点，用党员的标准严格要求自己，不断学习，努力进步，用实际行动实践入党誓言，成为一个名副其实的共产党员。

延伸阅读

元帅们的入党时间

共和国元帅中，最早加入中国共产党的是朱德。说起朱德的入党，还颇费了一番周折。从 1919 年五四运动起，朱德就受到新思想的冲击，开始接触到马克思主义，走上了为救国救民寻找真理的道路，并认定只有共产主义、共产党才能救中国。为此，他不惜辞去军职，开始了寻找党和真理的历程。

1922 年 6 月，他在上海婉言谢绝了孙中山愿以 10 万元大洋委其组建新滇军的请求之后，见到了当时任中国共产党总书记的陈独秀并提出入党的要求。陈独秀则回答说，像朱德这样的旧军队高官加入共产党，以前还没有过。如果他真想加入的话，必须以工人的事业为自己的事业，并且准备为它献出生命，并需要长时间的学习和真诚的申请。陈独秀的回答使朱德感到痛苦，他后来回忆说："我感到绝望、混乱。我的一只脚还站在旧秩序里，另一只脚却不能在新秩序中找到立足之地。"为此，他远渡重洋来到法国，当听到中国留法学生已经建立了中国共产党留法组织后，马上要与之进行联系。当听说中共旅法共产党的主要负责人周恩来已去德国的消息后，朱德立即乘火车赶往柏林，向周恩来坦陈了自己怎样会见孙中山，怎样被陈独秀拒绝，怎样为了寻求新的生活方式和中国新的道路来到欧洲，要求加入中国共产党的愿望，并表示派他做什么工作都行，一定会努力学习和工作，绝不再回到旧的生活中去。朱德对共产主义理想的坚定信念，深深打动了周恩来。1922 年 11 月，朱德于德国柏林由张申府、周恩来介绍入党，时年 36 岁。朱德是共和国元帅中入党时年龄最大的一位。

除了朱德外，第二位入党的元帅是聂荣臻，他于 1923 年春在比利时加入中国共产党。第三位是陈毅，他于 1923 年 11 月在北京由中国共产主义青年团员转为中国共产党党员。1926 年 5 月，刘伯承于四川成都加入中国共产党。1927 年 3 月，徐向前于湖北武汉加入中国共产党。1927 年 5 月，罗荣桓由中国共产主义青年团员转为中国共产党党员。1927 年 7 月，叶剑英在江西加入党组织。1927 年 9 月初，在南昌起义部队南下途中，贺龙于江西瑞金锦江中学入党。十大元帅中，最后一名入党的是彭德怀，入党日期约为 1928 年 4 月左右。

（资料来源：马沈：《细数开国元帅们的入党历程》，http://www.zgdsw.org.cn/GB/218989/16056314.html，访问日期：2014 年 4 月 10 日。）

钱学森入党的故事

涂元季

1955 年，经中国政府和周恩来总理的营救，在美国度过了被阻 5 年的漫长岁月的钱学森回到了日夜思念的祖国。

回国后，钱学森目睹了新中国欣欣向荣的发展景象，看到党的各级领导干部廉洁奉公、全心全意为人民服务的形象。所有这一切，都使这位在旧中国度过漫长黑夜的科学家大为感动。在学习了党的知识以后，他深深地认识到，党的事业是非常伟大的，而他个人不管有多大本事，如果不依靠党组织，他所追求的祖国强盛的梦想是无法实现的。所以他回国不久就萌生了入党的愿望。1958 年初，他向组织郑重提出入党要求。

一天晚上，钱学森到当时的科学院党组书记张劲夫家，谈了自己在美国的遭遇，并郑重提出入党请求。张劲夫对钱学森要求进步的动机给予了肯定和鼓励。之后，钱学森找到当时中国科学院秘书长杜润生和力学所党的负责人杨刚毅作入党介绍人，并在 1958 年 4 月 6 日向组织写了长达 7 页纸的“思想检查”，对自己的历史作了详细交代，还深挖了回国以后的思想。

由于钱学森认识深刻，这份“思想检查”得到了组织的肯定。同时力学所支部召开有部分群众参加的支部大会，征求广大党员和群众的意见。大家在会上都发了言，既肯定钱学森的进步，也坦率地提出了自己的意见。钱学森认真听取大家的意见并作了详细记录，他十分珍视保留的记录稿纸就有 8 页。

1958 年 4 月 19 日，他又向党组织写了长达 8 页的“交心”材料，进一步谈了他对党的各项方针政策的认识。鉴于钱学森对党的深厚感情和对党认识的提高，组织上决定发展他入党。1958 年 9 月 24 日，钱学森正式填写入党志愿书。10 月 16 日，力学所支部召开有部分群众参加的支部大会，正式讨论钱学森入党问题。全体党员一致同意钱学森入党，也诚恳地给他提出了意见和希望。比如，有人提出钱学森和院领导关系很好，但对力学所党的领导尊重不够，一些业务上的重大问题不征求他们的意见。钱学森在支部会上诚恳地谈了自己的想法，表示“一定从思想深处提高认识，坚决改正”。

钱学森是心口一致、说到做到的，在以后的工作中他和力学所历任党支部、党总支负责人都建立了良好的同志式工作关系。他在晚年也常常念叨这些老同志在他刚刚回国时对他的帮助和支持，他也很感谢同志们在支部大会上给他提的意见。

1959 年 1 月 5 日，科学院党委通知力学所党总支：钱学森“已被接收为中国共产党预备党员，预备期一年，自 1958 年 10 月 16 日至 1959 年 10 月 16 日”。

1959 年 11 月 12 日，力学所所办支部大会一致通过钱学森转正。从此，这位科学家就成为中国共产党的一名正式党员了。

钱学森对自己的政治生命十分珍视，他后来说，他曾经为自己成为一名共产党员激动得彻夜难眠，这是他这一生中仅有的三次激动之一。

（资料来源：涂元季：《钱学森入党的故事》，《北京支部生活》2006 年第 2 期。）

思考练习

1. 请简述申请入党人、入党积极分子、发展对象的联系与区别。

2. 确定为入党积极分子之后，是否就能发展入党、成为正式党员？

第八章　以实际行动争取早日入党

本章导读

党始终重视在大学生中发展党员，多次强调在大学生中发展党员的极端重要性和战略地位。积极在大学生中发展党员，是涉及长远发展的战略性决策，它关系到我国社会发展和现代化建设的前途，关系到我们党的事业是否后继有人的大问题。30 多年来，随着我国改革开放取得巨大成就，大批政治上要求进步、渴望加入党组织的大学生，在党组织的关怀、教育、培养下成长起来，他们积极学习马克思列宁主义、毛泽东思想、邓小平理论、"三个代表"重要思想和科学发展观，不断改造世界观，坚定共产主义信念，努力探索掌握科学文化知识和专业技能，在学习和工作中大胆创新，作出成绩。党组织适时地把已具备党员条件的积极分子吸收到党内来，大学生党员比例有了明显提高。

第一节　端正入党动机

一名积极要求入党的大学生，首先要解决的就是为什么要入党的问题，也就是入党动机问题。因为只有端正入党动机，才能为逐步符合入党条件提供正确导向和内在动力，才能在入党后，始终坚持共产党人的世界观、人生观和价值观，永葆共产党人的本色。

一、端正入党动机的重要性

动机是指激起一个人去行动或者抑制某个行动的一种意图、打算或心理上的冲动。人的愿望一旦化作驱策行动的力量，就是动机。它是引发行为、维持行为导向某一目标的全部心理活动过程。入党动机就是一个人抱着一个什么样的初衷和企图要求入党，入党动机正确与否，不仅关系到要求入党的同学能否沿着正确的思想行为导向不断提高自己，使之逐步符合入党条件，而且关系到要求入党的同学能否在入党以后，始终不渝地坚持共产党人的世界观、人生观和价值观，永葆共产党员的本色。

正确的入党动机可以产生正确的入党行为，并用科学的方法实践它；不正确的入党动机则会驱使人们采用不正确的思想和行为去实践自己的愿望。入党动机端正与否是衡量一个积极分子是否具备党员条件的重要标志。所以，端正入党动机是要求入党的大学生必须解决的首要问题。

第一,党的性质和最终目标决定了要求入党的同志必须要有正确的入党动机。中国共产党是中国工人阶级的先锋队,同时是中国人民和中华民族的先锋队,是中国特色社会主义事业的领导核心,代表中国先进生产力的发展要求,代表中国先进文化的前进方向,代表中国最广大人民的根本利益。党的最高理想和最终目标是实现共产主义。端正入党动机是党组织对每个要求入党的同志提出的基本要求。端正入党动机就是要求每个要求入党的同学的入党目的要同党的性质、宗旨和奋斗目标相一致,把自己的思想逐步纳入到与党员的标准相一致的轨道上来。

第二,端正入党动机是保持党的先进性和纯洁性的思想基础。党员是党组织的细胞,党员的状况如何,直接影响党的先进性和纯洁性。由于我们党作为唯一执政党,许多党员在各级领导岗位上掌握人民赋予的大大小小的权力,与个人名利、地位、金钱、享乐相关的考验经常出现在人们的面前,一些入党动机不纯者,或者一些党性不坚定者,一旦经不起考验,就可能滥用权力,搞权钱交易,行贿受贿,贪污腐化,直接影响我们党的威信,危及我们党的执政地位。如果有人带着这些不正确的动机申请入党,并进入了党内,那么,这些不正确的动机就会引导他们走向反面。因此,为了保持党的先进性和纯洁性,就必须要求入党的同志先要逐步端正入党动机。

第三,端正入党动机是端正入党行为的前提。思想是行动的先导,动机是行动的驱动力,正确的动机是正确行动的精神动力。树立了正确的入党动机,就会对自己的入党行动产生源源不断的精神驱动力,在这种内在力量的推动下,要求入党的同学就会在自己的学习和工作中,始终以共产党员的标准严格要求自己。只有端正入党动机,才能在学习和工作中处处起模范带头作用,才能在困难和挫折面前始终保持积极乐观的态度,勇于克服前进道路上的不利因素,朝着既定目标前进。

第四,端正入党动机才能经得起组织考验,这种考验在新时期更有重要的显示意义。因为在革命战争年代,参加革命和加入党组织,意味着担负艰巨、危险的工作,甚至要牺牲自己的生命。在这样的条件下,即使有个别投机分子混入党的队伍中来,残酷的环境也起着大浪淘沙的作用,一些不坚定分子很容易被淘汰。党执政以后,情况有了很大变化。一方面,执政地位的巩固能够使党更好地贯彻落实科学发展观,把一切有志于建设和发展中国特色社会主义事业的有识之士吸引和团结在自己周围,并不断把其中的先进分子吸收到党内来,共同为实现党的历史使命而奋斗。另一方面,由于党处于执政地位,一些思想意识不健康的人存在投机心理,认为入党不仅没有什么危险,而且还可以捞到个人好处,有的甚至把入党当作追名逐利的阶梯。因此,为了维护党的纯洁性,党组织必须严格考察要求入党同志的入党动机。只有那些入党动机端正又具备党员条件的人,才能被吸收入党。这就告诉我们,申请入党的同志要想实现自己的入党愿望,只有老老实实地树立起正确的入党动机,经受住党组织的考验。胡锦涛同志指出:“发展新党员工作的着力点,要放在对入党积极分子的培养教育上,放在对他们入党动机的考场上。那些指望借执政党地位为自己捞好处,不愿遵守党章,不肯为党工作的人,绝不能吸收入党。”

由此可见,端正入党动机是争取做一名合格党员的起点,是争取入党的首要问题。有了正确的入党动机,才能在困难和挫折面前保持积极乐观的态度,用于克服前进道路上的不利因素，朝着既定的目标前进。相反，入党动机不正确，在困难和挫折面前必然表现出悲观失望，甚至放弃要求入党的意愿。所有要求入党的同志，应该在实践中不断提高思想政治修养，逐步端正入党动机。

二、端正入党动机的基本要求

我们党从实现共产主义的最终目标和建设中国特色社会主义的历史使命感出发，从国家的前途命运和人民的利益出发，从保证党的先进性和纯洁性的客观需要出发，要求每个要求加入党组织的同志必须树立正确的入党动机。那么，端正入党动机的基本要求是什么？也就是说，要从哪些方面努力，才能真正端正入党动机呢？

(一)树立为建设中国特色社会主义和实现共产主义而奋斗终生的坚定信念

建设中国特色的社会主义和实现共产主义都是我们党的奋斗目标，但是，它们绝不是同一层次、同一水平的奋斗目标。从历史发展的逻辑关系上来说，建设中国特色的社会主义是更现实、较低级的目标，共产主义则是很遥远而最高级的目标。正确地认识和处理好两个目标的关系是我们树立中国特色社会主义、共产主义信念并为之奋斗的重要前提。

党的十八大报告指出，对马克思主义的信仰，对社会主义和共产主义的信念，是共产党人的政治灵魂，是共产党人要经受住任何考验的精神支柱。习近平总书记在中央党校党的十八大精神研讨班上指出："共产党员特别是党员领导干部要做共产主义远大理想和中国特色社会主义共同理想的坚定信仰者和忠实践行者。我们既要坚定走中国特色社会主义道路的信念，也要胸怀共产主义的崇高理想，矢志不移贯彻执行党在社会主义初级阶段的基本路线和基本纲领，做好当前每一项工作。革命理想高于天。没有远大理想，不是合格的共产党员；离开现实工作而空谈远大理想，也不是合格的共产党员。"

实现共产主义是一个非常漫长的历史过程。中国共产党人追求的共产主义最高理想，只有在社会主义社会充分发展和高度发达的基础上才能实现。现在，我国处于社会主义初级阶段，我们必须以全部精力做好建设中国特色社会主义这件事，努力实现党在现阶段的基本路线和基本纲领。每一个要求入党的同学，都要为实现党在社会主义初级阶段的基本纲领而奋斗，并在实际的学习和工作中体现出来。在日常学习和工作中要有高度的历史责任感和使命感，积极进取，勇攀科学高峰，为科教兴国贡献力量。

(二)必须树立全心全意为人民服务的思想

全心全意为人民服务是中国共产党的立党之本和宗旨。只有全心全意为人民服务，才能逐步树立共产主义人生观。每个要求入党的同学都要按照党章的要求去做、把努力实践党的宗旨作为自己的入党动机。为大多数人谋利益是无产阶级政党的本质体现，是我党的立党宗旨。

中国共产党是马克思主义政党，党的全部任务和责任就是为人民谋利益，团结和带领人民群众为实现自己的利益而奋斗。是否符合最大多数人的利益，历来是我们党制定路线、纲领、方针、政策的根本依据，也是衡量一切工作是非得失的最高标准。

学习雷锋好榜样

每个党员和要求入党的同学要牢记党的宗旨，要使自己的一切言行合乎广大人民群众的利益，决不能以权谋私或利用工作之便为个人捞取好处。在改革开放和发展社会主义市场经济的条件下，每时每刻都会遇到如何对待利益的问题。如果没有正确的入党动机，就不可能牢记党的宗旨，做到全心全意为人民服务，就有可能经不住考验，搞各种不正之风，甚至腐化堕落，危害党、人民和国家的利益。此外，一个要求入党的大学生，还必须明白，实践为人民服务的宗旨，还要不断提高自己为人民服务的水平和能力，这也是实现党的宗旨的重要条件。

（三）必须具备在学习、工作和社会生活各方面起先锋模范作用的觉悟

在学习、工作和社会生活等各方面起先锋模范作用，是党组织对党员的起码要求。党章明确提出党员必须"贯彻执行党的基本路线和各项方针、政策，带头参加改革开放和社会主义现代化建设，带领群众为经济发展和社会进步艰苦奋斗，在生产、工作、学习和社会生活中起先锋模范作用"。

要求入党的同学要带头学习马克思列宁主义、毛泽东思想、邓小平理论、"三个代表"重要思想和科学发展观，学习社会主义市场经济的新理论、新知识，学习党的路线、方针、政策，学习科学、文化和专业知识。在学习中，要有刻苦钻研的精神，做到坚持不懈，持之以恒，决不能浅尝辄止。要学以致用，理论联系实际，用学习到的东西指导自己的实践。不仅要在争取入党时重视学习，入党以后更要抓紧学习，应该培养终身学习的观念，奋斗一辈子，学习一辈子。在社会生活中带头遵守国家法律、法规，带头维护社会秩序，勇于同扰乱社会秩序和破坏社会治安、破坏社会主义现代化建设的各种犯罪分子及其他坏人坏事作斗争。要带头提倡共产主义道德，发扬社会主义新风尚，带头遵守社会公德，用实际行动为实现中华民族伟大复兴的"中国梦"贡献力量。

三、端正入党动机的基本途径

正确入党动机的形成，既不是天生的，更不是后天自然形成的，而是在不断学习、实践和党组织的培养教育下形成的。在争取入党的过程中，每一位要求入党的青年学生，都要通过不断加强理论学习，不断加强实践锻炼，以正确的入党动机克服不争取的入党动机。

(一)认真学习马克思主义理论和马克思主义中国化最新理论成果，确立正确的入党动机

一个人入党动机是不是正确，往往同他对共产主义事业和共产党的认识正确不正确、深刻不深刻有直接关系。马克思主义理论对共产主义事业作出了科学的阐述。毛泽东思想、中国特色社会主义理论体系等马克思主义中国化最新理论成果是对马克思主义的继承和发展。只有认真学习马克思主义理论和马克思主义中国化最新理论成果，才能对共产主义和中国共产党有更加明确和深刻的认识，才能纯洁自己的入党目的。通过学习，把对共产主义的初步了解化为一种坚定的信念，把对党的朴素感情化为热爱党的自觉行动。

(二)不断加强实践锻炼，投身于建设中国特色社会主义伟大事业

实践出真知，实践的体验可以使要求入党的大学生不断地调整和升华入党动机。实践是认识的源泉、动力和归宿，也是检验认识是否具有真理性的唯一标准。马克思主义认识论告诉我们，一个正确的认识往往需要经过实践—认识—再实践—再认识的多次反复才能完成。只有参加实践锻炼，才能认识事物的本质和规律。脱离社会生活，脱离实践锻炼，就不可能对客观事物有正确的认识。

我国在改革开放实践中开辟的中国特色社会主义道路，是十几亿中国人民摆脱贫困、走向社会主义现代化的必由之路，是进一步实现国家富强、民族振兴、社会和谐的幸福之路。青年学生一定要自觉投身于中国特色社会主义伟大事业的实践，并在其中思考、体会、认识和检验自己的入党动机是不是正确，对入党的目的是不是明确，对党的宗旨是不是能够自觉践行，对自己的政治追求是不是坚定，从而加深对党和共产主义的认识，树立正确的入党动机。

(三)以正确的入党动机克服不正确的入党动机

在争取入党的过程中，一个人的入党动机往往既有正确的成分，也会掺杂一些不正确的东西。这就需要积极分子不断增强党性观念，主动靠近党组织，争取党组织对自己的帮助，通过接受党的教育、实际锻炼和自我思想改造，发扬积极因素，克服消极因素，以正确的入党动机克服不正确的入党动机。

不正确或不完全正确的入党动机，表现是多种多样的。第一种是荣誉荣耀型。一部分学生认为当党员光荣，他们入党的动机就是入党本身，有入党光荣的强烈荣誉感，希望通过入党来体现价值。有着这种入党动机的人，其政治不成熟，思想认识上肤浅，他们虽然有迫切的入党愿望，但不能持之以恒，受挫折时易灰心丧气。当一名党员固然是光荣

的，但不能把入党本身作为最终的目的。党员是因为有了责任才光荣，因为有了奉献才荣耀，在这一点上积极分子要有清醒的认识。第二种是从众跟从型。申请入党出于盲目从众，跟着潮流走，看见别人提出入党申请，自己也跟着申请，他们在思想上对党的认识肤浅，要求入党的愿望并不迫切，对党的追求的动力不足。如果没有正确的思想基础，即使入了党，一遇风浪还是会动摇的。第三种是功利投机型。为了到党内捞取某种好处而要求入党，这样的动机与党的根本宗旨是背道而驰的。有些大学生认为，毕业步入社会时党员总是一种政治资本，与非党员相比，有很多优越之处。为了在就业竞争中取胜，能到一个好单位，有个好前途，以“捞党票作为护身符”或增加自身砝码。因此，他们往往掩盖自己真实的入党动机，在表面上积极要求进步。但一旦当个人利益与党员的要求发生冲突时，就讨价还价，只要组织照顾，不要组织纪律，表现出极端个人的倾向。因此，怀有到党内捞好处念头的同志，应当自觉克服私心杂念，真正树立起共产主义的世界观和人生观，全心全意地为党和人民勤奋工作，不断增强党性观念，以实际行动来端正入党动机。

要求入党的同学应该树立正确的世界观、人生观和价值观，端正入党动机，解决从思想上入党的问题。在延安整风时，毛泽东同志提出了党员不但要在组织上入党，而且要在思想上入党的问题。思想入党是组织入党的前提和基础，组织入党是对思想入党的承认和褒奖，二者应当是一致的。但反映在具体人身上，则可能是不一致的。有的人虽然组织上入了党，但思想上并没有入党；有的人虽然组织上暂时还没有入党，但在思想上已经入了党。每个积极分子都应认识到，不论在组织上是否入了党，都应做到首先在思想上真正入党，并以党员标准要求自己，加强党性修养，经常思考自己做党员的动机是不是端正，还存在不存在不正确的思想等，把在思想上入党作为自己终身的努力方向。

第二节 加强党性修养

党性是党的灵魂和本质，通过加强党性修养来树立和弘扬良好作风，是党始终保持旺盛的生机活力，始终保持先进性的重要途径。共产党员的党性修养是党员立身行事的准则，是党员在政治思想、组织纪律和知识技能等方面，按照党性原则所进行的自我教育、自我完善的过程。

一、加强党性修养的重要性

高校学生党员的素质将对我党的前途和命运产生重要影响。一方面学生党员具备年轻化、知识化、专业化的优势，到工作岗位后，各级党的领导干部几乎都要将从他们中培养和选拔。另一方面，在新的历史时期，党所肩负的历史使命对高校学生党员的素质提出了更高的要求，只有在校期间经过系统的党的理论学习，养成自觉的党员意识，才能在现实社会中始终保持党员的本色，起先锋模范作用。

首先，党员加强党性修养，是保证中国共产党工人阶级先锋队性质的需要。中国共产党的党性，体现了它的工人阶级先锋队的性质。每个党员的具体言行，是全党党性得以表现的重要方式和载体。如果缺乏党性修养，全党的党性就无从得以表现，中国共产党的先进性就失去了现实的基础。

其次，加强党性修养，是保持党员先进性的需要。中国共产党的党性原则是多方面的，但从日常表现的角度看，党员的党性可以概括为先进性。保持党员的先进性，才能使党员真正发挥先锋模范作用，成为群众的带头人。

第三，加强党性修养，也是完成好党所肩负的历史使命的需要。党的历史使命，是发展社会主义市场经济，发展生产力，最终实现共产主义。为完成这个历史使命，党员必须加强党性修养，使自己具备更高的党性觉悟，具备更加强烈的使命感和责任感，自觉站在经济建设的前列。

第四，加强党性修养，是社会发展变化的需要。党员的党性不是一成不变的，共产党员的先进性是具体的、历史的。正因为党性具有可变性的特点，不断加强党性修养显得尤其重要。每一名党员都应把党性修养作为一项长期的经常的任务，坚持不懈地进行党性锻炼和修养，永远保持共产党员的本色。

党性是一个政党固有的本性，是阶级性最高和最集中的表现。中国共产党是中国工人阶级的先锋队，是中国人民和中华民族的先锋队，是中国特色社会主义事业的领导核心。它所固有的明显区别于其他政党的特性，构成了我们党的党性。刘少奇同志曾指出："共产党员的党性，就是无产者阶级性最高而集中的表现，就是无产者本质的最高表现，就是无产阶级利益最高而集中的表现。"

二、党性修养的基本内容

1. 理论修养

理论修养就是要努力学习和掌握马克思列宁主义、毛泽东思想和中国特色社会主义理论体系的立场、观点和方法。理论是行动的先导，思想上的进步才能有行动上的先进。政治上的清醒与坚定，精神上的高尚与无私无畏，来源于理论上的深刻与彻底。要解决好认识模糊、兴趣缺乏、态度消极、学风浮躁、空谈理论等问题，要在把握科学理论的科学体系和精神实质上下功夫。因此，每个党员都应当把加强理论修养摆在突出地位，自觉地用马克思主义、毛泽东思想和中国特色社会主义理论武装自己的头脑。

2. 政治修养

政治修养就是要有坚定正确的政治方向和政治主张。党员干部要坚定共产主义理想信念，树立正确的世界观、人生观和价值观，增强政治敏锐性和政治鉴别力，在各种风浪和诱惑面前经得住考验，始终保持政治上的清醒和坚定，始终与党中央保持高度一致。首要的也是最重要的就是要有理想信念。对于党员的理想信念，党章作了明确规定，就是要具有共产主义的远大理想和中国特色社会主义的坚定信念。共产党员应是最高纲领和最低纲领的统一论者，要善于把实现共产主义社会的最终理想同近期目标结合起来，既不忘大目标，又立足现在，为党在现阶段的基本路线、基本纲领而奋斗。

3. 思想道德修养

思想道德修养就是要以无产阶级的思想意识和共产主义的世界观，去克服和肃清各种不正确的非无产阶级的思想意识。共产党员的思想修养应是开放的、包容的，而不是孤立的、狭隘的，加强思想修养，必须注意吸收古今中外一切进步的积极的思想，取其精华去其糟粕。共产党员的思想修养，是在抵制和批判资本主义思想的侵蚀，克服各种非无产阶级思想意识的过程中进行的。因此，进行思想修养，就要用于开展思想斗争，不仅要抵制外部一些不健康思想的侵蚀，还要经常地自我反省，不断清理和剔除自己不正确的思想意识。

4.业务知识修养

业务和知识方面的修养，就是通过掌握先进的科学知识和管理技能，不断提高自己的业务水平，以更好地为社会主义现代化建设服务。党员的业务和知识方面的修养是伴随党员成长始终的过程，是党性修养中的重要一环。当今世界，科学技术发展迅猛，以经济和科技实力为基础的综合国力竞争与较量日益激烈。不断加强理论学习，加强业务知识的学习，这是新世纪给中国共产党党员尤其是大学生党员提出的新要求、新内涵，是当前党性锻炼和党性修养的新任务。青年代表未来，青年创造未来。大学生党员肩负着推进社会主义现代化，实现中华民族伟大复兴的重任，必须把坚持业务知识学习作为紧迫而又长期的重要任务。通过学习不断地改造自己，经过学习不断地完善自己，不断地提高自己，永远保持共产党人的纯洁性、先进性和创造性。

5.纪律修养

组织与纪律方面的修养就是共产党员自觉地加强组织与纪律锻炼，服从组织安排，遵守组织纪律，严格按照党的要求做事，它是党员的重要义务，也是加强党性修养的重要内容。加强党的纪律修养，一是要严格遵守党的政治纪律，站稳政治立场，自觉与党中央保持一致；二是要遵守党的组织纪律，认真执行民主集中制原则，自觉做到党章规定的“四个服从”，反对自由主义；三是要严格遵守群众纪律和廉洁勤政纪律，克己奉公；四是要遵守国家法律法规，法律是在党的领导下制定的，表达了人民的意志，作为党员理应模范遵守。

6.作风修养

作风是政党的形象，是群众判断政党的重要依据。党的作风是其党性的外在表现，不仅关系到党员个人的品德和素质问题，而且关系到党的整体形象和整体战斗力。党的十八大报告指出，面对人民的信任和重托，面对新的历史条件和考验，全党必须增强忧患意识，谦虚谨慎，戒骄戒躁，始终保持清醒头脑；必须增强创新意识，坚持真理，修正错误，始终保持奋发有为的精神状态；必须增强宗旨意识，相信群众，依靠群众，始终把人民放在心中最高位置；必须增强使命意识，求真务实，艰苦奋斗，始终保持共产党人的政治本色。大学生党员更要努力掌握为人民服务的本领，发扬脚踏实地、埋头苦干的作风，时时处处坚持说实话、办实事、求实效，以实际行动赢得群众的信任和拥护，真正做到全心全意为人民服务。

三、加强党性修养的方法和途径

党性修养的根本问题是树立正确的世界观、人生观、价值观。没有科学的世界观、人生观、价值观，理想信念就会动摇，党性就会不纯。在现实的学习生活中，能否真正成为一名符合党员标准的合格共产党员，仅仅在组织上入党是不够的，我们必须在党的大熔炉中，不断地改造主观世界，加强党性修养，增强党性锻炼，使自己的思想和行动始终适应新形势的发展要求和党的目标。

（一）不断加强理论学习

理论学习是党员党性修养的重要途径，是党员提高理论知识水平、适应社会发展的基本举措。共产党员的党性修养和党性锻炼，是思想、政治品质、道德操行的锻造过程的有机统一。完成这种锻炼，首先需要刻苦学习，用科学的理论武装自己，不断提高精神境界，开阔政治视野。

理论学习作为自觉加强党性修养的重要途径，最根本的是学习马克思列宁主义、毛泽东思想和中国特色社会主义理论体系。要深刻领会其精神实质，全面掌握理论体系。在学习中切忌浅尝辄止、一知半解。其次是要理论联系实际，既要联系个人的工作、学习和思想实际，还要联系集体和学校的实际，更要联系中国特色社会主义建设的实际。同时还要认真学习历史，学习党章和党的各项方针政策。在学习的基础上，大学生入党积极分子要自觉运用辩证唯物主义和历史唯物主义的思想武器，把理想信念建立在科学分析的理性基础之上，这样才能冲破迷惘、抵御诱惑、战胜困难。

（二）积极参与社会实践

共产党员要掌握科学的理论武器，要深刻理解和把握其精髓，需要到建设有中国特色的社会主义的伟大实践中去，做到知与行的一致，主观与客观的统一，把求知与实践、学习与运用有机结合起来，相互促进，统一于锤炼共产党员的坚强党性观念。共产党员唯有在实践中才能进行党性修养，也就是说，只有在改造自然、改造社会的活动中才能改造主观世界，使自己的党性得到锻炼和提高，才能使自己不断增强无产阶级先锋队的意识，发挥先锋模范作用。

积极参与社会实践，在社会主义现代化建设和中国特色社会主义伟大事业的实践中加强党性修养与锻炼，不断提高自身认识世界和改造世界的水平，是新时期大学生党员进行党性修养与锻炼的关键所在。

（三）不断加强批评与自我批评

加强批评与自我批评，是指个人对自己的缺点和错误进行自我揭露和剖析，从而不断提高自己，完善自己的方法。党员开展批评与自我批评是个人加强自我修养与党性锻炼的重要途径，它是解决党内矛盾的基本方法，也是在马克思主义原则基础上实现党的团结，加强党内监督，保持党的肌体健康，使党充满生机与活力的有力武器。

大学生入党积极分子通过参加党内生活加强党性锻炼，要坚持“自重、自醒、自警、自励”的“四自”方针，勇敢地拿起批评与自我批评的武器，开展积极正确的党内思想斗争，对错误的思想言行和不良现象，开诚布公地提出批评，检讨原因和改进办法；对自己的缺点错误勇于承认，诚心诚意地接受党组织的批评、帮助和监督，不诿过于人，不文过饰非，光明磊落，襟怀坦荡。这既是加强党性修养的重要途径，又是检验一个党员党性观念的重要标尺。

第三节 以实际行动争取早日入党

一、发挥先锋模范作用

(一)共产党员必须发挥先锋模范作用

我们党是马克思主义先进政党,党之所以先进,不仅是因为党的理论、纲领先进,还表现在党员个人的先进。共产党员的先锋模范作用,就是在革命、建设和改革的各个时期,在为实现当前的纲领、路线和方针政策而奋斗的实践中,所起的带头作用和表率作用。它是党对每一个共产党员的基本要求,是保持党的先进性的基础。

共产党员的先锋模范作用,是我们党的创造力、凝聚力和战斗力的具体体现,是我们党从胜利走向胜利的根本保证。"三个代表"重要思想和科学发展观不仅为我们指明了方向,而且对共产党员提出了更高要求,那就是要在发展生产力、弘扬先进文化和代表人民群众的根本利益上起好带头作用,充分发挥共产党员的新时期的先锋模范作用。这不仅是发扬党的光荣传统的具体体现,也是合格共产党员的重要体现;不仅是解决党员队伍中存在突出问题的有效途径,更是共产党员与时俱进、肩负时代使命的要求。

(二)发挥先锋模范作用必须坚持三个"不动摇"

在新的历史条件下,共产党员要保持先进性、时代性,充分发挥先锋模范作用,必须坚持理想信念不动摇,服务宗旨不动摇,艰苦奋斗、敬业奉献的精神不动摇。

1. 坚持共产主义信念不动摇

共产主义远大理想,是共产党员政治立场和世界观在奋斗目标上的集中体现,是共产党人终身向往、执着追求的最高价值目标,是发挥共产党员先锋模范作用的强打精神支柱。因此,一个共产党员只有树立起共产主义事业必胜的坚定信念,追求高尚的人生观,才能产生巨大的精神动力,焕发出高度的自觉性和创造精神,脚踏实地,艰苦奋斗,朝着实现共产主义社会的目标前进;只有树立起了全心全意为人民服务的价值观,才能有坚强的革命意志,在任何情况下,为完成党交给的任务不怕艰难险阻,而不惜牺牲个人的一切;只有树立起了辩证唯物主义和历史唯物主义的世界观,才能把个人的一生同整个共产主义事业有机地结合起来,真正懂得人生的意义,树立起崇高的共产主义道德情操,自觉地防止腐朽思想的侵蚀,为党和人民创造性地工作。大学阶段,是一个人的世界观、人生观和价值观形成最重要的阶段,对于准备加入党组织的大学生来说,坚定共产主义理想信念是思想上入党的首要问题。作为一名大学生党员,只有牢固树立共产主义理想信念,做到任何时候、任何情况下都不动摇,才能充分体现党员的先进性,充分发挥先锋模范作用。

坚定共产主义信念

2.牢记为人民服务的宗旨不动摇

全心全意为人民服务是我们党的根本宗旨，也是一个根本立场和党性原则问题，是我们党与其他一切政党的根本区别之所在。共产党员，要充分发挥先锋模范作用，必须体现党的根本宗旨和党性原则，把全心全意为人民服务作为自己的天职，以毫无自私自利的心理和行为，全身心投入为人民服务之中。发挥先锋模范作用，必须时刻保持和人民群众的密切联系，想问题、办事情、作决策，必须把对上级负责和对群众负责统一起来。把为人民服务的好事办实、实事办好，我们当才会充满生机与活力，才能充分发挥党员的先锋模范作用。社会主义现代化事业是亿万人民群众的事业，不是少数人的事业，人民群众才是决定国家命运和前途的根本力量。共产党员提高品格、素质和能力，发挥先锋模范作用，更重要的是以此影响、团结、带领最广大的人民群众，为他们的根本利益而奋斗，最终实现共产主义。因为，我们必须坚持全心全意为人民服务的宗旨不动摇。

3.坚持艰苦奋斗和敬业奉献的精神不动摇

我们党的历史是一部先人后己、克己奉公、艰苦奋斗、敬业奉献、为人民谋利益的历史，无数的先烈为我们作出了榜样。当代大学生，成长环境相对优越，有人认为已经没有艰苦奋斗的必要。看到国家经济建设进步的同时更应该清醒认识所面临的挑战。虽然我国已成为世界第二大经济体，但人均生活水平与发达国家、先进地区相比还有差距，与全面实现小康社会的要求还有差距，尤其是西部欠发达省市和地区，底子薄、基数小、财力弱的情况尚未根本改变。这就更需要我们每一个共产党员发挥先锋模范作用，继续保持艰苦奋斗、敬业奉献的精神，爱岗敬业、勇于奉献、扎实工作。

(三)大学生党员发挥先锋模范作用要成为“三个模范”

1.要成为勤奋学习、善于思考的模范

勤奋学习、善于思考是新时期共产党员必备的基本品质之一。只有切实拥有这一品质,共产党员才能在思想上树立正确的世界观、人生观和价值观,始终坚定共产主义的理想和信念,才能利用所学的科学文化知识和业务知识服务社会主义现代化建设,才能在社会生活里经得起任何困难、风险和诱惑的考验,从而全心全意为人民服务,永葆共产党员先进性。

当今时代,是人类终身学习的时代。共产党员要始终站在时代前列,在错综复杂的环境中保持政治上的清醒和坚定,在中国特色社会主义伟大事业的实践中发挥先锋模范作用,必须坚持不懈地学习、学习、再学习。实践证明,理论越深厚,功底越扎实,人的视野就越广阔,实践也就越富有创造性。只有勤奋学习,共产党员才能真正做到与时俱进。

大学生是知识分子的重要组成部分,大学生党员的总体素质决定了未来共产党员队伍的质量。因此,大学生党员要充分利用在校学校时间和学习机会,努力学习科学文化知识和业务知识,养成终身学习的良好习惯,善于思考,勇于创新,用所学、所想、所做为中国特色社会主义事业贡献力量。

2.要成为解放思想、与时俱进的模范

中国共产党的历史就是把马克思主义同中国具体实践相结合,不断追求真理、开拓创新的历史,就是解放思想、实事求是、与时俱进的历史。没有解放思想、与时俱进就没有马克思主义同中国实践相结合的三次历史性飞跃,就没有中国革命的胜利和今天改革开放的大好局面。面对突飞猛进发展的新时代,中国共产党要历久弥坚,永葆生机与活力,就更加需要党的全部理论和工作体现时代性、把握规律性、富于创造性,更加需要广大共产党员永远保持先进性,争做解放思想、与时俱进的模范。

解放思想、与时俱进是新世纪新阶段共产党员先进性的时代特征。党的思想路线的基本要求就是实事求是,一切从实际出发。在当代中国,一切从实际出发,就是一切从社会主义初级阶段的实际出发,毫不动摇地坚持和贯彻党的基本路线。而要做到这一点,就必须解放思想、与时俱进,自觉地把思想认识从那些不合时宜的观念、做法和体制的束缚中解放出来,从对马克思主义错误的和教条式的理解中解放出来,从主观主义和形而上学的桎梏中解放出来,努力使我们的思想和行动更加符合客观实际,使党的方针政策更加符合社会主义初级阶段的基本国情和时代发展的要求。

3.要成为勇于实践、锐意创新的模范

实践的观点是马克思主义最基本的观点。创新是马克思主义发展的根本途径和必然结果。没有实践,马克思主义就不能发展,当然也就无所谓创新。创新是一个民族进步的灵魂,是一个国家兴旺发达的不竭动力,是一个政党永葆生机的源泉。创新就要不断解放思想、实事求是、与时俱进,实践没有止境,创新也没有止境。在新世纪新阶段中国特色社会主义事业的伟大实践中,共产党员必须勇于实践、锐意创新。“实践基础上的理论创新是社会发展和变革的先导。通过理论创新推动制度创新、科技创新、文化创新以及其他各方面的创新,不断在实践中探索前进,永不自满,永不懈怠,这是我们要长期坚持的治党治国之道。”

大学生党员用志存高远，永葆政治进步的热情，不辜负国家和人民的希望；要奋发成才，善于实践，善于创新，善于把所学的知识运用到改造世界的各项活动中去；要求真务实、脚踏实地，改造好主观世界；要艰苦奋斗，乐于奉献，报效祖国，回馈社会，自觉地把个人融入党的事业中去。在日常学习、工作和生活中，自觉用党员标准要求自己，切实发挥党员先锋模范作用。

二、自觉接受党组织的培养、教育和考察

一般来说，一个人刚刚提出入党申请的时候，尽管有要求进步的愿望，但他对党的性质、纲领、宗旨和任务等的认识还不够深刻，与党员标准还有一定距离。要缩短这个距离，既需要个人的主观努力，又需要党组织的培养、教育和帮助。所以，申请入党的同学应该自觉接受党组织的培养、教育和考察。

（一）积极向党组织表达入党愿望

争取入党，首先要积极主动地向党组织表达自己要求入党的愿望。争取入党时一个过程，只要有入党愿望，就应该表达出来，通过努力工作和学习，做出成绩，接受党组织的考验。我们当对每个要求入党的同学，从来不是看一时一事，而是看他的全部历史和全部工作，所以每一位有入党愿望的同学，都应该积极地向党组织靠拢。这样不仅使自己有了具体的奋斗目标和前进动力，同时也能够得到党组织的帮助和指导。

（二）主动向党组织汇报思想

为了争取党组织对自己的帮助，每个要求入党的同学要经常主动向党组织汇报自己的收获、体会、存在的不足，以及今后努力的方向。这是要求入党的同学主动接受党组织教育最常见的方式，也是党组织了解和掌握要求入党的人的思想、入党动机和工作学习情况的主要途径。通过汇报，党组织不但可以对自己加深了解，有针对性地进行帮助教育，更快地使自己进步，而且也是培养自己严格组织观念和对党忠诚老实的重要途径。

（三）积极参加党的活动

入党积极分子参加党的活动，实际是体验党内生活，接受党内生活锻炼，学习党的基本知识和党员优秀品质的极好机会。申请入党的同学可以参加党的哪些活动，要由党组织决定。一般来说，可以参加支部日常活动，参加讨论接受预备党员大会和预备党员入党宣誓大会，参加党员志愿服务活动，参加党员理论学习活动等。每个要求入党的同学都应按照党组织的安排，积极参加这些活动，在活动中接受教育。党组织为了培养、锻炼申请入党的同学，一般要分配给他一定的社会工作，申请入党的同学要努力完成党组织交给的工作任务。

（四）自觉接受党组织的培训

对要求入党的同学进行培训，是党组织对要求入党的同学进行教育的有效形式，也是

每个要求入党的同学端正入党动机,争取进步的一条重要途径。要求入党的同学一定要积极主动参加培训活动。通过培训,系统地学习马克思列宁主义、毛泽东思想和中国特色社会主义理论体系,学习党的基本路线和党的基本知识,学习优秀党员的思想品德,牢固树立为共产主义事业奋斗终生的信念,使自己早日成为一名合格的共产党员。

(五)正确对待党组织的考察

要求入党的同学都必须接受党组织对自己的考察,接受考察的过程也是自己进一步提高的过程。党组织对发展对象的考察是按照党员标准对其思想觉悟、政治品质和学习、工作等情况进行考察。对待党组织的考察,一要积极主动、认真对待;二要经得起时间的考验;三要实事求是,客观地反映情况;四要努力完成党组织交给的各项任务;五是要正确对待考察过程中遇到的各种问题。

延伸阅读

扎实做好保持党的纯洁性各项工作

习近平

今年我们党将召开第十八次全国代表大会。今年又是实施“十二五”规划承上启下的重要一年,我们将在复杂多变的国际环境和艰巨繁重的国内改革发展任务双重考验下努力实现稳中求进。光荣的使命和艰巨的任务,对加强和改进党的建设、做好保持党的先进性和纯洁性工作提出了新的要求。胡锦涛同志在十七届中央纪委七次全会上发表重要讲话,突出强调了在新形势下保持党的纯洁性问题,具有重大而深远的意义,大家要深刻学习领会、认真贯彻执行。

一、保持党的纯洁性是马克思主义政党的本质要求

马克思、恩格斯创立的共产主义者同盟,是世界上第一个工人阶级政党。在同盟创立初期,同盟章程就对保持党的纯洁性作出严格规定,要求每一个支部对它所接受的会员的品质纯洁负责。列宁在创建俄国工人阶级政党的过程中也特别注重党的纯洁性,强调“我们的任务是要维护我们党的坚定性、彻底性和纯洁性。我们应当努力把党员的称号和作用提高、提高、再提高”。马克思主义政党之所以高度重视保持党的纯洁性,从根本上说是为了永葆党的政治本色,永葆党的生机活力,从而更好地肩负起自己的历史使命。

中国共产党作为马克思主义政党,在中国革命、建设、改革各个历史时期,始终把保持党的纯洁性作为党的建设的根本问题和重要目标。毛泽东同志早就明确指出,我们要建设的是“一个有纪律的、思想上纯洁的、组织上纯洁的党,合乎统一的标准的党”。党的纯洁性,体现在党的思想、政治、组织和作风各个方面。体现在思想上,就是要求各级党组织和广大党员、党的领导干部必须坚持把马克思主义及其中国化的理论成果作为指导思想,坚持把为社会主义、共产主义奋斗作为理想信念,坚持马克思主义实事求是的思想路线,坚决抵制各种反马克思主义思想的侵蚀,坚决同各种违背马克思主义的错误思想作斗争;体现在政治上,就是要求各级党组织和广大党员、党的领导干部必须坚决执行党的纲领、章程和路线方针政策,在社会主义初级阶段必须坚持以经济建设为中心、坚持四项基本原则、坚持改革开放的基本路线，坚决抵制和反对一切违背党的基本路线的错误政治倾向；体现在组织上，就是要求各级党组织和广大党员、党的领导干部必须坚持贯彻党的民主集中制原则和遵守党的组织纪律的要求，自觉维护党的团结统一，坚决反对一切危害和分裂党的行为，严格坚持党章所规定的共产党员标准和领导干部条件，坚决把背离党纲党章、危害党的事业、已经丧失共产党员资格的蜕化变质分子和腐败分子清除出党；体现在作风上，就是要求各级党组织和广大党员、党的领导干部必须坚持发扬党的理论联系实际、密切联系群众、批评和自我批评以及谦虚谨慎、不骄不躁、艰苦奋斗等优良作风，坚持贯彻党的从群众中来到群众中去的工作路线和调查研究的工作方法，坚决反对主观主义、官僚主义、形式主义、以权谋私、弄虚作假和个人专断、追求奢华等不正之风。始终保持党的纯洁性，是由我们党的性质和宗旨决定的。我们党是中国工人阶级的先锋队、同时是中国人民和中华民族的先锋队，党除了工人阶级和最广大人民群众的利益没有自己特殊的利益，党在任何时候都把人民群众的利益放在第一位，全心全意为人民服务。党的这种性质和宗旨，既决定了党的先进性，也决定了党的纯洁性。党的纯洁性同党的先进性相辅相成、密不可分。纯洁性是先进性的前提和基础，先进性是纯洁性的体现和保证，二者在本质上是一致的。我们党成立90多年来的历史证明，党的坚强有力和事业发展取决于多种因素，党的纯洁性对党的创造力、凝聚力、战斗力有着根本性影响。什么时候党的纯洁性保持得好，党就更加坚强有力，党的事业就能健康发展；什么时候党的纯洁性受到影响和削弱，党的战斗力就会下降，党的事业就会遭受损失。

当前，我国正处在全面建设小康社会的关键时期和深化改革开放、加快转变经济发展方式的攻坚时期，党所面临的执政考验、改革开放考验、市场经济考验、外部环境考验更加突出，所面临的精神懈怠的危险、能力不足的危险、脱离群众的危险、消极腐败的危险更加凸显。保持党的先进性和纯洁性，是我们党在改革开放和社会主义现代化建设进程中应对和经受住各种考验、化解和战胜各种危险的重要法宝。现在，我们党的队伍总体上是纯洁、团结、有战斗力的，这是中国特色社会主义事业不断取得伟大成就的根本保证。但是也要看到，在深刻变化的国内外环境中，管党治党的任务越来越艰巨，如何保持党的纯洁性也面临不少新情况新问题。特别是胡锦涛同志在讲话中指出的理想信念不坚定、作风不正、原则性不强、为政不廉等不符合党的纯洁性要求的问题，在一些党员和党的干部中不同程度地存在，这必然影响党在人民群众中的威信和削弱党的战斗力。我们要从保证党永不变色、保证国家长治久安的高度，从应对新形势下党面临的风险和挑战出发，充分认识保持党的纯洁性的极端重要性和紧迫性，不断增强党的意识、政治意识、危机意识、责任意识，为保持党的纯洁性而不懈努力。

二、始终保持党在思想上组织上作风上的纯洁性

在新形势下保持党的纯洁性，要按照胡锦涛同志讲话提出的要求，坚持党要管党、从严治党，坚持强化思想理论武装和严格队伍管理相结合、发扬党的优良作风和加强党性修养与党性锻炼相结合、坚决惩治腐败和有效预防腐败相结合、发挥监督作用和严肃党的纪律相结合，不断增强自我净化、自我完善、自我革新、自我提高能力，始终保持党的思想纯洁、组织纯洁、作风纯洁。

保持党在思想上的纯洁性，是保证党的正确政治方向和党的团结统一的思想基础。

思想是导向,是灵魂。如果我们的党员和党的领导干部思想不纯洁,理想信念不可能坚定,是非认识必然模糊,政治立场很容易动摇。在新的历史条件下,一定要坚持发扬我们党注重思想建党的优良传统,坚持对党员和党的干部加强思想政治教育特别是中国特色社会主义理论体系教育,帮助他们做到真学真懂真信真用,牢固树立正确的世界观、权力观、事业观,带头践行社会主义核心价值体系,在大是大非面前保持清醒认识,在大风大浪面前坚持正确立场,在各种诱惑面前筑牢思想防线。保持思想纯洁,最重要的是保持对共产主义的坚定信仰、对中国特色社会主义的坚定信念。我们既要脚踏实地地办好今天的事情,又不能忘记远大目标。党员和党的干部有了这样的理想信念,无论从事什么样的工作,都会有一种崇高的使命感和神圣感。革命战争年代,无数共产党人为了革命的成功,南征北战,流血牺牲,靠的正是坚定正确的政治信仰。和平建设时期,无数共产党人为了社会主义事业,艰苦奋斗,无私奉献,靠的还是坚定正确的政治信仰。改革开放以来,无数共产党人为了国家富强和民族振兴,顽强拼搏,勇往直前,靠的仍然是坚定正确的政治信仰。信仰的力量是无穷的。信仰纯洁是共产党人最根本的纯洁。现在,有些党员和党的领导干部在市场经济大潮中晕晕乎乎、头脑发热,不能正确认识价值问题,不能正确对待个人利益,导致精神支柱坍塌、人生方向迷失,有的甚至守不住党纪国法的底线,最终走向腐败堕落,教训是极其深刻的。在国家、人民和社会、个人的多层次利益格局中,党员和党的干部当然也有个人的正当利益,实现自身价值应该受到尊重。但是,我们共产党人的最高利益和核心价值是全心全意为人民服务、诚心诚意为人民谋利益。作为党员和党的干部,都要经常思考和解决好入党为了什么、当干部干些什么、身后留下什么的问题,决不可为个人或少数人谋私利,而应该始终坚守共产党人全心全意为人民服务的精神家园。

保持党在组织上的纯洁性,是保持全党步调一致和增强党的创造力、凝聚力、战斗力的组织保证。我们党现在是一个拥有8000多万党员、380多万个基层组织的大党,又处在长期执政和改革开放的环境下,保持党员队伍和党的干部队伍的纯洁,比以往任何时候都更为困难又更为重要。各级党组织要严格管理党员队伍和党的干部队伍,严把入口、加强教育、强化监督、畅通出口。现在有的人入党、当干部,不是因为信仰马克思主义,不是要矢志为中国特色社会主义、共产主义事业奋斗终生,而是认为入党、当干部能给自己带来好处,把入党、当干部作为个人或家庭、亲属获取利益的政治资本。列宁曾经指出,“徒有其名的党员,就是白给,我们也不要”。发展新党员,必须认真分析入党动机,严格掌握标准和程序,确保质量,切忌“带病入党”。培养、任用和提拔党的干部,也必须严格把关,坚持按照五湖四海、任人唯贤原则和德才兼备、以德为先用人标准选好干部配好班子。要认真落实中组部制定的《关于加强对干部德的考核意见》,以对党忠诚、服务人民、廉洁自律为重点,加强对干部政治品质和道德品行的考核,切忌“带病提拔”。近年来,有些地方和部门在对党员队伍和党的干部队伍管理上不同程度地存在失之于宽、失之于软的问题,导致不良倾向得不到及时纠正,小毛病演变成大问题,小事情酿成大事件,损害党在人民群众中的形象。常言道,“小洞不补,大洞吃苦”。经常的教育提醒是最好的防微杜渐。对出现的苗头性、倾向性问题早发现、早提醒、早纠正,才能防患于未然。要建立健全党员党性定期分析、民主评议党员等制度。对于党员和党的干部中那些屡经教育仍不悔悟和改正的人,要按照党章和其他党内法规的规定予以严肃处理,对那些无可救药的蜕化变质分子、腐败分子要坚决从党的队伍中清除出去。

保持党在作风上的纯洁性，是保持党同人民群众血肉联系和不断从人民群众实践中吸取经验、智慧和力量的固本之道。加强和改进党的作风，坚持发扬党的优良作风，保持党的作风纯洁，核心是密切联系群众，始终与人民群众同呼吸、共命运，始终代表人民群众的意志和利益，始终依靠人民群众来推动历史前进。这是保证党永不变色的根本所在。在建设中国特色社会主义整个过程中，要不断加强党的宗旨教育和群众路线教育，引导党员和党的干部牢固树立立党为公、执政为民理念，坚持马克思主义群众观点，把实现好、维护好、发展好最广大人民根本利益作为检验作风纯洁性的试金石，切实做好宣传群众、组织群众、服务群众、团结和带领群众前进的工作，坚决反对一切脱离群众、不关心群众疾苦的不良现象。如果我们的党员和党的领导干部高高在上，不关心群众的生产和生活，不了解群众的需求和愿望，不虚心向群众学习，不总结群众在实践中创造的经验，关起门来想问题、作决策，习惯于“想当然”地发号施令，就会犯主观主义、官僚主义、形式主义的错误，就会给党和人民事业造成极大的损失。保持党的作风纯洁，必须及时整治党风建设中存在的突出问题，其中要十分注意治理庸懒散和好人主义等不良风气。好人主义盛行，有问题不指出，有过错不批评，这种庸俗作风盛行之处，往往就是党组织和领导上政治软弱、作风涣散的地方，就是党员、干部中出问题多的地方。批评和自我批评是我们党的优良传统和作风，一定要结合新的实际长期坚持、不断发扬光大，以不断增强党内生活的政治性和原则性。

三、领导干部要以身作则带头保持纯洁性

保持党的纯洁性，关键在党的各级领导干部。党的领导干部既是保持党的纯洁性的组织者和领导者，又是保持党的纯洁性的执行者和实践者。领导干部处在党和人民事业的领导岗位上，这就决定了在保持党的纯洁性方面负有极为重要的责任，由此也决定了务必时时、处处用党的纯洁性要求对照自己、检点自己、修正自己、提高自己，要求别人做的自己带头做到，要求别人不做的自己带头不做，以自己率先垂范的实际行动充分体现党的纯洁性。

党的纯洁性同一切腐败现象是根本对立的，反腐倡廉就是要同各种腐败现象作斗争，维护党的肌体健康，维护党的纯洁性。作为党的领导干部，一定要以正确的世界观立身、以正确的权力观用权、以正确的事业观做事，带头遵守廉洁自律各项规定，以淡泊之心对待个人名利和权位，以敬畏之心对待肩负的职责和人民的事业，任何情况下都要稳住心神、管住行为、守住清白，做到一尘不染、一身正气，始终保持共产党人的高尚品格和清廉形象。有些领导干部所以走向违纪违法、腐化堕落的深渊，从根本上讲是世界观、人生观这个“总开关”出了问题，丧失了拒腐防变的能力。这些前车之鉴，每个领导干部都要引以为戒。不管是哪一级哪一个岗位上的领导干部，都要自觉加强党性修养和党性锻炼，秉公用权、廉洁从政，自觉弘扬中华民族和我们党勤俭节约、艰苦奋斗的优良作风，自觉抵制拜金主义、享乐主义、极端个人主义，做到为官一任既要发展一方、又要始终保持清正廉洁。

严格的监督是防止党员和党的干部腐化变质、维护党的纯洁性的重要途径。上级对下级、下级对上级、群众对领导干部以及干部之间，都要敢于进行有效的监督。各级领导干部要纠正那种监督就是不信任的观念，增强主动接受监督的意识和依法依规保护监督

的意识，自觉把自己置于党和人民事业所要求的各种监督之下。凡是重大事项的决策，必须严格贯彻党的民主集中制原则，不能搞“一言堂”，不能由个人或少数人说了算，而应该搞“群言堂”，依靠集体智慧和严格程序来决定；凡是与群众利益密切相关的重大事项，能公开的都要依照法律和规定向群众公开，充分听取群众意见。特别是在行使选拔任用干部权、行政审批权和在经济方面行使财政资金使用、固定资产运营、金融资本运作、土地使用权出让等重要权力时，更要自觉接受监督，防止权力失控、决策失误和行为失范。

严明的纪律是维护党的纯洁性的有力保证。各级领导干部都要增强纪律意识，切实把党的政治纪律、组织纪律、经济工作纪律、群众工作纪律和廉政纪律的规定转化为自己的行为规范。尤其要严格遵守党的政治纪律，提高政治敏锐性和政治鉴别力，毫不动摇地坚持党的领导，毫不动摇地坚持走中国特色社会主义道路，毫不动摇地坚持把改革开放推向前进，在思想上政治上行动上自觉同党中央保持高度一致。党的各级领导干部还要担负起加强纪律建设的责任，严肃查处违反纪律的行为包括各类腐败案件，切实做到纪律面前人人平等，遵守纪律没有特权，执行纪律没有例外，努力使党的纪律真正成为全党同志在任何时候任何情况下都必须遵守的统一的铁的纪律。

我们国家正处在改革开放和社会主义现代化建设伟大进程中，机遇与挑战并存，困难与希望同在，任重而道远。许多新的问题需要在探索中解决，许多重要工作需要在创新中发展。这就要求党的各级领导干部必须始终认真地履行自己的领导职责，始终自觉地担当做好改革发展稳定工作的领导责任，不可有任何懈怠和摇摆。是否具有担当精神，是否能够忠诚履责、尽心尽责、勇于担责，这是检验每一个领导干部身上是否真正体现了共产党人先进性和纯洁性的重要方面。如果一事当前，不是首先想到自己应该担当起什么样的责任，作出什么样的贡献，而是一味考虑和计较个人得失，遇到矛盾绕道走，碰到问题不敢抓，面对风险不敢闯；如果热衷于做表面文章，热衷于哗众取宠和追逐个人功利；如果不思进取，那么不仅党和人民事业难以向前推进，而且会损害党的形象，会让人民失望进而丧失对我们的信任。敢于担当，既是党和人民事业的要求，也是共产党人应该具备的精神状态。我们要在推进干部队伍建设和人才队伍建设中大力倡导担当精神，努力形成勇于担当、敢于负责的用人导向。要全面贯彻党的干部政策，全面考察干部的德才表现，特别注意选拔那些经过实践锻炼、原则性强、对群众感情深、一身正气、敢抓善管和工作中有思路、有激情、有韧劲、有实绩的干部。

党的纯洁性同党的先进性一样，都不是静止的，也不可能一劳永逸。其内容和要求，都是随着时代的前进、随着党和人民事业的发展而发展的。加强党的自身建设，保持党的纯洁性，是一篇永无止境、在实践中常做常新的大文章。各级党组织要认真贯彻落实胡锦涛同志重要讲话精神，坚持不懈地把保持党的纯洁性这篇文章做实做深做好，不断交出党和人民满意的答卷。

（这是习近平同志 2012 年 3 月 1 日在中央党校春季学期开学典礼上的讲话。）

（资料来源：习近平：《扎实做好保持党的纯洁性各项工作》，http://www.gov.cn/ldhd/2012-03/16/content_2093000.htm，访问日期：2014 年 4 月 13 日。）

思考练习

1. 请结合自身实际，谈谈今后如何发挥先锋模范作用。

2. 成为正式党员以后是否还要端正入党动机，为什么？

第九章 常用入党文书写作与范文

本章导读

入党申请书、思想汇报、自传、入党志愿(指“入党志愿书”中“入党志愿”栏目)、转正申请书是入党积极分子履行入党手续成为一名正式党员过程中必须使用到的常用文书。这些文书分别在入党申请人的不同阶段使用,都具有一些特殊的规范。入党常用文书,虽然从文书学的分类上看都属于私人文书,但又不是一般的私人文书,而是特殊的私人文书。写作的主体和受体都是特定的,主体都是有志加入中国共产党的入党积极分子,受体都是其本人所属单位的党组织。这些文书是入党申请人个人向党组织表达愿望、报告情况、提出请求的常用文书,体现了入党申请人的郑重政治选择、入党的态度和动机以及对党的认识和对党的基本知识掌握的情况等,是考察入党申请人思想状况,是否符合党员条件的主要依据之一,还是入党申请人的个人档案材料的组成部分。

一、入党申请书的写法及范文

(一)入党申请书写作的基本格式

根据党章规定,要求入党的同学必须亲自向党组织提出申请。申请可分为口头申请和书面申请两种形式。通常情况下,高校大学生申请入党的应向党组织递交书面申请。

入党申请书的基本书写格式如下:

1.标题。居中写“入党申请书”。

2.称谓。即申请人对党组织的称呼,一般写给所在单位的党支部,也可以写给各级党组织,如“敬爱×××党支部”或“敬爱×××的党组织”。称谓顶格书写在标题的下一行,后面加冒号。

3.正文。正文是入党申请书的核心部分,写上申请书的主要内容。

4.结尾。申请书的结尾主要表达请党组织考察的心情和愿望,一般用“请党组织审查”、“请党组织在实践中考验我”或“请党组织看我的实际行动”等作为结束语。全文的结尾一般用“此致,敬礼”。

5.署名和日期。在申请书的最后,要署名和注明申请日期。一般居右书写“申请人×××”,下一行写上“××××年××月××日”。

(二)入党申请书正文部分的主要内容

1.对党的认识。主要包括:如何认识党的性质、宗旨、指导思想、奋斗目标、纲领和组织原则等;如何认识党的历史;如何认识党的领导和党的路线、方针和政策等。

2.为什么要入党,即入党动机、目的。同时应写明对待入党的态度、表明自己的入党愿望。

3.个人政治、思想、学习、工作等方面的主要表现情况。

4.今后努力方向及如何以实际行动向党组织靠拢。

5.本人的基本情况,家庭成员和主要社会关系情况。本人基本情况从初中写起,家庭成员主要写直系亲属、旁系亲属以及与本人关系密切、对本人影响较深的亲友的职业和政治情况。

(三)写入党申请书需注意的问题

1.写入党申请书必须自愿,并经过郑重考虑,不能凭一时的感情冲动或者他人劝说。

2.写入党申请书之前,要认真学习党章和有关党的基本知识,加深对党的性质、宗旨、任务、党员的权利、义务等基本知识的理解,增进对党的认识和感情,树立正确的入党动机。

3.入党申请书一般应由本人撰写。要联系自己的思想实际谈对党的认识和入党动机,具有一定高度和深度,语言平实。切忌一味抄袭、辞藻华丽、语言空洞,不谈自己的真实思想,不符合自身实际。

4.要对党忠诚老实,如实地向党组织反映自己的政治历史和家庭及社会主要关系等有关情况,不得有任何隐瞒和伪造。

(四)范例

入党申请书

敬爱的党组织:

我志愿加入中国共产党,愿意为共产主义事业奋斗终生。中国共产党是工人阶级的先锋队,同时是中国人民和中华民族的先锋队,是中国特色社会主义事业的领导核心,代表中国先进生产力的发展要求,代表中国先进文化的前进方向,代表中国最广大人民的根本利益。党的最高理想和最终目标是实现共产主义。中国共产党以马克思列宁主义、毛泽东思想、邓小平理论、“三个代表”重要思想和科学发展观作为自己的行动指南。

我之所以要加入中国共产党,是因为……

目前,我坚持在课余时间学习党的有关理论知识,思想上有了极大进步……

同时,我在学习上刻苦努力……此外,我还担任了……的社会工作,工作中我……

在自己有了一些优点的同时,我还经常作自我批评,发现自己在以下方面还有不足之处……不过我会尽快改正的,同时还请组织给予指导和帮助。

今天,我虽然向党组织提出了入党申请,但我深知,在我身上还有许多缺点和不足,因此,我希望党组织从严要求我,以便使我更快进步。今后,我要用党员标准严格要求自己,自觉地接受党员和群众的帮助与监督，努力克服自己的缺点和不足，争取早日在思想上，进而在组织上入党。

我的个人履历是：……

家庭主要成员及社会主要关系的情况是：……

请党组织在实践中考验我！

此致

敬礼！

申请人：×××

××××年××月××日

二、思想汇报的写法及范文

(一)思想汇报写作的基本格式

思想汇报是申请入党人、入党积极分子及党员加强与党组织联系和交流的一种方式，是让党组织全面了解自己的一种途径，也是获得党组织及时关心与帮助的一个重要环节。申请入党的积极分子，为了便于党组织了解自己的成长状况，主动接受党的培养和教育，应该经常或定期(2～3个月)向党组织汇报自己的思想状况。

思想汇报的基本书写格式如下：

1.标题。居中写“思想汇报”。

2.称谓。即申请人对党组织的称呼，一般写“敬爱的×××党支部”。称谓顶格书写在标题的下一行，后面加冒号。

3.正文。写思想汇报，是结合自己的学习、工作和生活情况，向党组织反映自己的真实思想。

4.结尾。思想汇报的结尾可写上自己对党组织的请求和希望。一般用“恳请党组织给予批评、帮助”或“希望党组织继续加强对我的培养、教育和监督”等作为结束语。

5.署名和日期。一般居右书写“汇报人×××”，下一行写“××××年××月××日”。

(二)思想汇报正文部分的基本内容

一般说来，思想汇报可围绕下列内容来展开：

1.学习党的路线、方针、政策以及有关文献、文件后的认识和体会。

2.对当前国内外重大事件、形势的认识。

3.本人近期思想、工作、学习、生活等方面的主要状况和存在的问题。

4.参加党的组织生活、接受党的培养教育后的认识与体会。

5.党组织对本人指出的不足与问题的认识与改正情况。

6.党组织要求本人提交的专题思想汇报。

7. 本人或家庭发生的重大变故或意外事件，及其对本人产生的影响。

8. 其他需要向党组织汇报的情况。

(三)书写思想汇报应注意的问题

1. 写思想汇报是加强同党组织联系，增强自己组织观念的一种重要方式，因此，入党申请人、入党积极分子、预备党员应积极主动地向党组织汇报思想，一般情况下，每 2～3 个月应向党组织书面汇报一次，如遇到重大问题应及时汇报思想情况。

2. 思想汇报最重要的是结合自身实际，抒发真情实感，不可长篇大段地抄录党纲党章、政治报告、领导讲话和报刊文章的内容，切忌讲空话、套话、假话，做表面文章。

3. 写思想汇报应根据不同时期的思想认识状况，突出重点，抓住自己认识比较深刻的一两个方面的问题谈深谈透，写出自己的新体会，不要罗列多个方面的问题泛泛而谈。

4. 写思想汇报要实事求是，对自己做一分为二地评价，不但要对自己的成长进步进行肯定，而且要找准存在的不足，敢于向党组织暴露缺点和问题，明确努力的方向和所采取的态度，以便及时得到党组织的指导和帮助。

(四)范例

思想汇报

敬爱的党组织：

转眼一学期过去了，在这半年的时间里，我从对大学生活的一无所知到有所了解，从对党的知之甚少到充满希望和信心，接受老师和党组织的谆谆教诲，现我怀着喜悦的心情，把这学期的思想变化汇报给党组织，即成了此次之思想汇报。

戴着闪闪的团徽我进入了大学的校门，进入了大学生活，对于在这样的一个环境中学习，我感觉到似乎与党有了一种无形的接近……

通过多次的党课学习，我的思想再次有了变化……

在不断地学习成长之中，逐步树立起了正确的人生观、世界观、价值观，这是时代对我们的要求……

学习党课也让我明白了，要做一名合格的优秀党员，就要有坚定的控制力，尤其是自控能力……

当然，在思想政治方面积极追求上进的同时，也不可忽略了学习……

学校党组织安排我们上多媒体党课十分有益，这就使教育的形式从平面转换到了三维立体，既生动效果又好……

此致

敬礼！

汇报人：×××

××××年××月××日

三、自传的基本写法及范文

(一)自传写作的基本格式

自传,是自述生平和思想演变过程的文章,即把自己走过的生活道路、经历、思想演变过程等系统而又有重点地通过文字形式表达出来,是党组织全面地、历史地、系统地了解入党申请人的重要材料,是党组织审查吸收新党员必须具备的材料之一。

自传的基本书写格式:

1.标题。居中写"自传"。

2.正文。

3.结尾。要署名和注明日期。一般居右书写姓名"×××",下一行写"××××年××月××日。"

(二)自传正文部分的基本内容

1.个人成长经历。一般从小学或7周岁写起,要写明何时、何地在何学校读书或从事何活动,担任过何职务,受过何种奖励或处分,何时、何地、何人介绍加入过何种进步组织或反动组织、封建迷信组织,担任何职务,有何其他政治历史问题,结论如何,需要向党组织说明的其他问题等。

2.个人思想演变过程。这是自传的主体部分,一般应结合自己的成长经历,分阶段地写明思想演变过程。对党的十一届三中全会以来的路线、方针、政策的认识和态度;对党的几代领导集体的感情和认识;特别是学习党的十八大精神,学习邓小平理论、"三个代表"重要思想、科学发展观对自己思想演变的影响;经党组织的培养教育所发生的思想变化等。通过以上这些思想演变过程的梳理和回顾,总结成长进步经历,提高思想觉悟,明确今后的努力方向。

3.家庭主要成员的职业和政治面貌情况。家庭成员系指和自己有血缘关系和婚姻关系的直系亲属,如父母、爱人、子女,还包括与本人长期在一起生活,曾受其抚养或由本人供养的其他亲属,如祖父母、未成年或已成年但仍在一起居住生活的兄弟姐妹等。家庭成员的姓名、年龄、现在何单位、做何工作、任何职,是否为中共党员、共青团员或其他民主党派党员等要填写清楚,已去世的要注明何时因何故去世,已离退休的要填写原工作单位任职情况和政治面貌情况,并注明已离退休,在农村的要填写清楚在何省、何县市、何乡镇、何村务农。上述人员中有政治历史问题的应予以说明。

4.主要社会关系成员的职业和政治面貌情况。主要社会关系情况主要指与本人在政治上、经济上有直接联系的亲友的职业和政治面貌情况。主要社会关系成员的姓名、工作单位、职业、职务和政治面貌情况都应填写清楚。主要社会关系成员中有政治历史问题的应予以说明。

(三)书写自传应注意的问题

1.要坚持实事求是的原则。要如实写出自己的经历,实事求是地评价自己。不夸大,不缩小，不编造，不隐匿，包括时间、地点都要写清楚，一些重要事件要有证明人。

2. 要从实际生活中总结经验教训。写自传不单单是实录生活经历，应从自己思想变化的分析中，明辨是非，把握方向。经验教训要经过思考提炼，要寓理于叙事之中。

3. 写自传不等同于写“履历”。自传要求写得详细，可以是夹叙夹议，对主要经历、情节要交代具体。既要避免只述经历不触及思想，又要避免平铺直叙，重点不突出，记流水账似的写法。应当主次分明，简繁得当。

(四)范例

自 传

本人姓名×××，××××年××月××日出生于××市，汉族人，现在是××大学的学生。

我是沐浴着党的阳光，在党的教育下成长起来的。在成长的历程中，我深深感受到，在党的领导下，在全国人民的共同的努力下，祖国所谱写的一曲曲绚丽的华章。我生长在一个普通的工人家庭，我的父亲是一个敬党爱党的好工人，从小父亲就给我讲党的历史、党的纪律。父亲告诉我：今天的幸福生活来之不易，是无数的先烈用生命换来的。中国共产党领导人民推翻三座大山，建立了新中国，领导人民走向富强。我深深地体会到“没有共产党就没有新中国”。

××××年××月我刚满 7 岁就上了××小学……

××××年我考进了××中学……

××××年的夏天我被保送进入××中学高中部，熟悉的学校却有着新的环境，那时的我对生活充满了信心和期待……

××××年夏天我高中毕业，考取了××大学××专业，翻开了我人生征程崭新的一页，我对着新的目标开始了新的奋斗和跋涉……

回顾我的成长过程，所取得的一点成绩除了依靠自身努力，主要应归功于学校党组织对我的培养，学校党组织不仅在政治觉悟上给我启发，还给我压担子，创造各种有利我成长的机会，使我在政治上日趋成熟。在组织的关心教育下，我不断地学习，不断地提高，不断地实践，不断地收获。长期的学习和深刻的思考以及广泛的社会实践，使我入党的愿望更加强烈，信念更加坚定。

×××
××××年××月××日

四、入党志愿的基本写法及范文

入党志愿是“入党志愿书”的一项重要内容，要根据自己的思想认识及其演变过程，实事求是地把自己对党的认识、态度、入党动机、优缺点及入党后的决心等写清楚。

(一)入党志愿的基本格式(以填写“入党志愿书”为例)

1. 无标题。

2. 正文。

3. 结尾。志愿人不需要署名和注明日期。

(二)入党志愿正文部分的基本内容

1. 对入党的态度。一般第一段要明确写出自己对入党的态度,即“我志愿加入中国共产党”。若摘抄入党誓词,务必准确、完整。

2. 对党的认识。这部分主要包括:如何认识党的纲领和章程;如何认识党史,尤其是亲身经历过的重大历史事件;如何认识党的领导和现行的路线、方针、政策等。简言之,对党的认识是个人对“中国共产党是伟大、光荣、正确的党”的解读,谈谈党到底在哪些方面体现了伟大、光荣、正确。对党的认识应系统、全面,不可只写某个方面的认识或写某个阶段的认识。

3. 入党动机、目的。从个人角度,明确的写明自己入党为了什么。切忌过多理论而无本人想法,应简单明了。

4. 自己的优缺点。要联系在大学学习、工作、生活实际,结合党员义务,一分为二地分析自己的优缺点,要有发扬优点、克服缺点的决心和具体措施。

5. 入党的决心。填写入党志愿书只是申请入党的同志入党时必须履行的手续之一,即使在组织上入了党,思想上是否入党还得看入党后的言行。因此,在入党志愿中还要表明自己有不被接受的思想准备、进一步努力的打算或者入党后的态度或决心等。

(三)书写入党志愿需要注意的问题

1. 党组织须对申请入党者经过一定时期的培养、考察,认为其可作为发展对象并经上级党组织预审通过,方可将“入党志愿书”交其填写。

2. 在发展党员常用文书中,“入党志愿书”是唯一的党组织印发、申请入党人填写的材料。入党志愿有规定的篇幅,不能像其他材料可以不受字数限制地填写。为此,首先要注意字数。

3. 入党志愿要基于一年多来(可更长时间)党组织培养考察,结合自身各方面的进步尤其是思想方面的进步,写明自己不断成熟的过程。

4. 入党志愿应用黑色水笔或钢笔填写,字迹工整、清楚。填写要严肃认真,庄严郑重。

5. 入党志愿不另加标题,不加称谓,正文后边不需要署名和注明时间。

(四)范例

我志愿加入中国共产党,拥护党的纲领,遵守党的章程,履行党员义务,执行党的决定,严守党的纪律,保守党的秘密,对党忠诚,积极工作,为共产主义奋斗终生,随时准备为党和人民牺牲一切,永不叛党。

中国共产党是中国工人阶级的先锋队……

十月革命的隆隆炮声，给中国送来了马克思列宁主义……

我之所以加入中国共产党是为了……

自提交入党申请之后，我以实际行动积极向党组织靠拢。在思想上……

在取得一些进步的同时，我经常作自我批评，发现自己还有一些不足之处……今后我将……

如果我被党组织吸收，我会更加坚定共产主义信念，遵守党的章程，以合格党员的标准时刻要求自己，按时交纳党费，积极发挥党员的先锋模范作用。自觉接受党的教导，按照科学发展观的要求认真贯彻落实党的路线、方针和政策。如果我没有被党组织吸收……争取早日在思想上，进而在组织上入党，请党组织考验我吧！

五、转正申请书的基本写法及范文

（一）转正申请书写作的基本格式

入党转正申请书或入党转正申请报告，是预备党员在预备期满后，由本人主动向所在单位党组织提出的转为正式党员的书面材料。

转正申请书写作的基本格式如下：

1.标题。一般为“转正申请书”或“入党转正申请报告”，居中书写。

2.称谓。一般为“敬爱的党组织”或“党支部”，第二行顶格书写。

3.正文。

4.结尾。要署名和注明申请日期。一般居右书写“申请人×××”，下一行写“××××年××月××日”。

转正申请一般应在预备期满之前主动递交给所在党支部。

（二）转正申请书正文部分的基本内容

1.本人简况。说明本人何时何地由何人介绍入党，何时被批准为预备党员，何时预备期满。若被延长预备期的党员，要写明何时延长，何时延长期满，并正式向党组织提出转为正式党员的请求。

2.本人在预备期期间的表现。这是转正申请书的主体部分。[illegible]体、全面、详细。首先，要着重写清楚自己成为预备党员以来，通过[illegible]炼，在政治、思想、工作、学习等方面有哪些进步和提高。其次，要[illegible]履行的党员义务进行对照检查，看自己是否符合党员条件。哪些方面基本做到[illegible]面做得不够，还存在哪些缺点和不足。再次，要总结党组织和党员在讨论自己入党时所指出的缺点的改正情况，已经改正的表现在哪些方面；没有改正或没有完全改正的主要原因。尤其是延长预备期的，要重点说明延长期间的缺点改正情况。要如实地、全面地向党组织汇报自己在预备期的表现。

3.需要向党组织说明的问题。如果本人在入党时应向党组织说明的问题而没有说明的，或者是在预备期又发生了应向党组织说明的问题，都要本着实事求是的态度向党组织说清楚,以便让党组织更好地了解自己,考虑能否按期转正。

4.表明自己对能否转正的态度和今后努力的方向。预备党员要根据自己在预备期的表现,特别是针对存在的缺点和不足,提出今后的努力方向,最好要制定出切实可行的具体措施。

5.如果由于还未具备转正条件而不能按期转为正式党员的,还应向党组织表明自己应抱的态度,应向党组织表明愿意接受长期考验的态度。

(三)写转正申请书应注意的问题

1.本人自愿。预备党员写入党转正申请书,要根据自愿的原则,由本人以书面形式向党组织提出。

2.递交时间。转正申请书应在预备期满前(一般在转正到期前一周为好)交给党组织,以便党组织有足够的时间讨论转正问题。

3.实事求是。转正申请书的内容必须认真对照党章,结合自己实际,全面地向组织介绍预备期的情况。对自己的评价要实事求是,应着重写明党组织和党员在讨论自己入党时、作出延长预备期决定时所指出的缺点的改正情况。

4.转正申请书不能过分简单、概括,要体现思想进步的连续性,既要与预备期思想相联系,也要与申请入党过程、思想变化相联系,注意思想的深度。

5.延长预备期后提出转正申请,在写转正申请书前应主动找党组织有关负责人正式汇报思想,征求意见。

(四)范例

转正申请书

敬爱的×××党支部:

我经×××同志和×××同志介绍,于××××年××月××日被批准为中国共产党预备党员,至今年××月××日为止预备期满一年。现在,我向党组织郑重提出转为中国共产党正式党员申请。下面,我向党组织汇报一年来我的思想、工作、学习情况。

自从批准为预备党员之日起,在党组织的教育、引导下,我…………

我愿意接受党组织的考验,恳请组织批准我按期转为中共正式党员。如果党组织认为我的条件成熟,同意转为正式党员,我将……;如果党组织认为我的条件尚未成熟,我将……

申请人:×××

××××年××月××日

附录一

中国共产党章程

（中国共产党第十八次全国代表大会部分修改，2012 年 11 月 14 日通过）

总 纲

中国共产党是中国工人阶级的先锋队，同时是中国人民和中华民族的先锋队，是中国特色社会主义事业的领导核心，代表中国先进生产力的发展要求，代表中国先进文化的前进方向，代表中国最广大人民的根本利益。党的最高理想和最终目标是实现共产主义。

中国共产党以马克思列宁主义、毛泽东思想、邓小平理论、“三个代表”重要思想和科学发展观作为自己的行动指南。

马克思列宁主义揭示了人类社会历史发展的规律，它的基本原理是正确的，具有强大的生命力。中国共产党人追求的共产主义最高理想，只有在社会主义社会充分发展和高度发达的基础上才能实现。社会主义制度的发展和完善是一个长期的历史过程。坚持马克思列宁主义的基本原理，走中国人民自愿选择的适合中国国情的道路，中国的社会主义事业必将取得最终的胜利。

以毛泽东同志为主要代表的中国共产党人，把马克思列宁主义的基本原理同中国革命的具体实践结合起来，创立了毛泽东思想。毛泽东思想是马克思列宁主义在中国的运用和发展，是被实践证明了的关于中国革命和建设的正确的理论原则和经验总结，是中国共产党集体智慧的结晶。在毛泽东思想指引下，中国共产党领导全国各族人民，经过长期的反对帝国主义、封建主义、官僚资本主义的革命斗争，取得了新民主主义革命的胜利，建立了人民民主专政的中华人民共和国；建国以后，顺利地进行了社会主义改造，完成了从新民主主义到社会主义的过渡，确立了社会主义基本制度，发展了社会主义的经济、政治和文化。

十一届三中全会以来，以邓小平同志为主要代表的中国共产党人，总结建国以来正反两方面的经验，解放思想，实事求是，实现全党工作中心向经济建设的转移，实行改革开放，开辟了社会主义事业发展的新时期，逐步形成了建设中国特色社会主义的路线、方针、政策，阐明了在中国建设社会主义、巩固和发展社会主义的基本问题，创立了邓小平理论。邓小平理论是马克思列宁主义的基本原理同当代中国实践和时代特征相结合的产物，是毛泽东思想在新的历史条件下的继承和发展，是马克思主义在中国发展的新阶段，是当代中国的马克思主义，是中国共产党集体智慧的结晶，引导着我国社会主义现代化事业不断前进。

十三届四中全会以来，以江泽民同志为主要代表的中国共产党人，在建设中国特色社会主义的实践中，加深了对什么是社会主义、怎样建设社会主义和建设什么样的党、怎样建设党的认识，积累了治党治国新的宝贵经验，形成了“三个代表”重要思想。“三个代表”重要思想是对马克思列宁主义、毛泽东思想、邓小平理论的继承和发展，反映了当代世界和中国的发展变化对党和国家工作的新要求，是加强和改进党的建设、推进我国社会主义自我完善和发展的强大理论武器，是中国共产党集体智慧的结晶，是党必须长期坚持的指导思想。始终做到“三个代表”，是我们党的立党之本、执政之基、力量之源。

十六大以来，以胡锦涛同志为主要代表的中国共产党人，坚持以邓小平理论和“三个代表”重要思想为指导，根据新的发展要求，深刻认识和回答了新形势下实现什么样的发展、怎样发展等重大问题，形成了以人为本、全面协调可持续发展的科学发展观。科学发展观，是同马克思列宁主义、毛泽东思想、邓小平理论、“三个代表”重要思想既一脉相承又与时俱进的科学理论，是马克思主义关于发展的世界观和方法论的集中体现，是马克思主义中国化最新成果，是中国共产党集体智慧的结晶，是发展中国特色社会主义必须坚持和贯彻的指导思想。

改革开放以来我们取得一切成绩和进步的根本原因，归结起来就是：开辟了中国特色社会主义道路，形成了中国特色社会主义理论体系，确立了中国特色社会主义制度。全党同志要倍加珍惜、长期坚持和不断发展党历经艰辛开创的这条道路、这个理论体系、这个制度，高举中国特色社会主义伟大旗帜，为实现推进现代化建设、完成祖国统一、维护世界和平与促进共同发展这三大历史任务而奋斗。

我国正处于并将长期处于社会主义初级阶段。这是在经济文化落后的中国建设社会主义现代化不可逾越的历史阶段，需要上百年的时间。我国的社会主义建设，必须从我国的国情出发，走中国特色社会主义道路。在现阶段，我国社会的主要矛盾是人民日益增长的物质文化需要同落后的社会生产之间的矛盾。由于国内的因素和国际的影响，阶级斗争还在一定范围内长期存在，在某种条件下还有可能激化，但已经不是主要矛盾。我国社会主义建设的根本任务，是进一步解放生产力，发展生产力，逐步实现社会主义现代化，并且为此而改革生产关系和上层建筑中不适应生产力发展的方面和环节。必须坚持和完善公有制为主体、多种所有制经济共同发展的基本经济制度，坚持和完善按劳分配为主体、多种分配方式并存的分配制度，鼓励一部分地区和一部分人先富起来，逐步消灭贫穷，达到共同富裕，在生产发展和社会财富增长的基础上不断满足人民日益增长的物质文化需要，促进人的全面发展。发展是我们党执政兴国的第一要务。各项工作都要把有利于发展社会主义社会的生产力，有利于增强社会主义国家的综合国力，有利于提高人民的生活水平，作为总的出发点和检验标准，尊重劳动、尊重知识、尊重人才、尊重创造，做到发展为了人民、发展依靠人民、发展成果由人民共享。跨入新世纪，我国进入全面建设小康社会、加快推进社会主义现代化的新的发展阶段。必须按照中国特色社会主义事业总体布局，全面推进经济建设、政治建设、文化建设、社会建设、生态文明建设。在新世纪新阶段，经济和社会发展的战略目标是，巩固和发展已经初步达到的小康水平，到建党一百年时，建成惠及十几亿人口的更高水平的小康社会;到建国一百年时,人均国内生产总值达到中等发达国家水平,基本实现现代化。

中国共产党在社会主义初级阶段的基本路线是:领导和团结全国各族人民,以经济建设为中心,坚持四项基本原则,坚持改革开放,自力更生,艰苦创业,为把我国建设成为富强民主文明和谐的社会主义现代化国家而奋斗。

中国共产党在领导社会主义事业中,必须坚持以经济建设为中心,其他各项工作都服从和服务于这个中心。要抓紧时机,加快发展,实施科教兴国战略、人才强国战略和可持续发展战略,充分发挥科学技术作为第一生产力的作用,依靠科技进步,提高劳动者素质,促进国民经济又好又快发展。

坚持社会主义道路、坚持人民民主专政、坚持中国共产党的领导、坚持马克思列宁主义毛泽东思想这四项基本原则,是我们的立国之本。在社会主义现代化建设的整个过程中,必须坚持四项基本原则,反对资产阶级自由化。

坚持改革开放,是我们的强国之路。只有改革开放,才能发展中国、发展社会主义、发展马克思主义。要从根本上改革束缚生产力发展的经济体制,坚持和完善社会主义市场经济体制;与此相适应,要进行政治体制改革和其他领域的改革。要坚持对外开放的基本国策,吸收和借鉴人类社会创造的一切文明成果。改革开放应当大胆探索,勇于开拓,提高改革决策的科学性,增强改革措施的协调性,在实践中开创新路。

中国共产党领导人民发展社会主义市场经济。毫不动摇地巩固和发展公有制经济,毫不动摇地鼓励、支持、引导非公有制经济发展。发挥市场在资源配置中的基础性作用,建立完善的宏观调控体系。统筹城乡发展、区域发展、经济社会发展、人与自然和谐发展、国内发展和对外开放,调整经济结构,转变经济发展方式。促进工业化、信息化、城镇化、农业现代化同步发展,建设社会主义新农村,走中国特色新型工业化道路,建设创新型国家。

中国共产党领导人民发展社会主义民主政治。坚持党的领导、人民当家作主、依法治国有机统一,走中国特色社会主义政治发展道路,扩大社会主义民主,健全社会主义法制,建设社会主义法治国家,巩固人民民主专政,建设社会主义政治文明。坚持和完善人民代表大会制度、中国共产党领导的多党合作和政治协商制度、民族区域自治制度以及基层群众自治制度。发展更加广泛、更加充分、更加健全的人民民主,切实保障人民管理国家事务和社会事务、管理经济和文化事业的权利。尊重和保障人权。广开言路,建立健全民主选举、民主决策、民主管理、民主监督的制度和程序。完善中国特色社会主义法律体系,加强法律实施工作,实现国家各项工作法治化。

中国共产党领导人民发展社会主义先进文化。建设社会主义精神文明,实行依法治国和以德治国相结合,提高全民族的思想道德素质和科学文化素质,为改革开放和社会主义现代化建设提供强大的思想保证、精神动力和智力支持,建设社会主义文化强国。加强社会主义核心价值体系建设,坚持马克思主义指导思想,树立中国特色社会主义共同理想,弘扬以爱国主义为核心的民族精神和以改革创新为核心的时代精神,倡导社会主义荣辱观,增强民族自尊、自信和自强精神,抵御资本主义和封建主义腐朽思想的侵蚀,扫除各种社会丑恶现象,努力使我国人民成为有理想、有道德、有文化、有纪律的人民。对党员还要进行共产主义远大理想教育。大力发展教育、科学、文化事业，弘扬民族优秀传统文化，繁荣和发展社会主义文化。

中国共产党领导人民构建社会主义和谐社会。按照民主法治、公平正义、诚信友爱、充满活力、安定有序、人与自然和谐相处的总要求和共同建设、共同享有的原则，以保障和改善民生为重点，解决好人民最关心、最直接、最现实的利益问题，使发展成果更多更公平惠及全体人民，努力形成全体人民各尽其能、各得其所而又和谐相处的局面。加强和创新社会管理。严格区分和正确处理敌我矛盾和人民内部矛盾这两类不同性质的矛盾。加强社会治安综合治理，依法坚决打击各种危害国家安全和利益、危害社会稳定和经济发展的犯罪活动和犯罪分子，保持社会长期稳定。

中国共产党领导人民建设社会主义生态文明。树立尊重自然、顺应自然、保护自然的生态文明理念，坚持节约资源和保护环境的基本国策，坚持节约优先、保护优先、自然恢复为主的方针，坚持生产发展、生活富裕、生态良好的文明发展道路。着力建设资源节约型、环境友好型社会，形成节约资源和保护环境的空间格局、产业结构、生产方式、生活方式，为人民创造良好生产生活环境，实现中华民族永续发展。

中国共产党坚持对人民解放军和其他人民武装力量的领导，加强人民解放军的建设，切实保证人民解放军履行新世纪新阶段军队历史使命，充分发挥人民解放军在巩固国防、保卫祖国和参加社会主义现代化建设中的作用。

中国共产党维护和发展平等团结互助和谐的社会主义民族关系，积极培养、选拔少数民族干部，帮助少数民族和民族地区发展经济、文化和社会事业，实现各民族共同团结奋斗、共同繁荣发展。全面贯彻党的宗教工作基本方针，团结信教群众为经济社会发展作贡献。

中国共产党同全国各民族工人、农民、知识分子团结在一起，同各民主党派、无党派人士、各民族的爱国力量团结在一起，进一步发展和壮大由全体社会主义劳动者、社会主义事业的建设者、拥护社会主义的爱国者、拥护祖国统一的爱国者组成的最广泛的爱国统一战线。不断加强全国人民包括香港特别行政区同胞、澳门特别行政区同胞、台湾同胞和海外侨胞的团结。按照“一个国家、两种制度”的方针，促进香港、澳门长期繁荣稳定，完成祖国统一大业。

中国共产党坚持独立自主的和平外交政策，坚持和平发展道路，坚持互利共赢的开放战略，统筹国内国际两个大局，积极发展对外关系，努力为我国的改革开放和现代化建设争取有利的国际环境。在国际事务中，维护我国的独立和主权，反对霸权主义和强权政治，维护世界和平，促进人类进步，努力推动建设持久和平、共同繁荣的和谐世界。在互相尊重主权和领土完整、互不侵犯、互不干涉内政、平等互利、和平共处五项原则的基础上，发展我国同世界各国的关系。不断发展我国同周边国家的睦邻友好关系，加强同发展中国家的团结与合作。按照独立自主、完全平等、互相尊重、互不干涉内部事务的原则，发展我党同各国共产党和其他政党的关系。

中国共产党要领导全国各族人民实现社会主义现代化的宏伟目标，必须紧密围绕党的基本路线，加强党的执政能力建设、先进性和纯洁性建设，以改革创新精神全面推进党的建设新的伟大工程，整体推进党的思想建设、组织建设、作风建设、反腐倡廉建设、制度建设，全面提高党的建设科学化水平。坚持立党为公、执政为民，坚持党要管党、从严治党，发扬党的优良传统和作风，不断提高党的领导水平和执政水平，提高拒腐防变和抵御风险的能力，不断增强党的阶级基础和扩大党的群众基础，不断提高党的创造力、凝聚力、战斗力，建设学习型、服务型、创新型的马克思主义执政党，使我们党始终走在时代前列，成为领导全国人民沿着中国特色社会主义道路不断前进的坚强核心。党的建设必须坚决实现以下四项基本要求：

第一，坚持党的基本路线。全党要用邓小平理论、“三个代表”重要思想、科学发展观和党的基本路线统一思想，统一行动，并且毫不动摇地长期坚持下去。必须把改革开放同四项基本原则统一起来，全面落实党的基本路线，全面执行党在社会主义初级阶段的基本纲领，反对一切“左”的和右的错误倾向，要警惕右，但主要是防止“左”。加强各级领导班子建设，选拔使用在改革开放和社会主义现代化建设中政绩突出、群众信任的干部，培养和造就千百万社会主义事业接班人，从组织上保证党的基本理论、基本路线、基本纲领、基本经验的贯彻落实。

第二，坚持解放思想，实事求是，与时俱进，求真务实。党的思想路线是一切从实际出发，理论联系实际，实事求是，在实践中检验真理和发展真理。全党必须坚持这条思想路线，积极探索，大胆试验，开拓创新，创造性地开展工作，不断研究新情况，总结新经验，解决新问题，在实践中丰富和发展马克思主义，推进马克思主义中国化。

第三，坚持全心全意为人民服务。党除了工人阶级和最广大人民群众的利益，没有自己特殊的利益。党在任何时候都把群众利益放在第一位，同群众同甘共苦，保持最密切的联系，坚持权为民所用、情为民所系、利为民所谋，不允许任何党员脱离群众，凌驾于群众之上。党在自己的工作中实行群众路线，一切为了群众，一切依靠群众，从群众中来，到群众中去，把党的正确主张变为群众的自觉行动。我们党的最大政治优势是密切联系群众，党执政后的最大危险是脱离群众。党风问题、党同人民群众联系问题是关系党生死存亡的问题。党坚持标本兼治、综合治理、惩防并举、注重预防的方针，建立健全惩治和预防腐败体系，坚持不懈地反对腐败，加强党风建设和廉政建设。

第四，坚持民主集中制。民主集中制是民主基础上的集中和集中指导下的民主相结合。它既是党的根本组织原则，也是群众路线在党的生活中的运用。必须充分发扬党内民主，尊重党员主体地位，保障党员民主权利，发挥各级党组织和广大党员的积极性创造性。必须实行正确的集中，保证全党的团结统一和行动一致，保证党的决定得到迅速有效的贯彻执行。加强组织性纪律性，在党的纪律面前人人平等。加强对党的领导机关和党员领导干部特别是主要领导干部的监督，不断完善党内监督制度。党在自己的政治生活中正确地开展批评和自我批评，在原则问题上进行思想斗争，坚持真理，修正错误。努力造成又有集中又有民主，又有纪律又有自由，又有统一意志又有个人心情舒畅的生动活泼的政治局面。

党的领导主要是政治、思想和组织的领导。党要适应改革开放和社会主义现代化建设的要求，坚持科学执政、民主执政、依法执政，加强和改善党的领导。党必须按照总揽全局、协调各方的原则，在同级各种组织中发挥领导核心作用。党必须集中精力领导经济建设，组织、协调各方面的力量，同心协力，围绕经济建设开展工作，促进经济社会全面发展。

党必须实行民主的科学的决策，制定和执行正确的路线、方针、政策，做好党的组织工作和宣传教育工作，发挥全体党员的先锋模范作用。党必须在宪法和法律的范围内活动。党必须保证国家的立法、司法、行政机关，经济、文化组织和人民团体积极主动地、独立负责地、协调一致地工作。党必须加强对工会、共产主义青年团、妇女联合会等群众组织的领导，充分发挥它们的作用。党必须适应形势的发展和情况的变化，完善领导体制，改进领导方式，增强执政能力。共产党员必须同党外群众亲密合作，共同为建设中国特色社会主义而奋斗。

第一章 党员

第一条 年满十八岁的中国工人、农民、军人、知识分子和其他社会阶层的先进分子，承认党的纲领和章程，愿意参加党的一个组织并在其中积极工作、执行党的决议和按期交纳党费的，可以申请加入中国共产党。

第二条 中国共产党党员是中国工人阶级的有共产主义觉悟的先锋战士。

中国共产党党员必须全心全意为人民服务，不惜牺牲个人的一切，为实现共产主义奋斗终生。

中国共产党党员永远是劳动人民的普通一员。除了法律和政策规定范围内的个人利益和工作职权以外，所有共产党员都不得谋求任何私利和特权。

第三条 党员必须履行下列义务：

（一）认真学习马克思列宁主义、毛泽东思想、邓小平理论、“三个代表”重要思想和科学发展观，学习党的路线、方针、政策和决议，学习党的基本知识，学习科学、文化、法律和业务知识，努力提高为人民服务的本领。

（二）贯彻执行党的基本路线和各项方针、政策，带头参加改革开放和社会主义现代化建设，带动群众为经济发展和社会进步艰苦奋斗，在生产、工作、学习和社会生活中起先锋模范作用。

（三）坚持党和人民的利益高于一切，个人利益服从党和人民的利益，吃苦在前，享受在后，克己奉公，多做贡献。

（四）自觉遵守党的纪律，模范遵守国家的法律法规，严格保守党和国家的秘密，执行党的决定，服从组织分配，积极完成党的任务。

（五）维护党的团结和统一，对党忠诚老实，言行一致，坚决反对一切派别组织和小集团活动，反对阳奉阴违的两面派行为和一切阴谋诡计。

（六）切实开展批评和自我批评，勇于揭露和纠正工作中的缺点、错误，坚决同消极腐败现象作斗争。

（七）密切联系群众，向群众宣传党的主张，遇事同群众商量，及时向党反映群众的意见和要求，维护群众的正当利益。

（八）发扬社会主义新风尚，带头实践社会主义荣辱观，提倡共产主义道德，为了保护国家和人民的利益，在一切困难和危险的时刻挺身而出，英勇斗争，不怕牺牲。

第四条 党员享有下列权利：

（一）参加党的有关会议，阅读党的有关文件，接受党的教育和培训。

（二）在党的会议上和党报党刊上，参加关于党的政策问题的讨论。

（三）对党的工作提出建议和倡议。

（四）在党的会议上有根据地批评党的任何组织和任何党员，向党负责地揭发、检举党的任何组织和任何党员违法乱纪的事实，要求处分违法乱纪的党员，要求罢免或撤换不称职的干部。

（五）行使表决权、选举权，有被选举权。

（六）在党组织讨论决定对党员的党纪处分或作出鉴定时，本人有权参加和进行申辩，其他党员可以为他作证和辩护。

（七）对党的决议和政策如有不同意见，在坚决执行的前提下，可以声明保留，并且可以把自己的意见向党的上级组织直至中央提出。

（八）向党的上级组织直至中央提出请求、申诉和控告，并要求有关组织给以负责的答复。

党的任何一级组织直至中央都无权剥夺党员的上述权利。

第五条　发展党员，必须经过党的支部，坚持个别吸收的原则。

申请入党的人，要填写入党志愿书，要有两名正式党员作介绍人，要经过支部大会通过和上级党组织批准，并且经过预备期的考察，才能成为正式党员。

介绍人要认真了解申请人的思想、品质、经历和工作表现，向他解释党的纲领和党的章程，说明党员的条件、义务和权利，并向党组织作出负责的报告。

党的支部委员会对申请入党的人，要注意征求党内外有关群众的意见，进行严格的审查，认为合格后再提交支部大会讨论。

上级党组织在批准申请人入党以前，要派人同他谈话，作进一步的了解，并帮助他提高对党的认识。

在特殊情况下，党的中央和省、自治区、直辖市委员会可以直接接收党员。

第六条　预备党员必须面向党旗进行入党宣誓。誓词如下：我志愿加入中国共产党，拥护党的纲领，遵守党的章程，履行党员义务，执行党的决定，严守党的纪律，保守党的秘密，对党忠诚，积极工作，为共产主义奋斗终生，随时准备为党和人民牺牲一切，永不叛党。

第七条　预备党员的预备期为一年。党组织对预备党员应当认真教育和考察。

预备党员的义务同正式党员一样。预备党员的权利，除了没有表决权、选举权和被选举权以外，也同正式党员一样。

预备党员预备期满，党的支部应当及时讨论他能否转为正式党员。认真履行党员义务，具备党员条件的，应当按期转为正式党员；需要继续考察和教育的，可以延长预备期，但不能超过一年；不履行党员义务，不具备党员条件的，应当取消预备党员资格。预备党员转为正式党员，或延长预备期，或取消预备党员资格，都应当经支部大会讨论通过和上级党组织批准。

预备党员的预备期，从支部大会通过他为预备党员之日算起。党员的党龄，从预备期满转为正式党员之日算起。

第八条　每个党员，不论职务高低，都必须编入党的一个支部、小组或其他特定组织，参加党的组织生活，接受党内外群众的监督。党员领导干部还必须参加党委、党组的民主生活会。不允许有任何不参加党的组织生活、不接受党内外群众监督的特殊党员。

第九条　党员有退党的自由。党员要求退党，应当经支部大会讨论后宣布除名，并报上级党组织备案。

党员缺乏革命意志，不履行党员义务，不符合党员条件，党的支部应当对他进行教育，要求他限期改正；经教育仍无转变的，应当劝他退党。劝党员退党，应当经支部大会讨论决定，并报上级党组织批准。如被劝告退党的党员坚持不退，应当提交支部大会讨论，决定把他除名，并报上级党组织批准。

党员如果没有正当理由，连续六个月不参加党的组织生活，或不交纳党费，或不做党所分配的工作，就被认为是自行脱党。支部大会应当决定把这样的党员除名，并报上级党组织批准。

第二章　党的组织制度

第十条　党是根据自己的纲领和章程，按照民主集中制组织起来的统一整体。党的民主集中制的基本原则是：

（一）党员个人服从党的组织，少数服从多数，下级组织服从上级组织，全党各个组织和全体党员服从党的全国代表大会和中央委员会。

（二）党的各级领导机关，除它们派出的代表机关和在非党组织中的党组外，都由选举产生。

（三）党的最高领导机关，是党的全国代表大会和它所产生的中央委员会。党的地方各级领导机关，是党的地方各级代表大会和它们所产生的委员会。党的各级委员会向同级的代表大会负责并报告工作。

（四）党的上级组织要经常听取下级组织和党员群众的意见，及时解决他们提出的问题。党的下级组织既要向上级组织请示和报告工作，又要独立负责地解决自己职责范围内的问题。上下级组织之间要互通情报、互相支持和互相监督。党的各级组织要按规定实行党务公开，使党员对党内事务有更多的了解和参与。

（五）党的各级委员会实行集体领导和个人分工负责相结合的制度。凡属重大问题都要按照集体领导、民主集中、个别酝酿、会议决定的原则，由党的委员会集体讨论，作出决定；委员会成员要根据集体的决定和分工，切实履行自己的职责。

（六）党禁止任何形式的个人崇拜。要保证党的领导人的活动处于党和人民的监督之下，同时维护一切代表党和人民利益的领导人的威信。

第十一条　党的各级代表大会的代表和委员会的产生，要体现选举人的意志。选举采用无记名投票的方式。候选人名单要由党组织和选举人充分酝酿讨论。可以直接采用候选人数多于应选人数的差额选举办法进行正式选举。也可以先采用差额选举办法进行预选，产生候选人名单，然后进行正式选举。选举人有了解候选人情况、要求改变候选人、不选任何一个候选人和另选他人的权利。任何组织和个人不得以任何方式强迫选举人选举或不选举某个人。

党的地方各级代表大会和基层代表大会的选举，如果发生违反党章的情况，上一级党的委员会在调查核实后，应作出选举无效和采取相应措施的决定，并报再上一级党的委员会审查批准，正式宣布执行。

党的各级代表大会代表实行任期制。

第十二条　党的中央和地方各级委员会在必要时召集代表会议，讨论和决定需要及时解决的重大问题。代表会议代表的名额和产生办法，由召集代表会议的委员会决定。

第十三条　凡是成立党的新组织，或是撤销党的原有组织，必须由上级党组织决定。

在党的地方各级代表大会和基层代表大会闭会期间，上级党的组织认为有必要时，可以调动或者指派下级党组织的负责人。

党的中央和地方各级委员会可以派出代表机关。

党的中央和省、自治区、直辖市委员会实行巡视制度。

第十四条　党的各级领导机关，对同下级组织有关的重要问题作出决定时，在通常情况下，要征求下级组织的意见。要保证下级组织能够正常行使他们的职权。凡属应由下级组织处理的问题，如无特殊情况，上级领导机关不要干预。

第十五条　有关全国性的重大政策问题，只有党中央有权作出决定，各部门、各地方的党组织可以向中央提出建议，但不得擅自作出决定和对外发表主张。

党的下级组织必须坚决执行上级组织的决定。下级组织如果认为上级组织的决定不符合本地区、本部门的实际情况，可以请求改变；如果上级组织坚持原决定，下级组织必须执行，并不得公开发表不同意见，但有权向再上一级组织报告。

党的各级组织的报刊和其他宣传工具，必须宣传党的路线、方针、政策和决议。

第十六条　党组织讨论决定问题，必须执行少数服从多数的原则。决定重要问题，要进行表决。对于少数人的不同意见，应当认真考虑。如对重要问题发生争论，双方人数接近，除了在紧急情况下必须按多数意见执行外，应当暂缓作出决定，进一步调查研究，交换意见，下次再表决；在特殊情况下，也可将争论情况向上级组织报告，请求裁决。

党员个人代表党组织发表重要主张，如果超出党组织已有决定的范围，必须提交所在的党组织讨论决定，或向上级党组织请示。任何党员不论职务高低，都不能个人决定重大问题；如遇紧急情况，必须由个人作出决定时，事后要迅速向党组织报告。不允许任何领导人实行个人专断和把个人凌驾于组织之上。

第十七条　党的中央、地方和基层组织，都必须重视党的建设，经常讨论和检查党的宣传工作、教育工作、组织工作、纪律检查工作、群众工作、统一战线工作等，注意研究党内外的思想政治状况。

第三章　党的中央组织

第十八条　党的全国代表大会每五年举行一次，由中央委员会召集。中央委员会认为有必要，或者有三分之一以上的省一级组织提出要求，全国代表大会可以提前举行；如无非常情况，不得延期举行。

全国代表大会代表的名额和选举办法，由中央委员会决定。

第十九条　党的全国代表大会的职权是：

（一）听取和审查中央委员会的报告；

（二）听取和审查中央纪律检查委员会的报告；

（三）讨论并决定党的重大问题；

（四）修改党的章程；

（五）选举中央委员会；

（六）选举中央纪律检查委员会。

第二十条　党的全国代表会议的职权是：讨论和决定重大问题；调整和增选中央委员会、中央纪律检查委员会的部分成员。调整和增选中央委员及候补中央委员的数额，不得超过党的全国代表大会选出的中央委员及候补中央委员各自总数的五分之一。

第二十一条　党的中央委员会每届任期五年。全国代表大会如提前或延期举行，它的任期相应地改变。中央委员会委员和候补委员必须有五年以上的党龄。中央委员会委员和候补委员的名额，由全国代表大会决定。中央委员会委员出缺，由中央委员会候补委员按照得票多少依次递补。

中央委员会全体会议由中央政治局召集，每年至少举行一次。中央政治局向中央委员会全体会议报告工作，接受监督。

在全国代表大会闭会期间，中央委员会执行全国代表大会的决议，领导党的全部工作，对外代表中国共产党。

第二十二条　党的中央政治局、中央政治局常务委员会和中央委员会总书记，由中央委员会全体会议选举。中央委员会总书记必须从中央政治局常务委员会委员中产生。

中央政治局和它的常务委员会在中央委员会全体会议闭会期间，行使中央委员会的职权。

中央书记处是中央政治局和它的常务委员会的办事机构；成员由中央政治局常务委员会提名，中央委员会全体会议通过。

中央委员会总书记负责召集中央政治局会议和中央政治局常务委员会会议，并主持中央书记处的工作。

党的中央军事委员会组成人员由中央委员会决定。

每届中央委员会产生的中央领导机构和中央领导人，在下届全国代表大会开会期间，继续主持党的经常工作，直到下届中央委员会产生新的中央领导机构和中央领导人为止。

第二十三条　中国人民解放军的党组织，根据中央委员会的指示进行工作。中央军事委员会的政治工作机关是中国人民解放军总政治部，总政治部负责管理军队中党的工作和政治工作。军队中党的组织体制和机构，由中央军事委员会作出规定。

第四章　党的地方组织

第二十四条　党的省、自治区、直辖市的代表大会，设区的市和自治州的代表大会，县（旗）、自治县、不设区的市和市辖区的代表大会，每五年举行一次。

党的地方各级代表大会由同级党的委员会召集。在特殊情况下，经上一级委员会批准，可以提前或延期举行。

党的地方各级代表大会代表的名额和选举办法，由同级党的委员会决定，并报上一级党的委员会批准。

第二十五条　党的地方各级代表大会的职权是：

（一）听取和审查同级委员会的报告；

（二）听取和审查同级纪律检查委员会的报告；

（三）讨论本地区范围内的重大问题并作出决议；

（四）选举同级党的委员会，选举同级党的纪律检查委员会。

第二十六条　党的省、自治区、直辖市、设区的市和自治州的委员会，每届任期五年。这些委员会的委员和候补委员必须有五年以上的党龄。

党的县（旗）、自治县、不设区的市和市辖区的委员会，每届任期五年。这些委员会的委员和候补委员必须有三年以上的党龄。

党的地方各级代表大会如提前或延期举行，由它选举的委员会的任期相应地改变。

党的地方各级委员会的委员和候补委员的名额，分别由上一级委员会决定。党的地方各级委员会委员出缺，由候补委员按照得票多少依次递补。

党的地方各级委员会全体会议，每年至少召开两次。

党的地方各级委员会在代表大会闭会期间，执行上级党组织的指示和同级党代表大会的决议，领导本地方的工作，定期向上级党的委员会报告工作。

第二十七条　党的地方各级委员会全体会议，选举常务委员会和书记、副书记，并报上级党的委员会批准。党的地方各级委员会的常务委员会，在委员会全体会议闭会期间，行使委员会职权；在下届代表大会开会期间，继续主持经常工作，直到新的常务委员会产生为止。

党的地方各级委员会的常务委员会定期向委员会全体会议报告工作，接受监督。

第二十八条　党的地区委员会和相当于地区委员会的组织，是党的省、自治区委员会在几个县、自治县、市范围内派出的代表机关。它根据省、自治区委员会的授权，领导本地区的工作。

第五章　党的基层组织

第二十九条　企业、农村、机关、学校、科研院所、街道社区、社会组织、人民解放军连队和其他基层单位，凡是有正式党员三人以上的，都应当成立党的基层组织。

党的基层组织，根据工作需要和党员人数，经上级党组织批准，分别设立党的基层委员会、总支部委员会、支部委员会。基层委员会由党员大会或代表大会选举产生，总支部委员会和支部委员会由党员大会选举产生，提出委员候选人要广泛征求党员和群众的意见。

第三十条　党的基层委员会每届任期三年至五年，总支部委员会、支部委员会每届任期两年或三年。基层委员会、总支部委员会、支部委员会的书记、副书记选举产生后，应报上级党组织批准。

第三十一条　党的基层组织是党在社会基层组织中的战斗堡垒，是党的全部工作和战斗力的基础。它的基本任务是：

（一）宣传和执行党的路线、方针、政策，宣传和执行党中央、上级组织和本组织的决议，充分发挥党员的先锋模范作用，积极创先争优，团结、组织党内外的干部和群众，努力完成本单位所担负的任务。

（二）组织党员认真学习马克思列宁主义、毛泽东思想、邓小平理论、“三个代表”重要思想和科学发展观，学习党的路线、方针、政策和决议，学习党的基本知识，学习科学、文化、法律和业务知识。

（三）对党员进行教育、管理、监督和服务，提高党员素质，增强党性，严格党的组织生活，开展批评和自我批评，维护和执行党的纪律，监督党员切实履行义务，保障党员的权利不受侵犯。加强和改进流动党员管理。

（四）密切联系群众，经常了解群众对党员、党的工作的批评和意见，维护群众的正当权利和利益，做好群众的思想政治工作。

（五）充分发挥党员和群众的积极性创造性，发现、培养和推荐他们中间的优秀人才，鼓励和支持他们在改革开放和社会主义现代化建设中贡献自己的聪明才智。

（六）对要求入党的积极分子进行教育和培养，做好经常性的发展党员工作，重视在生产、工作第一线和青年中发展党员。

（七）监督党员干部和其他任何工作人员严格遵守国法政纪，严格遵守国家的财政经济法规和人事制度，不得侵占国家、集体和群众的利益。

（八）教育党员和群众自觉抵制不良倾向，坚决同各种违法犯罪行为作斗争。

第三十二条　街道、乡、镇党的基层委员会和村、社区党组织，领导本地区的工作，支持和保证行政组织、经济组织和群众自治组织充分行使职权。

国有企业和集体企业中党的基层组织，发挥政治核心作用，围绕企业生产经营开展工作。保证监督党和国家的方针、政策在本企业的贯彻执行；支持股东会、董事会、监事会和经理（厂长）依法行使职权；全心全意依靠职工群众，支持职工代表大会开展工作；参与企业重大问题的决策；加强党组织的自身建设，领导思想政治工作、精神文明建设和工会、共青团等群众组织。

非公有制经济组织中党的基层组织，贯彻党的方针政策，引导和监督企业遵守国家的法律法规，领导工会、共青团等群众组织，团结凝聚职工群众，维护各方的合法权益，促进企业健康发展。

实行行政领导人负责制的事业单位中党的基层组织，发挥政治核心作用。实行党委领导下的行政领导人负责制的事业单位中党的基层组织，对重大问题进行讨论和作出决定，同时保证行政领导人充分行使自己的职权。

各级党和国家机关中党的基层组织，协助行政负责人完成任务，改进工作，对包括行政负责人在内的每个党员进行监督，不领导本单位的业务工作。

第六章　党的干部

第三十三条　党的干部是党的事业的骨干，是人民的公仆。党按照德才兼备、以德为先的原则选拔干部，坚持五湖四海、任人唯贤，反对任人唯亲，努力实现干部队伍的革命化、年轻化、知识化、专业化。

党重视教育、培训、选拔、考核和监督干部，特别是培养、选拔优秀年轻干部。积极推进干部制度改革。

党重视培养、选拔女干部和少数民族干部。

第三十四条　党的各级领导干部必须模范地履行本章程第三条所规定的党员的各项义务，并且必须具备以下的基本条件：

（一）具有履行职责所需要的马克思列宁主义、毛泽东思想、邓小平理论的水平，认真实践"三个代表"重要思想，带头贯彻落实科学发展观，努力用马克思主义的立场、观点、方法分析和解决实际问题，坚持讲学习、讲政治、讲正气，经得起各种风浪的考验。

（二）具有共产主义远大理想和中国特色社会主义坚定信念，坚决执行党的基本路线和各项方针、政策，立志改革开放，献身现代化事业，在社会主义建设中艰苦创业，树立正确政绩观，做出经得起实践、人民、历史检验的实绩。

（三）坚持解放思想，实事求是，与时俱进，开拓创新，认真调查研究，能够把党的方针、政策同本地区、本部门的实际相结合，卓有成效地开展工作，讲实话，办实事，求实效，反对形式主义。

（四）有强烈的革命事业心和政治责任感，有实践经验，有胜任领导工作的组织能力、文化水平和专业知识。

（五）正确行使人民赋予的权力，坚持原则，依法办事，清正廉洁，勤政为民，以身作则，艰苦朴素，密切联系群众，坚持党的群众路线，自觉地接受党和群众的批评和监督，加强道德修养，讲党性、重品行、作表率，做到自重、自省、自警、自励，反对官僚主义，反对任何滥用职权、谋求私利的不正之风。

（六）坚持和维护党的民主集中制，有民主作风，有全局观念，善于团结同志，包括团结同自己有不同意见的同志一道工作。

第三十五条　党员干部要善于同党外干部合作共事，尊重他们，虚心学习他们的长处。

党的各级组织要善于发现和推荐有真才实学的党外干部担任领导工作，保证他们有职有权，充分发挥他们的作用。

第三十六条　党的各级领导干部，无论是由民主选举产生的，或是由领导机关任命的，他们的职务都不是终身的，都可以变动或解除。

年龄和健康状况不适宜于继续担任工作的干部，应当按照国家的规定退、离休。

第七章　党的纪律

第三十七条　党的纪律是党的各级组织和全体党员必须遵守的行为规则，是维护党的团结统一、完成党的任务的保证。党组织必须严格执行和维护党的纪律，共产党员必须自觉接受党的纪律的约束。

第三十八条　党组织对违犯党的纪律的党员，应当本着惩前毖后、治病救人的精神，按照错误性质和情节轻重，给以批评教育直至纪律处分。

严重触犯刑律的党员必须开除党籍。

党内严格禁止用违反党章和国家法律的手段对待党员，严格禁止打击报复和诬告陷害。违反这些规定的组织或个人必须受到党的纪律和国家法律的追究。

第三十九条　党的纪律处分有五种：警告、严重警告、撤销党内职务、留党察看、开除党籍。

留党察看最长不超过两年。党员在留党察看期间没有表决权、选举权和被选举权。党员经过留党察看，确已改正错误的，应当恢复其党员的权利；坚持错误不改的，应当开除党籍。

开除党籍是党内的最高处分。各级党组织在决定或批准开除党员党籍的时候，应当全面研究有关的材料和意见，采取十分慎重的态度。

第四十条　对党员的纪律处分，必须经过支部大会讨论决定，报党的基层委员会批准；如果涉及的问题比较重要或复杂，或给党员以开除党籍的处分，应分别不同情况，报县级或县级以上党的纪律检查委员会审查批准。在特殊情况下,县级和县级以上各级党的委员会和纪律检查委员会有权直接决定给党员以纪律处分。

对党的中央委员会和地方各级委员会的委员、候补委员,给以撤销党内职务、留党察看或开除党籍的处分,必须由本人所在的委员会全体会议三分之二以上的多数决定。在特殊情况下,可以先由中央政治局和地方各级委员会常务委员会作出处理决定,待召开委员会全体会议时予以追认。对地方各级委员会委员和候补委员的上述处分,必须经过上级党的委员会批准。

严重触犯刑律的中央委员会委员、候补委员,由中央政治局决定开除其党籍;严重触犯刑律的地方各级委员会委员、候补委员,由同级委员会常务委员会决定开除其党籍。

第四十一条　党组织对党员作出处分决定,应当实事求是地查清事实。处分决定所依据的事实材料和处分决定必须同本人见面,听取本人说明情况和申辩。如果本人对处分决定不服,可以提出申诉,有关党组织必须负责处理或者迅速转递,不得扣压。对于确属坚持错误意见和无理要求的人,要给以批评教育。

第四十二条　党组织如果在维护党的纪律方面失职,必须受到追究。

对于严重违犯党的纪律、本身又不能纠正的党组织,上一级党的委员会在查明核实后,应根据情节严重的程度,作出进行改组或予以解散的决定,并报再上一级党的委员会审查批准,正式宣布执行。

第八章　党的纪律检查机关

第四十三条　党的中央纪律检查委员会在党的中央委员会领导下进行工作。党的地方各级纪律检查委员会和基层纪律检查委员会在同级党的委员会和上级纪律检查委员会双重领导下进行工作。

党的各级纪律检查委员会每届任期和同级党的委员会相同。

党的中央纪律检查委员会全体会议,选举常务委员会和书记、副书记,并报党的中央委员会批准。党的地方各级纪律检查委员会全体会议,选举常务委员会和书记、副书记,并由同级党的委员会通过,报上级党的委员会批准。党的基层委员会是设立纪律检查委员会,还是设立纪律检查委员,由它的上一级党组织根据具体情况决定。党的总支部委员会和支部委员会设纪律检查委员。

党的中央纪律检查委员会根据工作需要,可以向中央一级党和国家机关派驻党的纪律检查组或纪律检查员。纪律检查组组长或纪律检查员可以列席该机关党的领导组织的有关会议。他们的工作必须受到该机关党的领导组织的支持。

第四十四条　党的各级纪律检查委员会的主要任务是:维护党的章程和其他党内法规,检查党的路线、方针、政策和决议的执行情况,协助党的委员会加强党风建设和组织协调反腐败工作。

各级纪律检查委员会要经常对党员进行遵守纪律的教育,作出关于维护党纪的决定;对党员领导干部行使权力进行监督;检查和处理党的组织和党员违反党的章程和其他党内法规的比较重要或复杂的案件,决定或取消对这些案件中的党员的处分;受理党员的控告和申诉;保障党员的权利。

各级纪律检查委员会要把处理特别重要或复杂的案件中的问题和处理的结果,向同级党的委员会报告。党的地方各级纪律检查委员会和基层纪律检查委员会要同时向上级纪律检查委员会报告。

各级纪律检查委员会发现同级党的委员会委员有违犯党的纪律的行为，可以先进行初步核实，如果需要立案检查的，应当报同级党的委员会批准，涉及常务委员的，经报告同级党的委员会后报上一级纪律检查委员会批准。

第四十五条　上级纪律检查委员会有权检查下级纪律检查委员会的工作，并且有权批准和改变下级纪律检查委员会对于案件所作的决定。如果所要改变的该下级纪律检查委员会的决定，已经得到它的同级党的委员会的批准，这种改变必须经过它的上一级党的委员会批准。

党的地方各级纪律检查委员会和基层纪律检查委员会如果对同级党的委员会处理案件的决定有不同意见，可以请求上一级纪律检查委员会予以复查；如果发现同级党的委员会或它的成员有违犯党的纪律的情况，在同级党的委员会不给予解决或不给予正确解决的时候，有权向上级纪律检查委员会提出申诉，请求协助处理。

第九章　党组

第四十六条　在中央和地方国家机关、人民团体、经济组织、文化组织和其他非党组织的领导机关中，可以成立党组。党组发挥领导核心作用。党组的任务，主要是负责贯彻执行党的路线、方针、政策；讨论和决定本单位的重大问题；做好干部管理工作；团结党外干部和群众，完成党和国家交给的任务；指导机关和直属单位党组织的工作。

第四十七条　党组的成员，由批准成立党组的党组织决定。党组设书记，必要时还可以设副书记。

党组必须服从批准它成立的党组织领导。

第四十八条　对下属单位实行集中统一领导的国家工作部门可以建立党委，党委的产生办法、职权和工作任务，由中央另行规定。

第十章　党和共产主义青年团的关系

第四十九条　中国共产主义青年团是中国共产党领导的先进青年的群众组织，是广大青年在实践中学习中国特色社会主义和共产主义的学校，是党的助手和后备军。共青团中央委员会受党中央委员会领导。共青团的地方各级组织受同级党的委员会领导，同时受共青团上级组织领导。

第五十条　党的各级委员会要加强对共青团的领导，注意团的干部的选拔和培训。党要坚决支持共青团根据广大青年的特点和需要，生动活泼地、富于创造性地进行工作，充分发挥团的突击队作用和联系广大青年的桥梁作用。

团的县级和县级以下各级委员会书记，企业事业单位的团委员会书记，是党员的，可以列席同级党的委员会和常务委员会的会议。

第十一章　党徽党旗

第五十一条　中国共产党党徽为镰刀和锤头组成的图案。

第五十二条　中国共产党党旗为旗面缀有金黄色党徽图案的红旗。

第五十三条　中国共产党的党徽党旗是中国共产党的象征和标志。党的各级组织和每一个党员都要维护党徽党旗的尊严。要按照规定制作和使用党徽党旗。

附录二

中国共产党发展党员工作细则

第一章 总则

第一条 为了规范发展党员工作，保证新发展的党员质量，保持党的先进性和纯洁性，根据《中国共产党章程》和党内有关规定，制定本细则。

第二条 党的基层组织应当把吸收具有马克思主义信仰、共产主义觉悟和中国特色社会主义信念，自觉践行社会主义核心价值观的先进分子入党，作为一项经常性重要工作。

第三条 发展党员工作应当贯彻党的基本理论、基本路线、基本纲领、基本经验、基本要求，按照控制总量、优化结构、提高质量、发挥作用的总要求，坚持党章规定的党员标准，始终把政治标准放在首位；坚持慎重发展、均衡发展，有领导、有计划地进行；坚持入党自愿原则和个别吸收原则，成熟一个，发展一个。

禁止突击发展，反对“关门主义”。

第二章 入党积极分子的确定和培养教育

第四条 党组织应当通过宣传党的政治主张和深入细致的思想政治工作，提高党外群众对党的认识，不断扩大入党积极分子队伍。

第五条 年满十八岁的中国工人、农民、军人、知识分子和其他社会阶层的先进分子，承认党的纲领和章程，愿意参加党的一个组织并在其中积极工作、执行党的决议和按期交纳党费的，可以申请加入中国共产党。

第六条 入党申请人应当向工作、学习所在单位党组织提出入党申请，没有工作、学习单位或工作、学习单位未建立党组织的，应当向居住地党组织提出入党申请。

流动人员还可以向单位所在地党组织或单位主管部门党组织提出入党申请，也可以向流动党员党组织提出入党申请。

第七条 党组织收到入党申请书后，应当在一个月内派人同入党申请人谈话，了解基本情况。

第八条 在入党申请人中确定入党积极分子，应当采取党员推荐、群团组织推优等方式产生人选，由支部委员会（不设支部委员会的由支部大会，下同）研究决定，并报上级党委备案。

第九条　党组织应当指定一至两名正式党员作入党积极分子的培养联系人。培养联系人的主要任务是：

(一)向入党积极分子介绍党的基本知识；

(二)了解入党积极分子的政治觉悟、道德品质、现实表现和家庭情况等，做好培养教育工作，引导入党积极分子端正入党动机；

(三)及时向党支部汇报入党积极分子情况；

(四)向党支部提出能否将入党积极分子列为发展对象的意见。

第十条　党组织应当采取吸收入党积极分子听党课、参加党内有关活动，给他们分配一定的社会工作以及集中培训等方法，对入党积极分子进行马克思列宁主义、毛泽东思想和中国特色社会主义理论体系教育，党的路线、方针、政策和党的基本知识教育，党的历史和优良传统、作风教育以及社会主义核心价值观教育，使他们懂得党的性质、纲领、宗旨、组织原则和纪律，懂得党员的义务和权利，帮助他们端正入党动机，确立为共产主义事业奋斗终生的信念。

第十一条　党支部每半年对入党积极分子进行一次考察。基层党委每年对入党积极分子队伍状况作一次分析。针对存在的问题，采取改进措施。

第十二条　入党积极分子工作、学习所在单位(居住地)发生变动，应当及时报告原单位(居住地)党组织。原单位(居住地)党组织应当及时将培养教育等有关材料转交现单位(居住地)党组织。现单位(居住地)党组织应当对有关材料进行认真审查，并接续做好培养教育工作。培养教育时间可连续计算。

第三章　发展对象的确定和考察

第十三条　对经过一年以上培养教育和考察、基本具备党员条件的入党积极分子，在听取党小组、培养联系人、党员和群众意见的基础上，支部委员会讨论同意并报上级党委备案后，可列为发展对象。

第十四条　发展对象应当有两名正式党员作入党介绍人。入党介绍人一般由培养联系人担任，也可由党组织指定。

受留党察看处分、尚未恢复党员权利的党员，不能作入党介绍人。

第十五条　入党介绍人的主要任务是：

(一)向发展对象解释党的纲领、章程，说明党员的条件、义务和权利；

(二)认真了解发展对象的入党动机、政治觉悟、道德品质、工作经历、现实表现等情况，如实向党组织汇报；

(三)指导发展对象填写《中国共产党入党志愿书》，并认真填写自己的意见；

(四)向支部大会负责地介绍发展对象的情况；

(五)发展对象批准为预备党员后，继续对其进行教育帮助。

第十六条　党组织必须对发展对象进行政治审查。

政治审查的主要内容是：对党的理论和路线、方针、政策的态度；政治历史和在重大政治斗争中的表现；遵纪守法和遵守社会公德情况；直系亲属和与本人关系密切的主要社会关系的政治情况。

政治审查的基本方法是：同本人谈话、查阅有关档案材料、找有关单位和人员了解情况以及必要的函调或外调。在听取本人介绍和查阅有关材料后，情况清楚的可不函调或外调。对流动人员中的发展对象进行政治审查时，还应当征求其户籍所在地和居住地基层党组织的意见。

政治审查必须严肃认真、实事求是，注重本人的一贯表现。审查情况应当形成结论性材料。

凡是未经政治审查或政治审查不合格的，不能发展入党。

第十七条　基层党委或县级党委组织部门应当对发展对象进行短期集中培训。培训时间一般不少于三天（或不少于二十四个学时）。培训时主要学习党章、《关于党内政治生活的若干准则》等文件。中央组织部组织编写的《入党教材》，可以作为学习辅导材料。

未经培训的，除个别特殊情况外，不能发展入党。

第四章　预备党员的接收

第十八条　接收预备党员应当严格按照党章规定的程序办理。

第十九条　支部委员会应当对发展对象进行严格审查，经集体讨论认为合格后，报具有审批权限的基层党委预审。

基层党委对发展对象的条件、培养教育情况等进行审查，根据需要听取执纪执法等相关部门的意见。审查结果以书面形式通知党支部，并向审查合格的发展对象发放《中国共产党入党志愿书》。

发展对象未来三个月内将离开工作、学习单位的，一般不办理接收预备党员的手续。

第二十条　经基层党委预审合格的发展对象，由支部委员会提交支部大会讨论。

召开讨论接收预备党员的支部大会，有表决权的到会人数必须超过应到会有表决权人数的半数。

第二十一条　支部大会讨论接收预备党员的主要程序是：

（一）发展对象汇报对党的认识、入党动机、本人履历、家庭和主要社会关系情况，以及需向党组织说明的问题；

（二）入党介绍人介绍发展对象有关情况，并对其能否入党表明意见；

（三）支部委员会报告对发展对象的审查情况；

（四）与会党员对发展对象能否入党进行充分讨论，并采取无记名投票方式进行表决。赞成人数超过应到会有表决权的正式党员的半数，才能通过接收预备党员的决议。因故不能到会的有表决权的正式党员，在支部大会召开前正式向党支部提出书面意见的，应当统计在票数内。

支部大会讨论两个以上的发展对象入党时，必须逐个讨论和表决。

第二十二条　党支部应当及时将支部大会决议写入《中国共产党入党志愿书》，连同本人入党申请书、政治审查材料、培养教育考察材料等，一并报上级党委审批。

支部大会决议主要包括：发展对象的主要表现；应到会和实际到会有表决权的党员人数；表决结果；通过决议的日期；支部书记签名。

第二十三条　预备党员必须由党委（工委，下同）审批。

乡镇（街道）党委所属的基层党委，不能审批预备党员，但应当对支部大会通过接收的预备党员进行审议。

党总支不能审批预备党员，但应当对支部大会通过接收的预备党员进行审议。

除另有规定外，临时党组织不能接收、审批预备党员。

党组不能审批预备党员。

第二十四条　党委审批前，应当指派党委委员或组织员同发展对象谈话，作进一步的了解，并帮助发展对象提高对党的认识。谈话人应当将谈话情况和自己对发展对象能否入党的意见，如实填写在《中国共产党入党志愿书》上，并向党委汇报。

第二十五条　党委审批预备党员，必须集体讨论和表决。

党委主要审议发展对象是否具备党员条件、入党手续是否完备。发展对象符合党员条件、入党手续完备的，批准其为预备党员。党委审批意见写入《中国共产党入党志愿书》，注明预备期的起止时间，并通知报批的党支部。党支部应当及时通知本人并在党员大会上宣布。对未被批准入党的，应当通知党支部和本人，做好思想工作。

党委会审批两个以上的发展对象入党时，应当逐个审议和表决。

第二十六条　党委对党支部上报的接收预备党员的决议，应当在三个月内审批，并报上级党委组织部门备案。如遇特殊情况可适当延长审批时间，但不得超过六个月。

第二十七条　在特殊情况下，党的中央和省、自治区、直辖市委员会可以直接接收党员。

第二十八条　对在中国特色社会主义事业中为党和人民利益英勇献身，事迹突出，在一定范围内有较大影响，生前一贯表现良好并曾向党组织提出过入党要求的人员，可以追认为党员。

追认党员必须严格掌握，由所在单位党组织讨论决定后，经上级党委审查，报省一级党委批准。

第五章　预备党员的教育、考察和转正

第二十九条　党组织应当及时将上级党委批准的预备党员编入党支部和党小组，对预备党员继续进行教育和考察。

第三十条　预备党员必须面向党旗进行入党宣誓。入党宣誓仪式，一般由基层党委或党支部(党总支)组织进行。

第三十一条　党组织应当通过党的组织生活、听取本人汇报、个别谈心、集中培训、实践锻炼等方式，对预备党员进行教育和考察。

第三十二条　预备党员的预备期为一年。预备期从支部大会通过其为预备党员之日算起。

预备党员预备期满，党支部应当及时讨论其能否转为正式党员。认真履行党员义务、具备党员条件的，应当按期转为正式党员；需要继续考察和教育的，可以延长一次预备期，延长时间不能少于半年，最长不超过一年；不履行党员义务、不具备党员条件的，应当取消其预备党员资格。

预备党员违犯党纪，情节较轻，尚可保留预备党员资格的，应当对其进行批评教育或延长预备期；情节较重的，应当取消其预备党员资格。

预备党员转为正式党员、延长预备期或取消预备党员资格，应当经支部大会讨论通过和上级党组织批准。

第三十三条　预备党员转正的手续是：本人向党支部提出书面转正申请；党小组提出意见；党支部征求党员和群众的意见；支部委员会审查；支部大会讨论、表决通过；报上级党委审批。

讨论预备党员转正的支部大会，对到会人数、赞成人数等要求与讨论接收预备党员的支部大会相同。

第三十四条　党委对党支部上报的预备党员转正的决议，应当在三个月内审批。审批结果应当及时通知党支部。党支部书记应当同本人谈话，并将审批结果在党员大会上宣布。

党员的党龄，从预备期满转为正式党员之日算起。

第三十五条　预备期未满的预备党员工作、学习所在单位（居住地）发生变动，应当及时报告原所在党组织。原所在党组织应当及时将对其培养教育和考察的情况，认真负责地介绍给接收预备党员的党组织。

党组织应当对转入的预备党员的入党材料进行严格审查，对无法认定的预备党员，报县级以上党委组织部门批准，不予承认。

第三十六条　基层党组织对转入的预备党员，在其预备期满时，如认为有必要，可推迟讨论其转正问题，推迟时间不超过六个月。转为正式党员的，其转正时间自预备期满之日算起。

第三十七条　预备党员转正后，党支部应当及时将其《中国共产党入党志愿书》、入党申请书、政治审查材料、转正申请书和培养教育考察材料，交党委存入本人人事档案。无人事档案的，建立党员档案，由所在党委或县级党委组织部门保存。

第六章　发展党员工作的领导和纪律

第三十八条　各级党委应当把发展党员工作列入重要议事日程，纳入党建工作责任制，作为党建工作述职、评议、考核和党务公开的重要内容。

对发展党员工作情况，市（地、州、盟）、县（市、区、旗）党委每半年检查一次，省、自治区、直辖市党委每年检查一次。检查结果及时上报，并向下通报。

重视从青年工人、农民、知识分子中发展党员，优化党员队伍结构。对具备发展党员条件但长期不做发展党员工作的基层党组织，上级党委应当加强指导和督促检查，必要时对其进行组织整顿。

第三十九条　各级党委组织部门每年应当向同级党委和上级党委组织部门报告发展党员工作情况和发展党员工作计划，如实反映带有倾向性的问题和对违反规定发展党员的查处情况。

第四十条　县以上党委及其组织部门应当重视对组织员的选拔、配备和培训，充分发挥他们在发展党员工作中的作用。

第四十一条　各级党组织对发展党员工作中出现的违纪违规问题和不正之风，应当严肃查处。对不坚持标准、不履行程序、超过审批时限和培养考察失职、审查把关不严的党组织及其负责人、直接责任人应当进行批评教育，情节严重的给予纪律处分。典型案例应当及时通报，对违反规定吸收入党的，一律不予承认，并在支部大会上公布。

对采取弄虚作假或其他手段把不符合党员条件的人发展为党员，或为非党员出具党员身份证明的，应当依纪依法严肃处理。

第四十二条 《中国共产党入党志愿书》的式样由中央组织部负责制定，省级党委组织部门按照式样统一印制，并严格管理。

第七章 附则

第四十三条 本细则由中央组织部负责解释。

第四十四条 本细则自发布之日起施行。《中国共产党发展党员工作细则（试行）》（中组发〔1990〕3号）同时废止。

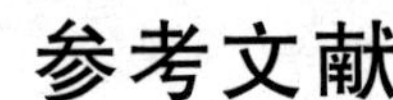

参考文献

1. 刘川生:《大学生入党培训教材(十八大版)》,中共中央党校出版社 2012 年版
2. 陈登才:《入党培训教材(十八大最新版)》,红旗出版社 2013 年版
3. 曹培强、周洪志:《红心向党——大学生入党培训教材》,国家行政学院出版社 2013 年版
4. 东方治:《高校入党培训教材》,红旗出版社 2012 年版
5. 李文辉:《新编入党培训教材》,研究出版社 2014 年版
6. 李健:《永远跟党走——高校入党积极分子培训教材》,武汉大学出版社 2013 年版
7. 本书编写组:《大学生最新入党培训教材》,人民日报出版社 2011 年版
8. 黄大熹、田松柏:《中国共产党的组织结构研究》,湖南大学出版社 2012 年版
9. 邹庆国:《中国共产党地方党委制的组织形态与运作机制研究》,人民出版社 2012 年版
10. 郑荣华:《中国共产党纪律学》,人民出版社 2009 年版
11.《严格遵守党的纪律》,《陈云文选》第一卷,人民出版社 1995 年版
12. 本书编写组:《最新高校入党培训教材》,红旗出版社 2013 年版
13. 本书编写组:《新编入党培训教材》,人民日报出版社 2013 年版
14. 赵国运:《新编大学生入党培训教程》,吉林大学出版社 2013 年版
15. 袁磊:《新编入党培训教程》,国家行政学院出版社 2013 年版
16. 中共中央党史研究室:《中国共产党历史》第一卷,中共党史出版社 2011 年版